应用型本科高校系列教材·化学化工类

编 委 会

主任　张　莉

编委　（以姓氏笔画为序）

万新军　王传虎　方向红
毕建洪　朱德春　孙金余
汪徐春　陈君华　徐基贵
葛秀涛　董华泽　鲍　霞
魏亦军

应用型本科高校系列教材·化学化工类

实用化学化工文献检索

主 编 夏 红 朱金苗
副主编 楼 鑫 沙茂林
　　　　胡 静 王 琳

中国科学技术大学出版社

内 容 简 介

本书是应用型本科课程系列教材之一。全书共 12 章,第一章主要介绍科技文献检索的基础知识;第二章和第三章分别介绍常用的化学化工类专业期刊和参考工具书,包括一些重要的电子工具书;第四章和第五章介绍专利文献和标准文献这两类特殊文献信息的检索方法;第六章介绍美国《化学文摘》的检索方法;第七章介绍化工企业信息的收集;第八章介绍 Dialog 数据库联机检索系统;第九章至第十一章从实际应用的角度介绍信息检索与科学研究、科学研究中的文献检索策略分析、参考文献管理软件 EndNote 的使用等;第十二章运用图示简明直观地介绍文献数据库的检索方法。

本书既可作为应用型本科院校文献检索课程的教材,也可作为化学化工专业的学生、教师以及科研人员检索相关文献信息的参考工具书。

图书在版编目(CIP)数据

实用化学化工文献检索/夏红,朱金苗主编. —合肥:中国科学技术大学出版社,2013.1
(2020.8 重印)

ISBN 978-7-312-03158-8

Ⅰ. 实⋯ Ⅱ. ①夏⋯②朱⋯ Ⅲ. ①化学—情报检索—高等学校—教材②化学工业—情报检索—高等学校—教材 Ⅳ. G252.7

中国版本图书馆 CIP 数据核字(2013)第 005812 号

出版	中国科学技术大学出版社
	安徽省合肥市金寨路 96 号,230026
	http://press.ustc.edu.cn
	https://zgkxjsdxcbs.tmall.com
印刷	合肥市宏基印刷有限公司
发行	中国科学技术大学出版社
经销	全国新华书店
开本	787 mm×1092 mm 1/16
印张	15
字数	377 千
版次	2013 年 1 月第 1 版
印次	2020 年 8 月第 3 次印刷
定价	28.00 元

前　言

当今社会科技发展日新月异，新理论、新观点、新方法、新技术、新材料、新能源不断涌现，各种新知识层出不穷，知识老化不断加速。新的科技知识以几何级数增长，尤其是互联网的出现，加快了信息传播的速度。面对极度膨胀的信息量、纷繁复杂的信息内容以及"数据过剩"和"知识爆炸"的压力，如何跟上时代步伐，有效锁定并掌握有用的文献资料，就成为各行各业的工作者和研究人员所面临的课题。

化学化工文献以其浩瀚的文献量和极为丰富的信息内容在化学学科和化学工业的发展中占有重要的地位。"实用化学化工文献检索"是配合培养应用型、复合型的专业人才而开设的重要课程，旨在对学生进行信息素养教育，帮助学生掌握化学化工文献信息检索和利用的基本方法和技术，培养学生信息检索的能力和开拓创新的能力，为将来的学习和科研工作打下坚实的基础。

本书以省级精品课程为依托，针对应用型本科院校化学、化工专业的培养目标，结合本校的教学实践编写而成。本书以培养学生的信息素养为目标，阐述了文献信息的基础知识和文献检索的基本方法，并结合专业实例，介绍了常用化学化工文献检索的流程和途径。为了更好地适应应用型人才培养目标，优化和提升教育教学水平，本书的编写力求条理清晰，语言通俗，重点突出，让初学者能够较快地入手。为紧跟时代的步伐，本书还注重将最新的科技文献检索理论和方法融入其中，具有较强的实用性，能帮助读者多渠道、快速度地获取化学化工文献信息，为学习、生产和科研提供有益的参考。

本书由夏红和朱金苗两位同志撰写大纲，拟定编写体例，各位编者撰稿，然后由夏红和朱金苗两位同志统稿、校对、定稿。参加本书编写工作的有夏红（第一章、第二章、第三章、第十二章），朱金苗（第六章），楼鑫（第四章），沙茂林（第八章、第九章、第十章），胡静（第七章、第十一章），王琳（第五章、第九章）。

本书在编写过程中，参考了大量相关书籍、文献和网站资料，因篇幅所限，未能一一列出，特向有关作者和部门表示衷心感谢！同时致以真诚的歉意，希望得到谅解。

由于编者水平有限，书中难免存在不足和欠妥之处，恳请广大读者给予批评指正。

编　者
2012 年 10 月

目 录

前　言 ·· (ⅰ)

第一章　科技文献检索基础知识 ·· (1)
　第一节　科技文献概述 ··· (1)
　第二节　科技文献检索的基本原理 ·· (12)

第二章　期刊 ·· (17)
　第一节　概况 ·· (17)
　第二节　期刊的构成 ··· (18)
　第三节　期刊的类型 ··· (19)
　第四节　核心期刊 ·· (20)
　第五节　期刊文后参考文献的著录格式 ·· (23)
　第六节　化学化工类期刊介绍 ··· (25)
　第七节　常用化学期刊资源检索数据库 ·· (52)

第三章　化学化工用参考工具书 ·· (56)
　第一节　概述 ·· (56)
　第二节　字典、词典 ··· (57)
　第三节　手册 ·· (60)
　第四节　百科全书 ·· (62)
　第五节　其他类型工具书 ·· (64)
　第六节　电子工具书 ··· (68)

第四章　专利文献及其检索 ·· (75)
　第一节　专利文献概述 ··· (75)
　第二节　专利文献检索 ··· (80)
　第三节　国内外常见的数据库和网上检索 ·· (93)
　第四节　专利的申请 ··· (99)

第五章　标准文献 ··· (104)
　第一节　标准文献概述 ··· (104)
　第二节　国内标准 ·· (104)
　第三节　国际标准 ·· (107)
　第四节　各国的标准 ··· (110)

第六章　美国《化学文摘》 ·· (115)
　第一节　《化学文摘》简介 ··· (115)

第二节 CA 文摘的著录格式及示例 ………………………………………… (120)
第三节 CA 的索引系统 ……………………………………………………… (122)
第四节 SciFinder Scholar 数据库 …………………………………………… (131)

第七章 化工企业信息的收集 …………………………………………………… (138)
第一节 化工企业信息概述 …………………………………………………… (138)
第二节 化工企业信息的来源及搜集方法 …………………………………… (139)
第三节 中国化工网络信息系统 ……………………………………………… (140)
第四节 化工企业信息的收集 ………………………………………………… (142)

第八章 Dialog 数据库联机检索系统 …………………………………………… (144)
第一节 Dialog 系统概况及有关数据库 ……………………………………… (144)
第二节 Dialog 常用检索界面简介 …………………………………………… (147)
第三节 Dialog 基本指令及使用方法 ………………………………………… (151)
第四节 Dialog Web 用法 ……………………………………………………… (155)
第五节 免费检索 Dialog 联机系统 …………………………………………… (160)

第九章 信息检索与科学研究 …………………………………………………… (165)
第一节 科学研究的方法 ……………………………………………………… (165)
第二节 信息检索推动科研创新 ……………………………………………… (166)
第三节 知识发现与科研创新 ………………………………………………… (167)
第四节 科技论文的写作 ……………………………………………………… (170)

第十章 科学研究中的文献检索策略分析 ……………………………………… (176)
第一节 什么是检索策略 ……………………………………………………… (176)
第二节 制定检索策略的一般步骤 …………………………………………… (176)
第三节 提高检索效率的措施 ………………………………………………… (179)
第四节 原文获取 ……………………………………………………………… (180)

第十一章 参考文献管理软件 EndNote 使用介绍 ……………………………… (186)
第一节 参考文献管理软件——EndNote 简介 ……………………………… (186)
第二节 EndNote 使用方法 …………………………………………………… (187)
第三节 EndNote 在文献管理中的应用 ……………………………………… (199)

第十二章 文献数据库及其应用 ………………………………………………… (205)
第一节 文献数据库概述 ……………………………………………………… (205)
第二节 文献数据库检索技术 ………………………………………………… (209)
第三节 常用中文文献数据库检索举要 ……………………………………… (214)

参考文献 …………………………………………………………………………… (228)

第一章 科技文献检索基础知识

第一节 科技文献概述

一、信息、知识、情报、文献

1. 信息(Information)

信息是在人类社会以及人类思维活动中普遍存在的一种使用十分广泛的概念。不同事物有着不同的特征,这些特征通过一定的物质载体(如:声、光、电磁、图片、影像等)给人带来各种信息。例如,人的大脑通过感觉器官(如:眼、耳、鼻、舌、皮肤等)所接收到的自然界及其变化的消息,就是信息的一种。

"信息"一词是在当代世界范围内使用最广、频率最高的词汇之一。不同领域的研究者从各自的角度对信息内涵作出了不同的界定。早期的信息研究被称为狭义信息论。在西方的许多文献著作中,"消息(Message)"和"信息(Information)"两词经常是相互通用的。信息作为一个科学术语被提出和使用,可追溯到 1928 年哈特莱(R. V. Hartley)在《信息传输》中的描述:"信息是指具有新知识、新内容的消息。"信息论的创始人香农(C. E. Shannon)认为:"信息是能够用来消除不确定性的东西。"控制论学家维纳(N. Wiener)则认为:信息既不是物质,也不是能量,信息就是信息。维纳对于信息的定义包含了信息的内容与价值,对信息的功能给予了揭示。在我国国家标准《情报与文献工作词汇基本术语》(GB/T 4894—1985)中将信息定义为:"是物质存在的一种方式、形态或运动状态,也是事物的一种普遍属性,一般指数据、消息中所包含的意义,可以使消息中所描述事件的不确定性减少。"

我们可以将信息理解为一种描述客观事物运动方式及状态的数据,是以一定的目的和一定的方式组织起来的具有一定结构的数据集合,它包括人脑对客观世界事物的各种特征和变化的反映,是外部特征经过人们大脑加工后的再现。信号、消息、报道、通知、报告、情报、知识、见闻、资料、文献、指令均是信息的具体表现形式。

信息的基本特征如下:

(1) 普遍性

信息无处不在,无时不在,信息有声音信息、文字信息、图形信息、图像信息、影视信息、动画信息等等,它存在于我们周围的每一个角落,也有人说我们生活在信息的海洋中。

(2) 可识别性

信息是可以识别的,信息识别的方式主要有直接识别和间接识别两种。直接识别信息是指通过各种感官的识别,间接识别信息是指通过各种测试手段或识别工具的识别。对不同的信息源可以采用不同的识别方法。

(3) 依附性

各种信息必须借助文字、图像、胶片、磁带、声波、光波等形态的载体才能够表现,才能够为人们的听、视、味、嗅、触觉所感知,人们才能够识别信息和利用信息。从某种意义上讲,没有信息载体也就没有信息本身。

(4) 价值相对性

信息具有一定的价值性,如天气预报可以指导我们外出是否应增加衣物、携带雨伞;十字路口的红绿灯可以引导行人和车辆有序地通过。有的信息具有商业价值,会带来经济利益。综上所述,我们得知信息具有价值性;但是,信息对于不同的人具有不同的价值,如街口的红绿灯对色盲患者可能是没有价值的无用信息,然而对我们正常人却至关重要。人行道上的盲道对盲人起着重要的导行作用,但对正常人却用处不大。同一信息对不同的人所产生的作用和有效性不相同,这就是信息价值的相对性。

(5) 存储性

信息是可以通过各种方法存储的。文字、图像、声音、气味都可以进行信息存储。人的大脑就是一个天然信息存储器。

(6) 可处理性

人们可以对信息进行处理,通过整理加工、归纳总结,使之更加精练。信息还可以转换,从一种形态转换为另一种形态。如信息可以被转换为各种文字、语音和图像等形态,也可以被转换为电磁波信号和计算机语言。信息经过处理后,可以以其他方式再生成信息。

(7) 可传递性

信息的传递是在物质和能量传递的同时进行的。语言、表情、动作、报刊、书籍、广播、电视、电话等是人类常用的信息传递方式。信息的可传递性是信息的本质特征。

(8) 共享性

相同内容的信息可以在相同时间、相同地区被两个或两个以上的使用者同时分享,其分享的信息内容和信息量不会因此而损失或减少,我们可以通过各种途径进行信息共享,如广播、电视、网络等,共享性是信息与物质、能源最本质的区别。

(9) 时效性

信息是具有价值的,有些信息的价值会随时间的推移而改变甚至消失,但也有一些信息在一段时间后产生新的使用价值,因此,信息具有时效性。

(10) 真伪性

信息具有一定的真伪性。受感知、表达、传递方式、传递目的、加工处理方法等诸多因素影响,我们所接收的信息,并非完全都是对客观事物的真实反映,因此,我们要学会对信息进行鉴别和评价。

2. 知识(Knowledge)

知识是人类在改造客观世界实践中所获得的认识和经验的总和,是对表层信息的提炼和升华。也可以说,知识是人们对不同种类的大量信息进行分析概括、归纳总结,并加以系统化和提高而形成的结果。知识属于意识范畴,具有真实性、相对性、不完全性、模糊性、不可磨损性、共享性、增值性等属性。

知识分类是人类寻求知识的起点,它犹如大海中的航标灯,既可以为渴求知识的人们指明求知的路径,也可以为从事知识管理的人们提供理论指导。知识分类有助于知识的秩序化管理,有助于知识的积累与传递,有助于知识的生产和创新。不同的知识观有不同的知识分类理论与知识分类标准,整理这些知识分类的方法和理论,能够帮助我们进一步加深对知识本质及其分布规律的认识。对此,河南大学的陈洪澜教授系统地总结知识分类的十大方式,颇具理论意义和实践价值,这里列举几种供学习研究时参考。

(1) 按照科学研究的对象分类

按照科学研究的对象对知识进行分类,是具有悠远历史的知识分类方法。其规则就是通过研究对象的性质来决定知识的类型。比如:以自然现象、行为为研究对象的知识成果就是自然科学,以人类社会现象、行为为研究对象的知识成果就是社会科学。这种分类方法最早由德国哲学家威廉·狄尔泰提出,他在《人类研究导论》中,明确地把"自然科学"和"社会科学"两个概念区分开来。这一划分后来被人们称为现代知识体系诞生的标记。

(2) 按照知识的效用分类

知识的分类方法中,以知识的效用为核心的分类方法,已经成为一种重要的知识经济社会理论。美国经济学家弗里茨·马克卢普依据知识的实用价值把知识分为五类,即实用知识、学术知识、闲谈与消遣知识、精神知识、不需要的知识。这种分类有着明显的经济学目的,目的是为"知识产业"寻找立足点。

为了彰显知识的实用性和价值,我们常常把知识分为五类,即隐性知识和显性知识、内部知识和外部知识、组织知识和个人知识、实体知识和过程知识、核心知识和非核心知识。这种分类方法的好处在于用动态的知识观看待知识,它鼓励参与和协作沟通,为知识的交流、创新和运用提供条件。

(3) 按照知识的属性分类

知识属于认识的成果。从认识论出发来观察知识,其属性较为复杂。亚里士多德以人类社会的实践活动为出发点,把知识分为理论之学、实用之学和创造之学三大类。在教育学领域,教育家为了更好地实现教育目的,十分重视知识的属性特征。在当代教育中,人们把知识分为四类,即:事实性的知识、概念性的知识、程序性的知识和元认知性的知识。事实性知识指独立的、特定的知识内容,如关于专有名词等;概念性知识也称为叙述性知识,包括概念(定义)、公式、处理事情的法则、原理、规则等;程序性知识是指借助某种方式间接推论其存在的知识;元认知性的知识就是指关于认知的知识,就是人们对是什么因素影响着人的认知活动的过程与结果、这些因素究竟是如何起作用的、它们之间的相互作用又是怎样的等问题的认识。这种分类方法是现代教育领域内的新成果,有助于教育工作者更好地实现教育的具体目标。

(4) 按照知识的形态分类

知识形态即指知识的存在形式或表述形式,它在不同历史条件和不同社会环境下的表现形式不同,在不同的生产过程(阶段)中表现也不相同。根据知识依附的载体不同,我们将依附于人的大脑中的知识称为主观性知识(或:隐性知识、内隐性知识、缄默性知识、个体性知识等),将处于人大脑之外的知识称为客观性知识(或:显性知识、外显性知识、社会性知识等)。主观性知识来自人的社会实践的认知成果和客观知识,客观知识来自主观知识,由主观知识转化而来,但又区别于主观知识,二者既相互联系,又相互作用,相互转化,并且每次转化,都使二者得到增值,从而不断促进人类的进步和社会的发展。知识创新主观知识与客观知识相互转化的"知识螺旋"上升的过程,其结果即为创新性知识——新发现、新规律、新理论的产生。

世界经济合作与发展组织(OECD)在1996年发表的《以知识为基础的经济》报告中,把人类的知识分为四大类：有关事实和现实的知识、有关自然规律和原理方面的知识、有关技能和诀窍方面的知识、有关人力资源方面的知识，即：

- 原理知识（Know…why，知道为什么）（显性）；
- 事实知识（Know…what，知道是什么）（显性）；
- 人力知识（Know…who，知道谁有知识）（隐性）；
- 技能知识（Know…how，知道怎么做）（隐性）。

（5）按照知识的内在联系分类

按照知识内在联系来划分知识的理论，一般可划分为三角形划分理论和交叉、综合理论等。柏拉图把知识体系分成辩证法、物理学说和伦理学说三种，亚里士多德将自然哲学分为理论哲学、实践哲学和创造哲学三种。苏联凯德洛夫把自然科学、哲学和社会科学分居三角，心理学居三角形之中。

1998年9月，时任中国科学院院长的路甬祥在"面向知识经济的国家创新体系"研讨会上作了题为《我们的时代和科学技术的未来》的报告，勾勒出了知识的结构。他把人类知识划分为三大块，即自然科学、技术与工程科学和社会与人文科学，并且以哲学、数学、信息科学和系统科学等具有指导性或工具性的学科为中心；用"生命科学"和"物质科学"来概括传统的生物学以及物理学和化学；把生态和环境工程列为一类；把认知科学、行为科学、人类学、心理科学和语言学等作为自然科学和社会人文科学的边缘科学；把环境科学与地球科学并列在一起。他强调指出三大部类知识的交融和综合是造福于人类社会的需要，主张把社会科学和自然科学当做一个整体进行看待，其目的在于使它们能够紧密交叉，相互作用。

（6）按照学科的发展趋势分类

在知识动态发展观影响下，学术界提出了综合式分类法、能级性分类法、群体分类法和全息式分类法等新的分类方法，钱学森的系统分类思想对知识分类研究影响最大。20世纪80年代初，他先把现代科学分为六大知识体系，四年之后，他以哲学作为这些知识部类的认识基础，又将现代科学技术体系分为九大体系，即自然科学、社会科学、数学科学、系统科学、思维科学、人体科学、文艺理论、军事科学和行为科学。他认为，任何学科群体会随着科学技术的发展而发展和完善。

综上所述，知识分类总是会随着科学技术的发展变化和人类对知识认知的发展变化而发展变化。在知识分类的进程中，每次对知识的分类的重新划分，都是一次对知识的重新审核、重新评估，通过对知识类型的重新划分，既可以使知识原有的结构更加融洽，又可使知识在新的分化与整合运动中获得新的含义。

3. 情报（Information/Intelligence）

"情报"一词人们往往从军事意义上来理解它。例如，在1939年版的《辞海》中，就把它解释为"战时关于敌情的报告"；而在其1989年版的《辞海》中给出了两个解释，一是"以侦察手段或其他方法获得有关敌方的政治、军事、经济等各个方面的信息，以及对这些信息进行分析研究的成果，是军事行动的重要依据之一"。二是"泛指一切最新的情况报道"。在普遍意义上能被多数学者认同的"情报"的定义是：情报是为实现主体某种特定目的，有意识地对有关的事实、数据、信息、知识等要素进行劳动加工的产物。

情报具有三个基本属性：

（1）知识性

人们在生产和生活过程中，通过各种媒介手段（报纸、书刊、杂志、广播、会议、电影、电视等)来接收、传递和利用大量的感性和理性知识,人们所需要的各种情报就包含在这些知识之中。情报最主要的属性就是知识性,情报的本质就是知识。可以说,没有一定知识内容的信息,就不能成为情报。

(2) 传递性

知识若不进行传递交流、供人们利用,就不能成为情报,情报的传递性是情报的第二个基本属性。所以,知识能够成为情报,就必须经过传递。情报的传递性表明情报必须借助一定的物质形式才能传递和利用。如声波、电波、印刷物等都是传递情报的物质形式。钱学森教授曾说过,"情报是激活了、活化了的知识"。

(3) 效用性

情报以实现其使用价值为目的。因此,情报是具有传递属性并能解决特定问题的新的知识。情报的效用性表现为启迪思想、开阔眼界、增进知识、提高人们的认识能力、帮助人们去认识和改造世界。情报的效用性是衡量情报价值及情报服务工作好坏的重要标志。

4. 文献(Literature/Document)

文献是用文字、音频、图形、符号、视频等技术手段记录人类知识的一种载体,或者可以理解为固化在一定物质载体上的知识。"文献"一词最早见于《论语·八佾》,南宋著名思想家、哲学家、教育家朱熹在《四书章句集注》中认为"文,典籍也;献,贤也"。所以,那时候的文指典籍文章,献指的是古代先贤的见闻、言论以及他们所熟悉的各种礼仪和自己的经历。文献是人类用于记录、传播、积累和传承知识的最有效手段,是人类在社会活动中获取情报的最基本的方式和最主要的源泉,也是情报传播和交流的主要途径。正因为如此,人们把文献称为情报工作的物质基础。

依据文献的定义,"文献"形成包含三个要素:

(1) 内容

信息与知识是构成文献的主体,任何形式、类型的文献都必须首先以具有一定的信息、知识内容为前提。信息的积累和传播,是人类文明和进步的基础。文献正是这样一种人类在长期的社会实践中创造出来的专门用来记录、储存、积累和传递人类信息、知识的载体。离开了信息、知识内容,文献本身也就失去了其赖以生存的主体。

(2) 记录手段

声音、符号和图像是人类传播信息、知识的三种主要形式。其中,语言用声音来传递信息、知识,文字用书写符号来传递信息、知识,绘画用图像来传递信息、知识。而它们的记录方式,随着科学技术的发展,也在不断拓宽。除了用铸刻记录、书写记录、印刷记录外,还有机械录音、感光记录、传真记录、磁记录和激光记录等多种手段。这些记录手段不仅种类繁多,而且职能各异,相互联系,互为补充,共同构成了记录和传播信息、知识的方式。

(3) 载体形态

它是指贮存文献的一定形态的物质实体,包括竹简、帛绸、图书、期刊、录音带、录像带、磁盘、光盘、幻灯片等物质实体。

文献是人们获取知识的重要媒介。我们认识人类社会与自然界的各种知识的积累、总结、贮存与提高,大都是通过文献的记录、传播、整理和研究来实现的。文献的内容反映了人们在一定历史阶段的知识水平和社会发展水平,文献使得人类知识突破时空的局限而传之久远。文献是科学研究的基础。任何研究都需要广泛搜集文献资料,在充分占有文献资料的基础上,对文献资料进行分析,找出其内在的联系,从而进行更深入的研究。文献对人类社会的进步和发展起到了十分重要的作用。

5. 信息、知识、文献、情报之间的关系

通过对信息、知识、情报与文献的分析,我们可以认识到:信息是自然界、人类社会以及思维活动中普遍存在的现象,是一切事物自身存在方式以及它们之间相互关系、相互作用等运动状态的表达,是一种客观存在的物质运动形式。信息无所不在,我们正是通过对这些不同信息来认识不同事物,并因此获得新的知识。知识是经人脑思维加工而成为有序化的人类信息。知识来源于信息,并且是理性化、优化和系统化了的信息。情报是为了解决特定问题而被活化了的更为高级、更为实用的知识。文献是贮存传递知识、情报和信息的介质,是被物化了的知识记录,是被人们所认知并可进行长期管理的信息。信息包含知识、知识包含情报。它们不仅仅是包含关系,而且可以互相转化。如图1.1所示。

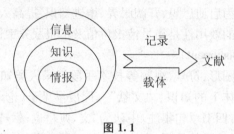

图 1.1

二、科技文献的发展

科技文献是以文字、图形、符号、音频、视频等手段将科技知识或科技信息、知识记录在各种载体上所形成的物质载体。

科技文献信息资源是指迄今为止积累、贮存下来的科技文献信息之总和,是世界上广泛分布的科技文献信息的集合。科技文献信息资源是人类社会一种宝贵的智力资源。它反映了人类认识世界、改造世界的科技成果。

科技文献的发展是随着科学技术的发展而逐步形成和丰富起来的。我国是世界四大文明古国之一。早在夏商时期,我国就有了文字、历法以及记录传播科学知识的手段。春秋时期,孔子就曾提出过"述而不作"的文献工作原则,西汉刘向、刘歆父子编制的《别录》和《七略》奠定了我国古代图书目录分类体系的基础,《四库全书总目提要》是我国最大型的经典著作的检索工具。我国历史上曾出现过很多重要的科学技术论著,例如,北魏时期农学家贾思勰著述的《齐民要术》、宋代著名科学家沈括的《梦溪笔谈》、明代杰出医药学家李时珍所著的《本草纲目》,明朝科学家宋应星的《天工开物》,其中,《天工开物》是世界上第一部关于农业和手工业生产的综合性著作,外国学者称它为"中国17世纪的工艺百科全书"。这几部大型的科技著作,一方面总结和传播了古代科技知识,大大促进了国内和国际间的科技信息交流;另一方面也反映了我国古代科学文献的面貌和水平,是普遍公认的具有重大历史价值和学术意义的经典科技文献。

从17世纪后半叶起,随着近代科学技术的发展,科技文献体系逐步形成和发展起来。除了图书文献形式之外,还出现了科技期刊,产生了各种形式的会议文献以及专利说明书等,科技文献的数量急剧增长,类型明显增加,逐步形成一个内容比较丰富的科学文献体系。在近代科学发展时期,欧洲相继成立了许多科学学会,例如,英国皇家学会和法国科学院,它们是科学史上两个最大的科学机构。这些学会积极开展学术交流活动,并创办刊物、出版书籍,使得科学文献无论在内容上还是形式上都大大丰富起来。这一时期开始发行的《哲学汇刊》和《学者杂志》都是世界上创刊最早、具有较高学术价值的学术性期刊。

20世纪以来,科技文献进入大发展阶段。现代科学技术的飞速发展使得科技文献出现了激增的局面,目前,科技文献已发展成为一个数目庞大、类型复杂、载体多样、功能各异、结构复杂的文献体系。在整个科技文献发展中,化学文献的增长速度和数量上升,在各门学科中始终占据领先的地位。

现代科技文献发展的特点和趋势主要表现在以下几个方面:

(1) 文献数量急剧增长

2010年,全国共出版图书32.8万种、期刊9 884种、报纸1 939种。据报道,当前,全世界每年出版的各种文献数量约为12 000万册,平均每天出版的文献约32万件。美国《化学文摘》(CA)发表100万条文摘所用的时间不断缩短,这是科学文献急剧增长的一大例证。

(2) 文献专业化趋势加强

由于科学技术日益向纵深发展,学科划分越来越细,总的文献量又越来越多。这在文献上就表现为报道范围越来越窄,文献内容更加深入、更加专业化。

(3) 文献载体形式多样

电子技术、缩微技术以及数字出版技术的发展,使得科技文献的载体发生了深刻变化。目前,科技文献除了印刷型以外,缩微型、机读型和声像型资料大量涌现,品种不断增加,发展异常迅速。科技文献的数字化和缩微化是其主要的发展趋势之一。

(4) 文献内容交叉、重复

现代科学技术的日益综合与细化,使得各学科之间相互联系、交叉渗透,加之文献载体形式以及出版形式多样化导致知识的产生和文献的内容也相互交叉,彼此关联,甚至出现内容雷同。

文献数量激增及形式,一方面表明文献信息资源日趋丰富;另一方面也给人们有效的选择、获取和利用文献信息带来了一定的困扰。

(5) 文献出版时滞现象较严重

在科技文献的出版过程中,在所难免地存在着时间迟延的现象。愈是重要的期刊,其稿源丰富,编审认真,其周期也就愈长。科技文献作为反映学术水平、引导学术交流、促进学术发展的载体,如何提升其学术影响力和传播效果是目前行业竞争态势下的必然选择,用最快的速度传播新理论、新成果、新技术已经成为国外科技文献编辑出版的最新发展趋势。

(6) 文献时效性增强

随着科学技术的发展,新知识、新理论、新技术、新产品层出不穷,加速了知识的更新以及文献的新陈代谢,使得文献时效性增强,老化速度加快。外国有人统计各类文献的平均寿命,如表1.1所示。

表1.1 各类文献的平均寿命

文献类型	平均寿命	文献类型	平均寿命
图书	10~20年	科技报告	10年
期刊	3~5年	标准文献	5年
学位论文	5~7年	产品样本	3~5年

通常我们用文献的"半衰期"来描述文献的老化状况。文献的半衰期是指某一学科领域目前正在使用的全部文献中较新的一半所出版的年限。文献半衰期不是针对某个文献或某一组文献，而是对某一个学科或专业领域的文献总和而言的。

据统计，不同学科文献的半衰期大致如表 1.2 所示。

表 1.2 不同学科文献的半衰期

学科文献	半衰期	学科文献	半衰期	学科文献	半衰期
地理学	16.1 年	社会科学	5 年	机械工程	5.2 年
地质学	11.8 年	植物学	10 年	化学	8.1 年
数学	10.5 年	生理学	7.2 年	化工工程	4.8 年
物理学	4.6 年	生物医学	3 年	冶金学	3.9 年

现代科学技术飞速发展，一项新技术，从理论到生产中应用、推广，其时间越来越短，科学技术越来越发达，科技文献数量也越来越多，因而，科技工作者必须不断地补充新知识、了解新事物、研究新问题，才能适应时代发展的要求。

化学化工文献是用文字、图形、符号、声像等表达的化学、化工知识，是人类从事化工生产活动和化学化工科学实验的客观记录。世界上最早的化学期刊当推 1778 年创刊的德国《化学杂志》(Chemisches Journal)，1784 年改名为《柯瑞尔化学纪事》(Crell's Chemisches Annalen)，并附带有论文摘要，是化学文摘的先驱。到了 19 世纪中叶，由各国学会创办的刊物和杂志相继问世。纵观化学文献的发展，大体上经历了多学科综合、化学各科综合、化学单科和化学边缘学科交叉综合这 4 个发展阶段。目前，化学期刊的增长与时间呈指数函数关系，差不多每隔 15 年翻一番，一些热门学科增长更快，每隔 2～3 年翻一番。当前已知的化合物品种多达 700 多万种，现在每天仍以 1 400 多个新品种的速度增加，化学化工文献现在每天约以不下 50 万篇的数目出版。美国《化学文摘》摘录的期刊已达 15 000 种，从中可以大致了解每年全世界化学文献的数量及其构成。

三、科技文献的类型及分类

载体形式和信息内容是构成文献的两个核心因素，人们一般也从这两个因素或其相关因素出发，寻求文献类型的划分标准。

1. 按科技文献的载体形式划分

（1）印刷型

它是以纸张为主要记录与存储介质，以手写、打字、印刷和复印等为记录手段，将科技情报固化在纸张上而产生出来的一种传统的文献形式，至今仍占据着文献的主导形式，它具有便于阅读和传递等优点，但其存储密度低，不便于加工、整理和收藏。

（2）缩微型

它是采用感光材料为主要存储介质，利用光学技术将文字、图形、影像等信息符号按比例缩小并固化到感光材料上面而产生出来的一种文献形式。目前最常用的是缩微胶卷和缩微平片。它们最显著的优点是体积小、存储密度高、易保存。

（3）声像型

它是以感光材料和磁性材料为存储介质，利用磁录技术和光录技术等方式，将信息表现为声音、图像、影视和动画等形式，给人以直观、形象的感受，包括唱片、录音带、幻灯片、电影电视片、录像带、激光唱盘、多媒体学习工具等。这类文献存储密度高、内容直观真切,在帮助人们观察自然现象和探索物质结构时能起到印刷型文献无法表现的独特作用。但它需要借助于一定的设备进行阅读。

(4) 电子型

它的前身是机读型。它是指采用电子手段并以数字化形式存在,利用计算机及现代通信方式提供信息的一种新型载体。电子型出版物内容丰富,类型多样。按照出版物类型划分,主要有电子期刊、电子图书、电子报纸、各类联机数据库以及磁带、软盘、光盘等产品;而如果按照媒体的信息结构组织形式划分,主要有文本型出版物、超文本出版物、多媒体出版物和超媒体出版物等。电子出版物的优点是信息容量大,出版周期短,易于更新复制、方便检索及共享等,缺点则是需要借助计算机等电子设备读取和处理信息。

2. 按照文献内容加工处理的深度不同分类

(1) 零次文献

零次文献又称为灰色文献,是指非正式出版物或非正式渠道交流的文献,是一种特殊形式的信息源。如信件、手稿、记录、各种笔记和一些内部使用的书刊资料等。零次文献一般通过语言交流、参观展览以及参加报告会等途径获得,不仅在内容上有一定的价值,而且能避免那些公开文献从信息的客观形成到公开传播之间费时甚多的弊端。

1994 年,微软总裁比尔·盖茨曾以 3 080 万美元购买了达·芬奇的《哈默手稿》,其中记录了达·芬奇在多个学科领域的研究成果,包括他关注人体解剖的原因。

(2) 一次文献

著者在科学研究、生产实践中根据科研成果、发明创造撰写的文献,称为一次文献。一次文献是文献的主体,是信息的基本来源,是文献检索的重要内容,如报刊论文、学科专著、会议论文、学位论文、研究报告、专利说明书、科技档案、技术标准、科技报告等,多属一次文献。它也常被称为一级文献(或叫原始文献),其所记载的知识、信息比较具体、新颖、详尽,具有创新性、系统性、学术性、实用性和多样性等特点,是在科学研究中需重点查找的文献。

(3) 二次文献

二次文献又称检索性文献。它是将大量分散、无序的一次文献按照一定的原则进行加工、整理、提炼、组织,并按照一定的逻辑顺序和科学体系加以编排存储,使之成为便于储存、检索的系统,以便于检索利用。其主要类型有目录、题录、文摘、索引等检索工具。二次文献具有鲜明的汇聚性、系统性和可检索性,它所汇聚的并不是一次文献本身,而是某一特定范围内的一次文献线索,使得查找一次文献所花费的时间大大减少。

(4) 三次文献

三次文献又称参考性文献,如述评、综述、数据手册、百科全书等工具书。

它通常是围绕某个专题,搜集大量相关文献,经过综合、分析、研究,对其内容进行深度加工而编写出来的文献。这类文献包括综述、学科进展和动态等,这些文献对现有成果加以评论、综述并预测其发展趋势,具有较高的实用价值,可以在较短时间内了解其研究历史、发展动态及发展水平。

三次文献是把零次文献、一次文献、二次文献按照某一特定目的加工整理而成,是高度浓缩的文献信息。

从零次文献、一次文献、二次文献到三次文献,是一个由无序到有序,由分散到汇集,由广博到精深的对知识和信息进行深层次加工的过程。一次文献是文献信息检索和利用的主要对象，是二次文献、三次文献最基本的信息源；二次文献是一次文献的提炼和有序化；三次文献是把分散的零次文献、一次文献、二次文献，按照专题或知识的门类进行综合分析加工而成的结果，它既是文献信息检索和利用的对象，又可作为检索文献信息的工具。

3. 按文献的出版形式分类

(1) 科技图书(Sci-Tech Book)

图书是论述或介绍某一学科或领域知识的出版物，科技图书是对科学研究成果、生产技术知识和经验技能的概括和总结，其内容比较成熟、系统、全面、可靠。如果想获得某一学科全面、系统的知识或对陌生的学科进行初步的了解，查阅图书是一个非常有效的途径。但是，图书的出版周期一般比较长，信息传递速度较慢。

联合国教科文组织为实现国际图书统计的标准化，曾于1961年作出规定，即48页以上的出版物称之为"书"。该规定便成为国际上判断"书"的标准之一。

正式出版的图书均有编号，即国际标准书号 ISBN（International Standard Book Number），如 ISBN 978-7-302-21251-5《数据库技术及应用》，其定长为13位数字，分为5部分："978"叫 EAN. UCC 前缀，是由国际物品编码协会分配的产品标识编码，由国际 ISSN 中心向 EAN 组织申请，中国的 EAN. UCC 前缀为 978 和 979，目前使用 978；"7"是地域号，把全世界自愿申请参加国际标准书号体系的国家和地区划分成若干地区，各有固定的编码，7指中国，0和1指英语国家，2指法语区，3指德语区，4指日语区等；"302"是出版社代码，如：01是人民出版社，02是人民文学出版社，03是科学出版社，302是清华大学出版社；"21251"是书序号；"5"是计算机校验号。

(2) 期刊(Journal)

一般是指采用统一名称（刊名），定期或不定期出版的连续性出版物（Serials）。期刊在内容上大都由单篇论文组成，各有专题，互不联系，故有时又称为杂志。广义的期刊包括杂志、报纸、年度报告、年鉴、丛书以及会议录、学报等。

期刊具有下列几个要素：

① 定期或不定期出版，每年至少出版一期以上；

② 有连续的卷、期号或年月顺序号；

③ 以固定的名称和统一的出版形式、开本，以至篇幅也都大致不变；

④ 通常由多名作者的作品汇编而成，每期刊登的内容不同。

与图书相比，期刊的出版周期短、报道速度快、涉及学科广泛、内容新颖、发行数量大、流通面广、能及时反映世界科技发展水平，是科技情报的重要来源，在科技文献中占有非常重要的地位，也是科技人员为获取最新信息而经常使用的一种文献形式。

同图书一样，正式出版的期刊有国际标准连续性出版物编号 ISSN（International Standard Series Number），例如 ISSN 1000-0402，以实现对全世界期刊文献的管理。ISSN 号全长8位，前7位数字是刊名代号，第8位是计算机校验号。

(3) 特种文献(Special Document)

特种文献是指那些在出版发行方面或获取途径方面比较特殊的文献，一般包括科技报告、会议文献、专利文献、学位论文、标准文献、科技档案等。特种文献具有特色鲜明、内容广泛、数量庞大、参考价值高等特点，是重要的科技信息来源。

① 科技报告(Sci-Tech Report)

科技报告是科技工作者围绕某一专题从事研究取得成果的总结报告或是研究过程中某

个阶段的进展报告。科技报告是第二次世界大战中发展起来的一种新的文献形式。战后，由于发展科学技术的需要，人们沿用了这种报道形式。目前，科技报告已成为科技人员获取科技信息的重要来源。其特点为：内容专深具体，数据较完整；对许多最新研究课题与尖端科学的反映很快，比期刊论文发表早；在形式上，每份报告都单独成册，篇幅长短不一，有机构名称和报告号码的顺序，出版发行不规则；常常附有大量的数据、图表、原始实验记录等资料，这是其他类型的出版物所没有的。科技报告对于启迪科研思维、推动发明创造、评估技术差距、改进技术方案、增加决策依据、促进科研成果转化起到了积极的作用。因此，作为一个科技工作者，通过查阅科技报告可以少走弯路，提高科研水平的起点，收到事半功倍的效果。

许多发达国家都有自己的科技报告，如美国的四大报告、英国航空航天委员会的报告、法国原子能的报告、西德的航空研究报告等。其中，美国的四大报告（AD 报告，PB 报告，NASA 报告，DOE 报告）数量最大、品种最多，报告的收集、加工整理和报道工作做得较好，成为世界上广大科技人员关注的重要信息源。这四大报告的内容各有特点：AD（ASTIA Documents）侧重于军事工程技术，PB（Publishing Board）侧重于民用工程技术，NASA（National Aeronautics and Space Administration）侧重于航空航天技术，DOE（Department of Energy）侧重于能源技术。

我国科研成果的统一登记和报导工作始于 1963 年，凡是有科研成果的单位都要按照规定程序上报、登记。1971 年起统一定名为《科学技术研究成果报告》，我国出版的这套研究成果报告内容相当广泛，是一种较为正规的、代表我国科技水平的科技报告。国家科技部于 1981 年创办并于 2001 年改版的《科学技术研究成果公报》是发布重要科学技术研究成果信息的政府出版物，侧重于报道我国最新的应用技术研究成果和相关信息，在内容上主要是面向新兴领域的技术发展、面向传统产业的技术升级、面向思维的创新和科技成果的产业化需求，可以为科学研究的计划、立项与实施提供决策信息。

② 会议文献（Conference Literature）

会议文献是指在各类学术会议上产生的材料和出版物，包括会议论文、报告和纪要等。其中，会议论文是最主要的会议文献，许多学科中的新发现、新进展、新成就和新设想，都是以会议论文的形式向公众首次发布的。根据美国科学情报所（ISI）的统计，世界上每年召开的学术会议约为 1 万个，这些会议正式发行的各种专业会议资料文献有 5 000 多种。因此，学术会议不仅是学术交流的极好场所，也是传递和获取科技信息的主要渠道之一。总的来说，会议文献的特点：专业性和针对性强、内容新颖、学术水平高、信息量大、及时性强，具有较高的研究价值。

③ 专利文献（Patent Literature）

专利文献是指世界各国专利局及国际性专利组织在专利审批过程中产生的官方文件及其出版物的总称。广义的专利文献是指一切与专利制度有关的文献，包括专利说明书、专利公报、专利分类表、专利检索工具以及专利的法律性文件等；狭义的专利文献是指获得国家专利权的记载发明创造内容的技术文献，即专利说明书。

专利文献是集技术、法律、经济信息于一体，数量巨大、内容广博的信息资源。专利文献格式具有统一规范、高度标准化和统一的分类体系，便于检索、阅读和实现信息化管理。

④ 学位论文（Dissertation）

学位论文是指高等院校、科研单位的大学生或研究生为取得学位资格而提交的学术研究论文。学位论文往往就某一专题进行研究,既偏重理论,也重视实践,其数据较全,探索较深,并附大量参考文献,对问题的阐述比较详细和系统,并具有一定的独创见解,是进行科学研究和技术创新的重要信息资源。

⑤ 标准文献(Standard Literature)

标准文献是指:按规定程序制订,并经公认权威机构(主管机关)批准的一整套在特定范围(领域)内必须执行的规则、规格、技术要求等规范性文献。

⑥ 其他类型资料

其他类型资料包括产品样本、技术档案和视听资料等。

第二节 科技文献检索的基本原理

信息检索(Information Retrieval)是指将信息按一定的方式组织并存储起来,然后根据信息用户的需要找出有关信息的过程。科技文献检索(Sci-Tech Literature Retrieval)即根据课题要求,通过检索工具或检索系统,按照一定的检索标志(主题词、分类号、题名等)从大量的文献中查询(Search)出符合特定需要的文献信息。信息检索主要是通过文献检索实现的,科技文献检索是信息检索的一个重要组成部分。

科技文献检索包括文献信息的存储和文献检索(storage and retrieval)两个过程。

文献信息存储是按一次文献的特征(题名、著者、文献来源、出版时间、语种、内容等)进行收集、分类、整理、加工,形成二次文献供检索使用。

文献信息检索是利用二次文献提供的分类、主题、著者等不同的检索途径选择不同的检索方法对文献进行检索。关键部分是信息提问与信息集合的匹配和选择,即对给定提问与集合中的记录进行相似性比较,并根据一定的匹配标准选出相关信息。

一、科技文献检索的类型

1. 根据检索对象的内容划分

(1) 文献型信息检索(Document Retrieval)——是以文献(包括题录、文摘和全文)为检索对象的检索。凡查找某一主题、某些著者、某些文种等的相关文献,回答这些文献的出处和收藏处所等,都属于文献型信息检索的范畴,其检索结果可以是文献线索,也可以是具体的文献。完成文献型信息检索主要借助于各种书目型检索工具书、文献数据库或全文数据库等。

(2) 事实型信息检索(Fact Retrieval)——是以某一客观事实为检索对象,查找某一事件发生的时间、地点及过程的检索,其检索结果主要是客观事实或为说明客观事实而提出的相关资料。这些资料有时需要进一步分析处理,才能得出与事实相应的结论。事实型信息检索主要借助各种参考工具书及事实型数据库,有时还可通过文献检索系统或搜索引擎检索。

(3) 数值型信息检索(Data Retrieval)——是以数值或数据为对象的一种检索,包括文献中的某一数值、公式、图表,以及某一物质的化学分子式等,其检索结果一般可作为直接使用的科学数据。完成数据型信息检索主要借助各种参考工具书和各种数据型数据库等。

2. 根据检索手段的不同划分

（1）手工检索（Manual Retrieval）——以手工操作的方式，利用印刷型检索工具书来进行信息检索。

（2）计算机信息检索（Computer-Based Retrieval）——通过计算机对已数字化的信息进行查找和输出的过程。计算机信息检索包括联机检索、脱机检索、光盘检索和网络检索等。计算机信息检索的实现，大大方便和加速了信息资源的交流和利用，并对社会经济的发展和人们的科研方式产生了深刻的影响，从而也极大地促进了科技的进步。

3. 根据检索对象的信息表现形式划分

（1）文本检索（Text Retrieval）——是查找含有特定信息的文本文献的检索。

（2）多媒体检索（Multimedia Retrieval）——根据用户的需求，查找并获取有关文字、图像、声音、图形信息的检索。

（3）超文本检索（Hyper Text Retrieval）——超文本是指将诸多文本信息通过超级链接联系起来而形成的一种非线性的文本结构。超文本检索是对每个节点中所存的信息以及信息链构成的网络中信息进行检索，提供浏览式查询，还可进行跨库检索。

（4）超媒体检索（Hyper Media Retrieval）——是对存储的文本、图像、声音等多种媒体信息的检索。超媒体检索是对超文本检索的补充。与超文本检索一样，可提供浏览式查询和跨库检索等。

4. 根据检索方式的不同划分

（1）直接检索——直接选择、浏览、阅读文献的原文来获取所需信息的检索方式。如在图书馆查阅书刊资料获取所需信息，就是一种直接检索。

计算机信息检索的实现，大大方便和加速了信息资源的交流和利用，并对社会经济的发展和人们的科研方式产生了深刻的影响，从而也极大地促进了科技的进步。直接检索是人们常用的一种检索方式，较符合人们的检索习惯，易于掌握文献的实质内容，可直接判断文献的内容价值，并可及时获得最新情报。但缺点是盲目性、偶然性大，在现代文献量激增、高度分散背景下，无法查全资料，有时费时费力。

（2）间接检索——是先查检索工具，获得所需文献的线索，再以此为向导去索取原文的检索方式。检索工具包括专门报道有关文献线索的工具书，如《全国报刊索引》、《拜尔施泰因有机化学大全》（Beilstein Handbook of Organic Chemistry）、《化学文摘》（CA）以及各种数据库、OPAC（Online Public Access Catalog，联机公共检索目录）、搜索引擎等。

间接检索的检索工具一般是由权威部门或专业人员来编制的，因而能够把分散在不同学科、不同语种、不同类型和不同发表时间，但学科内容相关的文献分门别类的集中编排在一起，从而使盲目的、分散的检索变成了有目的的集中检索，节约了检索时间，提高了检索效率。但其缺点是有时无法直接判断文献内容是否符合需要，此外，由于时差（检索工具的出版时间与原始文献的出版时间之间的时间间隔）等因素的影响，有时不能及时获得最新信息。

在检索实践中，可将直接检索和间接检索二者并用，相互补充。

二、科技文献的检索方法

文献检索方法是用户围绕特定的课题查找相关文献所采取的手段与行为方式。文献检索方法有多种，主要有：

1. 时序检索法

按时间先后次序由近及远或由远及近地查找文献信息的方法。时序检索法分顺查法、倒查法和抽查法三种。

(1) 顺查法。这是以课题研究所涉及时间为检索起点,由远及近地利用检索系统进行文献信息检索的方法。使用这种方法能收集到某一课题的系统文献,适用于较大课题的文献检索。例如,需要了解某课题的发展的全过程,就可以用顺查法,即从最初的年代开始,逐渐向近期查找。但其缺点是所需的检索工具书刊或数据库较全且花费时间较多,否则就会影响文献检索质量。

(2) 倒查法。这也是以课题研究所涉及时间为检索起点,只不过是由近及远地检索所需文献的方法,又称倒查法。此法的重点是放在近期文献上。使用这种方法可以最快地获得最新资料,可迅速掌握本课题的研究动态、新观点、新数据等文献信息,缩短查资料的时间;但缺点是漏检率较高。

(3) 抽查法。抽查法是指针对某个课题研究的特点,选择有关该课题文献信息最可能出现或最多出现的时间段,利用检索工具进行重点检索的方法。

2. 追溯检索法

根据已经掌握的文献末尾所列的参考文献、索引等所提供的文献线索,循踪觅迹地扩大检索范围的检索方法,又称扩展法。这种由此及彼地扩大检索范围的检索方法,依据文献间的引用关系,往往可以查到意想不到的切题文献,可获得越来越多的内容相关的文献。在检索工具不完备的条件下,广泛地利用文献综述或述评、研究报告等文献后所附的参考文献,不失为扩大检索范围的好方法;但此法所检索的文献往往不够系统、漏检率也较高。

3. 综合检索法

综合法又称为循环法,它是把上述两种方法及两种以上方法加以综合运用的方法。综合法既要利用检索工具进行直接检索,又要利用文献后所附参考文献进行追溯检索,或分期分段地交替使用各种方法,直到满足检索要求为止。

综合法综合了上述方法的优点,可以查得较为全面、准确的文献,是实际检索中采用较多的方法。

文献检索方法多种多样,各有所长,实际检索时应根据课题研究的需要以及所处的文献信息环境,灵活运用。

三、科技文献检索的途径

检索途径是按照文献存贮与检索基本原理,并依检索工具的编排方法来查找有关的文献信息的检索入口或检索点。这些途径主要有:

1. 依据文献外表特征的检索途径

(1) 题名检索途径。是指利用已知文献的题名来查找文献的一种方法。文献题名包括正题名、副题名、并列题名和说明题名文字等,题名一般能揭示出文献的基本特征,是识别特定文献的一种标志。如书名、篇名、刊名、特种文献名称等。

(2) 责任者途径。责任者是指对文献内容进行创作、整理负有直接责任的个人和团体,如著者、译者、编者等。从已知责任者名称查找文献,可系统查出该责任者的全部或大部分论著。但责任者名称多有变化,如用笔名、别名等。此外,同姓名者亦多,因此,利用责任者途径检索文献时,应注意鉴别。

(3) 序号途径。文献出版时所编的号码。如专利号、标准号、报告号、文摘号等。

(4) 其他途径。如出版日期、出版类型、国别、文种等。

2. 依据文献内容特征的检索途径

(1) 主题检索途径。主题检索途径是根据文献所论述事物的主题特征作为检索对象进行检索。如主题词、关键词等。

(2) 分类检索途径。分类检索途径是根据文献信息所属的学科专业特点及其在特定知识分类体系中的位置查询文献信息。这类检索工具主要有各种类型文献的分类目录、分类索引等。

(3) 其他途径。其他还有依据学科特有的特征查找文献的途径。如分子式索引、环系索引、结构索引等。

文献检索途径与检索方法同样是多种多样和各有所长的，在实际检索时按课题研需要或取其一或多种途径结合。

四、科技文献检索的步骤

检索文献的步骤主要包括：

1. 分析研究课题，明确信息需求

信息需求是人们索取文献信息的出发点，也是我们对文献进行检索时选择数据库、确定检索策略以及评价检索效果的依据。不同类别的课题，对信息的需求范围和程度也不尽相同。例如，申请发明专利、申报各种成果奖励以及立项类的查新课题，通常需要全面地收集某一主题范围的文献信息，这类课题具有普查、追溯的特点，应着眼于查全，在全面回溯检索的基础上，选出有关的文献，再获取一次文献；而对于生产和科研中为解决某个特定问题的攻关课题，通常只要求检出的信息对自己的研究有所帮助，此类课题查找的文献范围不需要很广，则要求一定的查准率，对这样的课题，应选择专利数据库或工程和技术类型的数据库；为了洽谈贸易与技术引进以及合资谈判，了解国外市场、产品与公司的行情，可查找科学数据库以了解该项技术的先进性，查找市场、产品、公司等商情数据库了解竞争对手的相关情况；若撰写论文查找相关文献时则以期刊论文、学位论文等学术研究性的数据库为主要检索对象。

2. 设立检索范围

通过分析检索课题的主要内容，确定检索课题所涉及的主要学科范围，以及所需文献的语种、年代范围、类型等，明确所需的文献量。

3. 确定检索标志

检索标志是反映文献内容及某些外表特征而使用的符号或词语，有些是经过规范化处理的，如主题词和分类号；有些直接从文献中提取，如关键词。检索工具或检索系统在制作或建立时对每篇文献给予了一定的检索标志，通过一个个的检索标志及检索标志的组合来反映这篇文献的内容。

明确检索需求后，就要对用户课题的具体内容作主题分析，提出能代表课题内容实质的主题词、关键词或分类号，确定检索标志。

主题词、关键词、分类号三种检索标志在课题检索中使用较多。一般说来，主题词因其种种优点是检索时的首选。可怎样获取恰当表达这个概念的主题词是初学检索者常遇到的难题。可将检索概念先用自然语言表达成自由词，到机检数据库中进行检索，如果检出结果较多,可限定检索字段,如题名、关键词字段等与文献论述的主要内容密切相关的字段。

关键词指从文献的题目、正文或摘要中抽出的能表示文献实质意义的那些名词或词组,它是未经规范化处理的自然语言词汇。关键词检索时要全面考虑和使用关键词的不同拼写形式和同义词等情况。

此外,还可根据文献内容在学科分类体系中的位置作为文献信息的检索途径,它的检索标志是分类号。有时,分类检索专指性达不到课题检索要求,且文献的筛选量较大,机检中一般不单独使用,常与关键词等配合使用。

4. 选择检索手段及检索工具

检索手段主要包括手工检索、计算机检索。手工检索可选择的检索工具主要有书目、印刷型索引、文摘、综述以及参考工具书、专著等;计算机检索可利用的检索工具主要包括各种类型的文献数据库、书目检索系统以及互联网上可利用的一切信息资源。

5. 选择检索途径

依据检索标志确定检索途径,如主题途径、作者途径等;检索标志及检索工具选定之后,检索途径也随之确定,并可根据已知的条件来确定某一个或几个检索途径。由于计算机存贮信息量大和处理速度快,它不仅可以从手工检索中常用的主题词、分类号及作者等途径检索,而且可以从关键词、文章篇名、文献类型和期刊名称等途径进行检索,并且还通过用各种途径的组配进行交叉检索,这些都是手工检索所不及的。

6. 拟定检索提问式

利用检索工具或数据库查找文献线索。

检索提问式,是指采用计算机信息检索系统规定使用的组配符号来表达用户检索提问的逻辑表达式,由检索词和各种布尔逻辑算符及系统规定的其他组配连接符号组成的一种逻辑运算表达式。检索式是检索策略的具体体现,其质量的好坏直接关系到检索策略的成败。

用一定的组配关系把各个检索标志连接起来组成检索提问式,它以计算机系统可以识别和执行的命令形式将检索方案表现出来,以准确地表达信息需求。要注意各种逻辑运算符、位置算符、截词符等的使用方法,同时,要根据反馈信息对检索式进行调整等。

7. 筛选、优化检索结果

在计算机中检索中,常常会出现文献资料过多、过少甚至为零的情况。应及时与用户沟通,调整检索策略,以达到好的检索效果。针对文献资源过多或过少的情况,作为检索人员可通过增加检索项,运用布尔逻辑的组配来增加或缩小检索范围,从而达到减少或增加命中文献的目的。

8. 整理获取原文

获取原文,可通过查得的相关文献线索,在本馆或通过馆际互借获得。此外,还可以通过:① 直接和作者联系索取;② 根据线索中的出版发行项向出版发行单位购买;③ 通过联机订购获得,如 OCLC、UNCOVER、PQDD 等;④ 利用 OA(Open Access)开放存取资源;⑤ 利用搜索引擎;⑥ 利用文献互助等方式获取原文。

由于信息需求本身具有不确定性,加之初学者对数据库中的文献特征标志不能充分了解,以及系统功能的某些限制,这些都会不同程度地影响检索效果。要进行一次成功的检索,除了要掌握一般的检索知识和方法外,还要培养综合性的检索能力。

第二章 期　　刊

第一节 概　　况

期刊(Journal Periodical)，亦称杂志(Magazine)。按照《中国大百科全书》的定义，期刊是指"有固定名称，定期或按宣布的期限出版，并计划无限期出版的一种连续出版物，主要刊登论文、记事或其他著述"。期刊具有下列几个要素：① 有固定的名称；② 定期或不定期出版(每年至少出版一期以上)；③ 有连续的卷、期号或年月顺序号。此外，期刊一般有统一的出版形式、开本，以至篇幅也都大致不变。

由于期刊具有出版周期短、载文内容新、传递情报信息快、检索方便、能系统地反映某学科科学研究的发展过程及最新动态等特性，因而是科研人员重要的信息来源。

期刊萌生于17世纪，发展于19世纪，20世纪进入繁荣发展时期。1665年，法国著名的文学科学期刊《学者杂志》(1665～1792年)创刊。该刊首次在刊名中采用Journal（期刊）一词，被许多专家认为是世界上第一份真正的期刊，其宗旨为报导法国国外出版的各类图书，具有图书目录性质。《学者杂志》创办时是周刊，1724年改为月刊。1665年3月，英国皇家学会出版会刊《哲学会刊》创刊，它与法国的《学者杂志》被公认为世界学术期刊的鼻祖。《哲学会刊》是世界上第一本有关科学研究方面的专门性期刊，也是世界上最早的同行评议期刊。《哲学会刊》从1665年一直出版至今，曾经历6次改名。在1996年最后一次改名后，名称延续至今，现在全称为《皇家学会哲学会刊》。1887年，该刊分为A和B两个版本：《皇家学会哲学会刊A：数学、物理学和机械科学》和《皇家学会哲学会刊B：生物科学》。现在的《皇家学会哲学会刊》与早期刊物已经有了很大的不同，但其核心功能却一直未变，即向科学研究界的同行和感兴趣的读者介绍最新的科学发现。

18世纪中后期，随着欧洲启蒙运动和资产阶级势力的发展，越来越多的人接受了新思想，阅读兴趣与阅读能力不断提高。同时与此，社会政治、经济、文化、科学技术的发展，每时每刻都在产生大量的信息，人们对于及时了解这些信息的欲望也愈加强烈。许多思想敏锐的学者纷纷开始创办期刊，传播最新的思想和知识，推动社会文明的进步。

19世纪，印刷技术的发展，为期刊出版业的发展创造了物质条件。邮政与交通事业的发展，使期刊的发行范围进一步扩大。许多欧洲国家废除审查制度，使得学术思想进一步活跃，知识界需要广泛地交流研究成果，广大民众也需要获得更多的最新知识和最新消息。随着期刊读者的增多，一些经营能力较强的出版商通过出版学术水平高的学术期刊，在学术界赢得声誉。19世纪后期，一些西欧国家的公民开始享有出版自由权，期刊出版商通过降低价格，使通俗性期刊进入平民家庭，西欧的期刊出版业进入黄金时期。19世纪后期至20世纪初期，由于国民教育的普及，社会文明程度的提高以及运输事业与通信技术的发展，报刊读者阅读兴趣的提高，期刊与报纸出版业以前所未有的势头迅速发展。到20世纪中期，专业期刊在工业发达国家大量出现，成为传播科学技术信息的有效工具。1970年，全世界共出版期刊50 000余种，其中自然科学与工程技术期刊35 000种。1977年，全世界共出版期刊574 000种。其中，美国是期刊出版业最发达的国家。据统计，1982年美国共出版各类期刊达10688种，其中121种销量最大，这121种期刊的广告收入达34亿美元。

我国传统的出版业，主要是图书，期刊出版的概念是伴随着西学的冲击和代表近代出版业特征的印刷制作技术的传入，在我国开始萌芽的。"五四"运动前后，资产阶级新文化和封建阶级旧文化的斗争、学校和科举之争、新学与旧学之争、西学与中学之争等都促进了期刊业的发展。期刊的诞生与发展，正是适应了人们希望获得最新信息与知识的要求。我国期刊的种数，由新中国成立前的200多种，发展到今天已达9 000多种。根据2011年中国印刷行业年度发展报告，2010年，全国共出版期刊9 884种，期刊出版总产出达156.5亿元。

科技期刊又称科学技术杂志。根据我国1991年发布实施的《科学技术期刊管理办法》对科技期刊的定义："科技期刊是指具有固定刊名、刊期、年卷或年月顺序编号，印刷成册，以报道科学技术为主要内容的连续出版物。"这个定义从科技期刊的报道内容、外观及出版方式等方面反映了科技期刊的本质属性。

科技期刊作为一个特殊的文字载体，记载了科学技术的最新成就和人类进步的翔实资料，反映了生产技术的发展和科学研究的水平，对于提高国民的科学素养、促进科研成果转化为现实生产力具有重要的意义。科技期刊既是传递和积累科技信息的主要手段，又是评价科技人员学术研究水平的重要工具。

目前，全世界的期刊文献量已占到文献总量的75%，其中，科技期刊（含电子期刊）提供的信息约占科技信息总量的70%以上，一些前沿性的、创新性的科技信息主要由科技期刊提供。我国现有公开出版的9 000多种期刊中，自然科学、技术类近5 000种，并以平均每年7%的速度递增。

就化学方面来说，根据《乌利希国际期刊指南》(Ulrich's International Periodicals Directory)介绍，美国《化学文摘》收录了世界上150多个国家、56种文字出版的15 000多种期刊以及专利、技术报告、专著、会议录、学位论文等文献，报道了世界上98%的化学化工方面的文献，其中大部分期刊是以英文发表的，其次是以俄、德、日、法、中及西班牙等文字发表的，它摘录的核心期刊就有1 000多种。

第二节　期刊的构成

期刊的构成可以从两个角度考虑：形态构成和内容构成。形态构成是期刊基本的物质要素，从外部形态上，期刊是由封面、版权页、封底和期刊内文组成。内容构成是期刊的内容体现，表现形式上以目次、正文、专题、专辑等不同的形式在期刊上出现。期刊的形态构成和内容构成共同组成了期刊整体。

期刊的封面是期刊的重要组成部分。科技期刊的封面一般比较简洁，主要有刊名（包括并列刊名和副刊名）、卷期号、责任者（包括主办者或编辑）、期刊来源（如核心期刊，EI来源期刊，SCI来源期刊，CA来源期刊，CSCD来源期刊）、国际标准连续出版物号(ISSN)等。

版权页通常记载该期刊的出版单位即版权拥有者的名称、地址、创刊时间、出版时间、刊期频率等信息。

期刊的封底一般印有国际标准连续出版物号(ISSN)、国内统一连续出版物号(CN号)以及条码、定价等,有的期刊还将版权、出版等信息刊载在封底。

目次是期刊刊载的全部知识内容的信息简表,记载论文篇名、作者和页码,包含当期刊载的全部知识内容:论文、评述、消息和图片,以及补白、启事等信息。

科技期刊的正文一般由多名作者的不同文章组成。每篇文章一般包括篇名、作者及单位、文章的摘要、关键词、全文(包括图表和公式),最后列出参考文献。

国际标准连续出版物编号是根据国际标准组织制定的在国际间实行的、用于识别连续出版物的标准编码,其目的是使世界上每一种不同题名、不同版本的连续出版物(例如报纸、期刊、年鉴等)都有一个国际性的唯一代码标志。该编号是以 ISSN 为前缀,由 8 位数字组成。8 位数字分为前后两段各 4 位,中间用连接号相连,前 7 位数字为出版物序号,最后一位是计算机校验码。ISSN 通常都印在期刊的封面或版权页上。

在部分国家或地区,一份标准的期刊出版物除配有国际标准期刊号外,同时还配有本国或当地的期刊号,如由我国国家出版管理部门负责分配给各省连续出版物的代号(CN 号),其标准格式:CN XX-YYYY/Z,XX-YYYY 为报刊登记号,其中 XX 为地区代码,YYYY 为该地区连续出版物的序号;Z 代表在《中图法》中期刊所属学科类别。

如:《计算机应用研究》ISSN 1001-3695,CN 51-1196/TP。其中:51 代表四川;TP 代表中图法"自动化技术、计算机技术"类。

第三节　期刊的类型

从不同的角度进行划分,科技期刊可以分为不同的类型。

(1) 按出版周期可分为:日刊、周刊、旬刊、双周刊、半月刊、月刊、双月刊、季刊、年刊等。

(2) 按照科技期刊报道的内容和读者对象划分可分为:学术研究性期刊、科普性期刊、教学辅导性期刊、检索性期刊、资料性期刊、技术性期刊、行业性期刊等。

(3) 按照期刊内容加工处理的深度不同分,可分为一次文献期刊、二次文献期刊以及三次文献期刊。

一次文献期刊是以发表原始论文,包括学术论文、会议报道、研究报道、实验报道等为主要内容的期刊,如《大学化学》《化学教育》等;二次文献期刊是对原始文献进行加工,并按一定规则著录、排序,以供检索资料的期刊,包括期刊性目录、索引、文摘等,如《化学文摘》《科学引文索引》(Science Citation Index)等;三次文献期刊是在二次文献基础上,浓缩大量一次文献中有价值的信息与知识的综述性、评述性期刊,如《化学进展》《化学评论》(Chemical Reviews)等。

(4) 按照学科性质可以划分为:社会科学期刊、自然科学期刊、应用技术期刊和综合性期刊。

(5) 按照载体形式划分可分为:印刷型期刊、缩微型期刊、机读型期刊、视听型期刊、光盘型期刊、电子期刊等。

第四节 核 心 期 刊

随着科学技术的发展，科研成果和学术期刊的数量都在迅速增长，多样化的信息来源和载体形式，给科研人员有效利用信息带来一定的困难；另一方面，科研人员的信息需求也在不断增加和变化，在时间有限、经费有限的情况下，选择有针对性的、高质量的期刊就成为科研人员的首要任务，有效解决多样化的信息来源与多样化的信息需求之间的矛盾成为人们重点关注和需要着力研究解决的现实问题。

"核心期刊"（Core Journals）概念产生于20世纪30年代。英国著名的化学家、文献学家布拉德福（B. C. Bradoford）在大量调查统计的基础上，通过分析研究文献集中与分散规律，提出描述文献序性结构的经验定律即布拉德福定律。他指出：如果将科学期刊按其所刊载某一学科论文的数量多少，依递减顺序排列并划分出一个与该学科密切相关的期刊所形成的核心区期刊区以及另外几个区，使每个区中的期刊载文数量相当，则核心区期刊数量与相继区的期刊数量成 $1:a_1:a_2:\cdots$ 的关系。a 为"布拉德福常数"。根据布拉德福定律，在期刊论文的实际分布过程中，存在着一种普遍现象：对于某一特定学科或专业来说，少数期刊所含的相关信息量很大，代表了这一学科或专业的发展水平，同时这些期刊也很受该方面专家学者的重视，其借阅率、文摘率和被引率都比较高，文献使用寿命也较长。1971年，SCI的创始人、美国著名的情报学家和科学计量学家尤金·加菲尔德（Eugene Garfield）统计了参考文献在期刊上的分布情况，发现24%的引文出现在1.25%的期刊上，这些研究都表明期刊存在"核心效应"，从而衍生了"核心期刊"的概念。这种某一学科的大量论文高度集中在少数期刊中所产生的现象和规律就是所谓的"核心期刊效应"，由此产生了各个学科或专业的"核心期刊"。

我国对核心期刊的研究工作，始于到20世纪70年代末80年代初，核心期刊的初始含义侧重期刊载文量，随着理论研究的深入，现在核心期刊概念已经涵盖信息量、学术质量及期刊利用等方面。

戴龙基、蔡蓉华主编的《中文核心期刊要目总览》（2004年）对"核心期刊"的定义是：某学科核心期刊是指发表该学科论文数量较多，文摘率、引文率、读者利用率相对较高，在本学科学术水平较高、影响力较大的那些期刊。从"核心期刊"的定义我们可以看出，所谓的核心期刊一定是某专业、某学科领域的期刊，某一领域的核心期刊是该领域论文数量和质量的佼佼者，可以称为该领域期刊的代表和典范。这就体现了核心期刊具有较强的代表性和集中性；其次，由于学科的交叉融合与发展变化以及竞争机制的存在，期刊的学术质量、结构布局、审稿标准和办刊方向的变化，会导致某一学科的核心区期刊在微观上发生变动和调整，由此，核心期刊具有一定的相对性和动态性。

核心期刊能在一定程度上反映学科或专业的最新成果或最新水平，同时能汇集该学科或专业较高研究水平的科学文献，对于帮助科研人员提高科学研究的效率以及帮助图书馆和信息管理部门用比较少的经费获得比较多的期刊信息起到非常重要的作用。

在实际应用中，我们可以选择合适的测定方法获取最原始的数据进行核心期刊的筛选，也可以通过现有的一些工具期刊选择的结果进行核心期刊的再选择。由于核心期刊有着重要的应用价值,为了适应不同的领域及不同的研究需要,国内出现了几个影响较大的核心期刊目录。

1.《中文核心期刊要目总览》2011年版（以下简称《要目总览》）

1992年,北京大学图书馆和北京高校图书馆期刊研究会,运用载文量法、文摘量法、引文分析法,共同研制了《要目总览》（第1版）,筛选出2 174种期刊。为了及时反映中文期刊发展变化的新情况,2011年版《要目总览》的定量评价,采用了被索量、被摘量、被引量、他引量、被摘率、影响因子、被国内外重要检索工具收录、基金论文比、Web下载量等九个评价指标,经过定量评价和定性评审,从我国正在出版的中文期刊中评选出1 980余种核心期刊,分属七大编73个学科类目。该书由各学科核心期刊表、核心期刊简介、专业期刊一览表等几部分组成,不仅可以查询学科核心期刊,还可以检索正在出版的学科专业期刊,《要目总览》覆盖了自然科学、工程技术和人文社会科学等全部学科,适用范围很广,是期刊读者和信息管理工作者不可或缺的参考工具书。

2.《中国科技论文与引文数据库》（Chinese Science and Technology Paper Citation, Database,简称CSTPCD）

《中国科技论文与引文数据库》是由中国科学技术信息研究所采用国际期刊评价标准,每年对公开发行的科技期刊进行评价所建立的数据库,收录自然科学类学术期刊,目的是用文献计量学的方法,通过对中国科技论文的整体情况进行统计与分析,反映我国学科专业的发展趋势以及国家科技水平。所入选的核心期刊均是经过严格的定量和定性分析选取的各个学科的重要科技期刊,也被称为"科技核心期刊",是期刊评价的重要工具。

3.《中国科学引文数据库》（Chinese Science Citation Database,简称CSCD）

《中国科学引文数据库》是由国家自然科学基金会委员会和中国科学院共同资助、由中国科学院文献情报中心研制的一个多功能的大型数据库,创建于1989年。1995年CSCD正式出版。在收录期刊的数量上,最初收录了315种,1996年扩大至582种。目前分为核心库和扩展库两部分,数据库的来源期刊每两年进行评选一次。核心库的来源期刊经过严格的评选,是各学科领域中具有权威性和代表性的核心期刊;扩展库的来源期刊为扩大范围的遴选,是我国各学科领域优秀的期刊。2011年《中国科学引文数据库》共遴选了1 124种期刊,其中英文刊110种,中文刊1 014种;核心库期刊751种（以C为标记）;扩展库期刊373种（以E为标记）。

《中国科学引文数据库》除一般的检索功能外,还提供新型的索引关系的引文索引,利用来源文献和参考文献之间构成的引证与被引证关系,为用户提示文献之间的内在联系,对交叉学科和新学科的发展研究具有重要的参考价值,还可以定量分析、评价各种学术活动,被称为中国的SCI,是我国科学文献计量和引文分析研究的重要工具,被国家自然科学基金委员会列为国家杰出青年基金申请项目查询库和各种基金资助项目后期绩效评估指定查询库;被国家重点实验室办公室指定为国家重点实验室评估期刊源以及多项国家级奖项人才选拔的指定查询库。

4.《中文社会科学引文索引》（Chinese Social Sciences Citation Index,简称CSSCI）

《中文社会科学引文索引》是由南京大学中国社会科学研究评价中心开发研制的引文数据库,用来检索中文人文社会科学领域的论文收录和被引用情况。CSSCI遵循文献计量学规律,采取定量与定性相结合的方法精选出学术性强、编辑规范的期刊作为来源期刊。目前收录包括法学、管理学、经济学、历史学、政治学、环境科学等在内的25大类的500多种学术期刊。

作为我国人文社会科学主要文献检索与评价的重要工具,CSSCI 提供被引频次、影响因子、期刊影响度、地域分布、半衰期等多种定量数据,有助于研究人员掌握相关研究领域的前沿信息和各学科学术研究发展状况,挖掘学科新的生长点,实现知识创新。教育部已将 CSSCI 数据作为全国高校机构与基地评估、成果评奖、项目立项、名优期刊的评估、人才培养等方面的重要参考指标。

5.《中国人文社会科学引文数据库》(Chinese Humanities and Social Science Citation Database,简称 CHSSCD)

《中国人文社会科学引文数据库》是由中国社会科学院文献信息中心和社科文献计量评价中心共同建立。该数据库自 1996 年开始建立,于 1999 年编制了《中国人文社会科学核心期刊要览》,又称《中国人文社会科学论文与引文数据库源期刊》(CHSID),收录核心期刊 506 种,是从全国 3 000 多种人文社科期刊中经过统计分析研究精选出来的。该数据库构成我国目前年度收文量最大的人文社科引文数据库,反映了我国人文社会科学研究的总体水平和发展现状。

目前推出的《中国人文社会科学引文数据库(光盘版)》由中国社科院文献情报中心与中国学术期刊电子杂志社联合研制,由清华同方光盘电子出版社正式出版。CHSSCD 数据每年更新一次,其中,2002 年出版的 CHSSCD 收录我国正式出版的人文社会科学领域的重要学术期刊 860 种,其中核心期刊 500 种,积累了 1999~2001 年间论文纪录达 34 万条,引文纪录达 120 万条,它基本反映了我国人文社会科学论文的学术水平和学术期刊的发展状况,是我国人文社会科学文献计量和引文分析研究的重要工具。

6.《中国核心期刊遴选数据库》

是由万方数据公司于 2003 年建成的。万方数据以中国数字化期刊为基础,集合中国科技文献数据库、中国科技论文与引文数据库以及其他相关数据库中的期刊条目部分内容,形成了"中国核心期刊遴选库"。该数据库收录了我国文献计量单位中科技类核心源刊和社科类统计源期刊,是核心期刊测评和论文统计分析的数据源基础。

关于化学领域的核心期刊,根据《中文核心期刊要目总览》(2011 年版),化学、晶体学类核心期刊如表 2.1 所示,可供参考。

表 2.1 化学、晶体学类核心期刊

1. 分析化学	2. 高等学校化学学报	3. 化学学报	4. 物理化学学报
5. 催化学报	6. 无机化学学报	7. 有机化学	8. 色谱
9. 分析测试学报	10. 分析试验室	11. 分子催化	12. 分子科学学报
13. 理化检验:化学分册	14. 分析科学学报	15. 化学进展	16. 化学通报
17. 中国科学:化学	18. 功能高分子学报	19. 化学研究与应用	20. 化学试剂
21. 影像科学与光化学	22. 人工晶体学报	23. 质谱学报	24. 合成化学
25. 计算机与应用化学			

核心期刊作为一种统计计量学结果,对期刊评价及期刊发展确实起到了促进作用,但任何期刊评价系统都存在一定缺陷,因此,对待核心期刊,我们要赋予更多的理性思考,将其评价指标与一些定性评价信息融合,以真正发挥其学术研究的参考功能。

第五节　期刊文后参考文献的著录格式

对于一篇完整的科技论文，参考文献是不可缺少的组成部分，参考文献是为撰写论文或论著而引用的有关期刊论文和图书资料等，它的质量和数量常作为评价论文质量和水平的重要指标之一。一方面，参考文献可以反映论文作者的科学态度，反映该论文的起点、深度以及科学依据；另一方面，参考文献能起到索引作用，读者通过著录的参考文献，可方便地检索和查找相关资料。由此，对于科技期刊来说，参考文献具有知识承续、文献检索、学术规范功能，参考文献的规范与否直接影响着论文的质量和期刊整体功能的发挥。

期刊的著录是对期刊内容和形式特征进行分析、选择和记录的过程。期刊文后参考文献的著录，一方面要考虑是否足以反映文献的主要特征，另一方面要考虑对读者识别文献和检索文献有所帮助。

根据 GB/T 7714《文后参考文献著录规则》（专门供著者和编辑编撰文后参考文献使用的国家标准）可知：

1. 期刊的著录格式

文献主要责任者. 文献题名信息[文献类型标志]. 连续出版物题名：其他题名信息，年，卷(期)：页码. [引用日期]. 获取和访问路径.

J 为期刊文献类型标志。

示例：

[1] 冯建. 微乳液法合成棒状纳米 Ni [J]. 应用化工，2007，36(4)：361-363.

[2] 袁庆龙，章军，候文义. 热处理温度对 Ni-P 合金刷镀层组织形貌及显微硬度的影响[J]. 太原理工大学学报，2001，32(1)：54-56.

2. 专著的著录格式

专著是以单行本形式或多卷册形式，在限定的期限内出版的非连续性出版物。它包括普通图书、古籍、学位论文、技术报告、会议文集、丛书等。

(1) 图书的著录格式

主要责任者. 文献题名：其他题名[M]. 其他责任者. 版次. 出版地：出版者，出版年：引用页码[引用日期]. 获取和访问路径.

示例：

[1] 魏诗榴. 粉体科学与工程[M]. 广州：华南理工大学出版社，2006.

[2] Esa Lehtinen. 纸张颜料涂布与表面施胶[M]. 曹邦威，译. 北京：中国轻工业出版社，2005.

[3] 赵耀东. 新时代的工业工程师[M/OL]. 台北：天下文化出版社，1998 [1998-09-26]. http://www.ie.nthu.edu.tw/info/ie.newie.htm(Big5).

(2) 学位论文的著录格式

责任者. 题名[D]. 学位授予地址：学位授予单位，年份.

示例：

[1] 阮艺平. 铜表面物理化学特性对蒸汽冷凝传热特性的影响[D]. 上海：华东理工大

学,2012.

[2] Hewage H S. Studies of applying supramolecular chemistry to analytical chemistry[D]. Austin:The Univ. of Texas,2008.

3. 会议论文集的著录格式

文献责任者. 文献题名[A]. 主编. 论文集名[C]. (供选择项:会议名,会址,开会年)出版地:出版者,出版年:起止页码.

示例:

[1] 曹东升,许青松,梁逸曾. Exploring the nonlinear relationship in the chemical data using the kernel-based methods[A]. 第十一届全国计算(机)化学学术会议论文摘要集[C]. 2011.

[2] Three dimensional ZnO printing technology[A]. Abstract Book of the 6th International Workshop on ZnO and Related Materials[C]. 2010.

4. 科技报告的著录格式

主要责任者. 报告题名:其他题名信息,编号[R]. 出版地:出版者,出版年.

示例:

[1] 冯西桥. 核反应堆压力容器的 LBB 分析[R]. 北京:清华大学核能技术设计研究院,1997.

[2] U. S. Department of Transportation Federal Highway Administration. Guidelines for handling excavated acid-producing materials, PB91-194001[R]. Springfield:U. S. Department of Commerce National Information Service,1990.

5. 专利文献的著录格式

专利申请者或所有者. 专利题名:专利国别,专利号[P]. 公告日期或公开日期[引用日期]. 获取和访问路径.

示例:

[1] 姜锡洲. 一种温热外敷药制备方案:中国,88105607.3[P]. 1989-07-26.

[2] 周湘洪. 冷化制浆造纸的方法:中国,CN1193061[P]. 1998-09-16. http://dbpub.cnki.net/Grid2008/Dbpub/brief.aspx? ID=SCPD.

6. 标准文献的著录格式

标准代号. 标准名称[S]. 出版地:出版者,出版年:页码.

示例:

[1] GB 22215—2008. 食品添加剂. 连二亚硫酸钠(保险粉)[S]. 2008.

[2] 国家标准局信息分类编码研究所. GB/T 2659—1986. 世界各国和地区名称代码[S]// 全国文献工作标准化技术委员会. 文献工作国家标准汇编:3. 北京:中国标准出版社,1988:59-92.

7. 电子文献的著录格式

电子文献是指以数字方式将图、文、声、像等信息存储在磁、光、电介质上,通过计算机、网络或相关设备使用的记录,有知识内容和艺术内容的文献信息资源,包括电子书刊、数据库、电子公告等,其著录格式:

主要责任者. 电子文献题名[文献类型/载体类型]. 出版地:出版者,出版年(更新或修改日期)[引用日期]. 获取和访问路径.

示例:

[1] 卢振,汪辉. 活动教学思想与化学教学[EB/OL]. http://web.jsszzx.com/teacher/luzheng/web/lunwen2.htm.

[2] 张薇,寇晓龙,张文科. 聚合物单分子力谱的研究进展[J/OL]. 高等学校化学学报,2012. http://www.cjcu.jlu.edu.cn/CN/abstract/abstract24404.html.

参考文献类型标志如下:

根据 GB 3469—1983《文献类型与文献载体代码》规定,常用文献载体类型,以单字母标志:

M——专著(含古籍中的史、志论著)　　C——论文集
N——报纸文章　　J——期刊文章　　D——学位论文
R——研究报告　　S——标准　　P——专利
A——专著、论文集中的析出文献　　Z——其他未说明的文献类型

电子文献类型以双字母作为标志:

DB——数据库　　CP——计算机程序　　EB——电子公告

非纸张型载体电子文献,在参考文献标志中同时标明其载体类型:

DB/OL——联机网上的数据库　　DB/MT——磁带数据库
M/CD——光盘图书　　CP/DK——磁盘软件
J/OL——网上期刊　　EB/OL——网上电子公告

第六节　化学化工类期刊介绍

一、综合性化学期刊和化学评论期刊

1.《中国科学:化学》(中文版)和《Science China Chemistry》(英文版)

如图 2.1 所示。1950 年创刊,由中国科学院主办,月刊。主要报道化学基础研究及应用研究方面具重要意义的创新性研究成果。涉及的学科主要包括理论化学、物理化学、无机化学、有机化学、高分子化学、生物化学、环境化学、化学工程等。设置有:评述(综述所研究领域的代表性成果、研究进展,提出作者自己的见解以及对今后研究方向的建议)、论文(报道化学各领域具有重要意义的创新性科研成果)、快报(简明扼要地报道化学各领域最新研究成果的核心内容)等栏目。

《中国科学:化学》中文版被《中国科学引文数据库》《中国学术期刊网》《中国科学文献数据库》《中国数字化期刊》等检索系统收录。英文版被《科学引文索引》(SCI)、美国《化学文摘》(CA)、美国《工程索引》(EI)、英国《科学文摘》(SA/INSPEC)、日本《科技文献速报》(CBST)、俄罗斯《文摘杂志》(AJ)等数据库和文摘杂志收录。

图 2.1

图 2.2

2. 《化学学报》(ACTA CHIMICA SINICA)

如图 2.2 所示。1933 年创刊,原名《中国化学学会会志》(Journal of the Chinese Chemical Society),1952 年更名为《化学学报》。由中国化学学会主办,中国科学院上海有机化学研究所编辑,半月刊。主要报道化学各学科领域基础研究和应用基础研究的原始性、首创性成果,涉及无机化学、分析化学、物理化学、有机化学和高分子化学等学科领域。设置有:研究专题(报道学科带头人或著名化学家的系列研究成果,系统介绍本人及其课题组开展的工作和取得的学术成就,并对所研究领域的未来做出展望)、研究通讯(迅速报道学术价值显著的重要研究工作的最新成果)、研究论文(报道学术价值显著、实验数据完整、具有原始性和创新性的研究成果)、研究简报(报道具有原始性和创新性的阶段性成果)等栏目。

《化学学报》被 SCI、CA、CBST、AJ、《中国科学引文数据库(CSCD)》、《中国知网》、《维普》、《万方数据库系统》、《中国核心期刊(遴选)数据库》、《中国学术期刊综合评价数据库》等数据库和文摘杂志收录。

3. 《Chinese Journal of Chemistry》(中国化学)

如图 2.3 所示。创刊于 1983 年,是由中国科协主管、中国化学会和中国科学院上海有机化学研究所主办,月刊。主要刊载物理化学、无机化学、有机化学、分析化学和高分子化学等学科领域基础研究和应用基础研究的原始性研究成果。设置有 Accounts,Articles,Communications,Notes 等栏目。

图 2.3

《Chinese Journal of Chemistry》被 SCI、CA、CBST、《化学工程与生物技术文摘》(CE-ABA)等数据库和文摘杂志收录。

4. 《化学进展》(Progress In Chemistry)

如图 2.4 所示。1989 年创刊,由中国科学院基础科学局、化学部、文献情报中心和国家自然科学基金委员会化学科学部共同主办,月刊。以刊登化学领域综述与评论性文章为主。设置有:综述与评论、传承与创新、专题论坛、科学基金、基础研究论文评介、动态与信息、Mini Accounts(主要刊登国内优秀青年化学工作者的系统性创新工作)等栏目。

《化学进展》已被以下 4 种 ISI 检索刊物收录:ISI Web of Science(ISI 网络版)、SCI-E(SCI 扩展版)、ISI Alerting Services(ISI 快讯)、Current Contents/Clinical Medicine(近期目次/临床医学)。此外,《化学进展》还被 CA、《中国化学化工文摘》、《中国化学文摘》、《中国物理文摘》、《中国药学文摘》、《中国科学引文索引》等数据库和文摘杂志收录。

图 2.4

5. 《化学通报》(Chemistry)

如图 2.5 所示。1934 年创刊,是由中国化学学会、中国科学院化学研究所主办,月刊。主要反映国内外化学及其边缘学科的进展和动向,并介绍新知识和新技术,提供各类信息,促进国内外学术交流。设置有:进展评述(对化学领域中某分支学科或重要专题的最新进展和学术见解,进行介绍和评述,帮助读者了解化学及其交叉学科的最新进展、动向和意义)、知识介绍(普及化学及其交叉学科的基础知识)、研究快报(及时报道化学及其交叉学科的科研成果和研究进展)、经验交流(交流推广科研、开发中的创新研究成果和革新经验)、实验技术(介绍化学及其交叉学科新的实验手段和方法)、化学教学(提高化学教师业务水平,辅导化学专业学生学习,扩大知识领域)、计算机应用(介绍计算机在化学及其交叉学科中的应用,帮助读者了解广泛的计算机和网络技术)、获奖介绍(报道化学及交叉学科研究的重大成果和人物)、工作评介、化学哲学(交流化学哲学问题的研究成果,启发读者用辩证唯物主义

图 2.5

的观点和方法去分析化学科学问题,指导科学技术工作)、化学史(了解化学学科发展的特点和规律,对化学工作者提供有益的启示)、化学家(通过对化学家事迹的介绍,使读者对国内外一些著名化学家的生平和贡献有所了解,并从中受到启发、教育和鼓舞)、机构介绍(通过对化学、化工及交叉学科有关科研、教学、生产、公司、社团等单位的介绍,使读者了解有关单位的发展历史及现今概况)、讲座(较全面地、系统地普及化学基础及实验技术知识,帮助读者提高业务水平)、信息服务、求职招聘、学术活动、化学简讯、书刊评介、读者·作者·编者和中国化学会通讯等栏目。

《化学通报》被《中国期刊网》、《中国科学文献计量评价数据库》和国家新闻出版总署等收录。

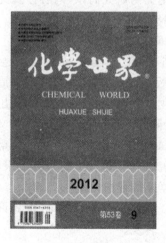

图 2.6

6.《化学世界》(Chemical World)

如图 2.6 所示。1946 年创刊,由上海市化学化工学会主办,月刊。主要报道化学化工的科研成果,化工生产技术改造和经验,传播化学化工知识。设置有:综述、研究论文(包括无机化学、有机化学、物理化学、高分子化学、工业分析化学、化学工程和综合利用等)、新技术、新方法、新信息、化学天地、学会活动等栏目。

《化学世界》已被列为全国中文核心期刊、中国生物医学核心期刊、《中国学术期刊文摘》源期刊、中国科技论文统计源期刊、《中国学术期刊(光盘版)综合评价数据库》源期刊和中国期刊网全文数据库源期刊、美国(CA)千种表源期刊。该刊部分文章还被美国《科学引文索引》(SCI)收录。

7.《Chemical Reviews》(化学评论,美国)

如图 2.7 所示。1924 年创刊,由美国化学学会出版。主要刊载化学研究关键领域进展的评论与分析文章,内容包括普通化学、物理化学、无机与有机化学、高分子化学和生物化学等方面最新研究成果的综述。

8.《Angewandte Chemie International Edition》(应用化学国际版,德国)

如图 2.8 所示。1962 年创刊,是由德国 Wiley-VCH Verlag GmbH & Co. KGaA 出版

的英文周刊。内容包括：有机、无机与生化等应用化学领域的研究论文，报道仪器、设备、化学药品和化工原料等产品信息。

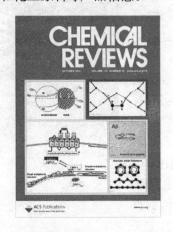

图 2.7

图 2.8

《应用化学国际版》与德国化学学会合作出版的《应用化学》国际版是该领域唯一一部刊载评论文章、通讯、文献集萃的周刊。评论是对该领域各分支近期研究的综述，特别针对未解决的问题并讨论可能的发展方向。文献集萃则对化学研究的最新进展进行简要的评价。通信则精选和报道了近期的研究结果，化学家可以获得最前沿的相关资讯，同时还刊载化学及相关领域的诺贝尔获奖者的演讲稿。

9.《Journal of the American Chemical Society》(美国化学学会会志，美国)

1879 年创刊，美国化学学会(The American Chemical Society，简称 ACS)出版，是世界各国摘引最广的刊物之一。主要发表化学领域各方面的原始论文与研究简讯，内容涉及无机与有机化学、物理化学、生物化学以及高分子化学等方面的研究。

图 2.9

10.《Chemical Communications》(化学通讯，英国)

如图 2.9 所示。1982 年创刊，由英国皇家化学学会(Royal Society of Chemistry)出版，全年 24 期，2005 年改为周刊(52 期)出版。主要刊载世界化学领域最新科研成果，其出版速度较快。该刊物论文通常会随着工作的逐步完成而全文发表。此外，每期《Chemical Communications》都会刊登一篇由各分支学科的顶级人物撰写的文章，报道其最新研究成果、创新领域的开拓，往往会引起化学家的普遍关注。

《Chemical Communications》登载的文章，常常被世界许多著名的二次文献期刊大量摘引、转发。

11.《Chemistry》(英国化学，英国)

1965 创刊，英国化学学会出版，月刊，主要刊载化学进展现状与动向的文章与评述。

12.《Chemical Society Reviews》(化学会评论，英国)

如图 2.10 所示。1972 创刊，英国皇家化学学会(Royal Society of Chemistry)出版的英文月刊。主要刊载由欧洲、美国和世界其他地区的权威化学家撰写的短评，介绍现代化学研究各领域的重要进展。

13.《Journal of Chemical Society》(英国化学学会会志,英国)

1848年创刊,英国皇家化学学会(RSC)出版社出版。该刊主要刊载化学领域中最新、最重要的成果。

14.《Pure & Applied Chemistry》(纯粹与应用化学)

如图2.11所示。1960创刊,为国际纯粹与应用化学联合会机关刊物,Pergamon出版。主要收载在该会及其分支机构各种会议上提出的报告、论文与特邀讲演,也包括该会所属命名、符号及标准分析程序等。

图 2.10

图 2.11

15.《Gazzetta Chimica Italiana》(意大利化学杂志,意大利)

1871创刊,月刊,意大利化学会刊。

16.《Canadian Journal of Chemistry/Journal Canadien de Chimie》(加拿大化学杂志,加拿大)

1929创刊,加拿大国家研究院出版,1966年以后改为半月刊(英文、法文)。

17.《Journal of the Indian Chemical Society》(印度化学学会会志,印度)

1924创刊,月刊,印度化学学会刊。主要刊载印度化学家关于有机化学与无机化学、生物化学、物理化学与分析化学、工业化学、化学工程等各方面原始研究论文。

二、快速报道类期刊

对研究工作者来说,彼此交流工作经验,尽快得知他人研究进展情况是很有必要的。但一般期刊上发表的文章,都是在编辑部收到数月以至几年以后才刊登出来,而一些快速报道刊物,内容比较简洁,一般没有具体数据和方法。这类刊物一般在收到稿件后两个月内就予以发表,所以它们所报道的内容,是最快和最新的。快速报道期刊主要有:

1.《Chinese Chemical Letters》(中国化学快报)

如图2.12所示。1990年创刊,是由中国科协主管、中国化学学会主办、中国医学科学院药物研究所承办,月刊。及时报道中国化学领域研究的最新进展及热点问题和原始性研究成果,内容覆盖化学全领域。

《Chinese Chemical Letters》被 SCI Search、CA、Research Alert、Chemistry Citation Index、《日本科技文献速报》、俄罗斯 Реферативный Журнал（РЖ）、荷兰 Elsevier ScienceDirect、《万方数据——数字化期刊群》、《中国学术期刊(光盘版)》、《中国学术期刊文摘》等数据库和文摘杂志收录。2007 年，《Chinese Chemical Letters》与荷兰 Elsevier 出版集团合作，实现了印刷与在线同时出版。

2.《Chemistry Letters》(化学快报，日本)

如图 2.13 所示。1972 年创刊，为日本化学学会会刊，月刊。《Chemistry Letters》采用快报形式登载理论化学和工业化学研究方面的重要发现或结论，载文原以日、英、法、德文混合成一种，现多数用英文发表，在出版纸版的同时还有网络版，它不仅是日本具有代表性的专业论文杂志。而且是具有世界水准并拥有广大读者的杂志。此外，《Chemistry Letters》还以其出版时间短、高时效性受到人们瞩目。

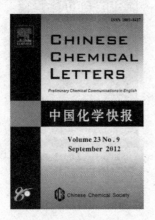

图 2.12

图 2.13

图 2.14

3.《Tetrahedron Letters》(四面体简讯，英)

如图 2.14 所示。1959 年创刊，英国牛津 Pergamon 出版，1964 年改为周刊。主要刊发有机化学领域在技术、结构及方法研究最新进展的原创性研究论文，包括新概念、新技术、新结构、新试剂和新方法等，是迅速发表有机化学领域研究通讯的国际性刊物。文章主要以英文、德文或法文发表。

4.《Inorganic & Nuclear Chemistry Letters, Including Bio-Inorganic Chemistry》(无机与核化学快报，英国)

1965 年创刊，月刊(英、法、德文)，采用简报形式报道最新研究成果。

三、新闻、技术与经济类期刊

《Chemical Week》(化学周报，英国)，1914 年创刊，周刊，如图 2.15 所示。

《Chemical Age》(化学时代，英国)，1919 年创刊，周刊。

《Plastics Industry News》(塑料工业新闻，日本)，1958 年创刊，周刊。

《Chimie Actualites》(当代化学，法国)，1898 年创刊，主要介绍各种化工产品的生产技术及其性质、应用和各国化工新技术、化工经济、市场以及生产等方面的动态。

《Chemical and Engineering News》(化学与工程新闻,美国),1942年创刊,周刊。它以刊登美国及世界化学进展的综述与评论等学术性文章以及化学会政策、活动新闻为主,如图2.16所示。

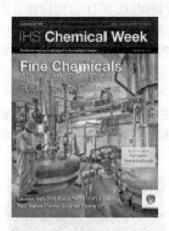

图 2.15

图 2.16

《化学经济》(日本),1954年创刊,月刊。报道和评论日本及其他各主要国家化学工业、石油化学、有机化学、合成树脂、橡胶、纤维、洗涤剂、化肥、农药、染料、涂料等生产和管理等方面的经济发展动向、新技术及市场情况。

四、化学化工类专业期刊

1. 无机化学

(1)《无机化学学报》(Chinese Journal of Inorganic Chemistry)

如图2.17所示。1985年创刊,由中国化学会主办,月刊。主要报道我国无机化学领域的基础研究和应用基础研究的创新成果,内容涉及无机材料化学、配合物化学、固体无机化学、生物无机化学、无机材料化学、理论无机化学、有机金属化学、超分子化学和应用无机化学、催化等。设置有:综述、研究快报及论文等栏目。

《无机化学学报》被 SCI 网络版、CA、《中国学术期刊文摘》(中、英文版)、《中国科技论文与引文数据库(CSTPCD)》、《中国科学引文数据库》、《中文科技期刊数据库》、《中国期刊全文数据库》、《中国核心期刊(遴选)数据库》、中国台湾华艺《中文电子期刊服务》等检索刊物和文献数据库摘引和收录。

(2)《无机材料学报》(Journal of Inorganic Material)

如图2.18所示。1986年创刊,由中国科学院上海硅酸盐研究所主办,科学出版社出版,月刊。立足于先进性和科学性,报道国家攻关、国家自然科学基金项目的阶段成果和总结性成果。主要报道:纳米无机材料、功能陶瓷(铁电、压电、热释电、PTC、温敏、热敏、气敏等)、高性能结构陶瓷、功能晶体材料、能源材料、生物材料、无机薄膜材料、特种玻璃、环境材料、特种无机涂层材料以及无机复合材料等方面的最新研究成果,

图 2.17

以及上述材料性能的最新检测方法和获得上述材料的新工艺等。设置有：综述、研究论文和研究简报等栏目。

《无机材料学报》被 SCIE、EI、CA、《国家科技部中国科技论文与引文数据库》(CSTPCD)、《中国科学院文献情报中心中国科学引文数据库》(CSCD)、《中国核心期刊数据库》、《中国学术期刊文摘》、《中国科技期刊精品数据库》、《中文科技期刊数据库》、《中国学术期刊综合评价数据库》(CAJCED)、《中国期刊全文数据库》(CJFD)等数据库和文摘杂志收录。

(3)《Inorganic Chemistry》(无机化学，美国)

如图 2.19 所示。1962 年创刊，初期为双月刊后改月刊，美国化学会出版。内容包括在结构、热力学、动力学、无机反应机理、生物无机化学、有机金属化学、化学键理论和相关方面的理论和实验的研究报告。

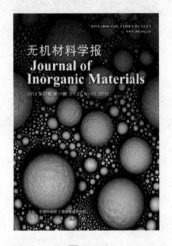

图 2.18

图 2.19

(4)《Journal of the Chemical Society Dalton Transactions "Inorganic Chemistry"》(Dalton 汇刊"无机化学")

1972 年创刊，月刊，英国化学会出版。其前身为《Journal of the Chemical Society of London》和《Journal of the Chemical Society—A Inorganic Physical and Theoretical》。主要刊载无机化合物的结构与反映问题、物理化学技术在无机与有机金属化合物研究上的应用，包括无机反应与平衡的动力学与历程及无机化合物光谱学与结晶学研究等，是国际上颇具影响力的无机化学期刊之一。

(5)《Inorganica Chimica Acta》(无机化学学报，瑞士，英文)

1967 年由意大利巴图亚大学创刊，1974 年改在瑞士出版，月刊。

2. 有机和石油化学

(1)《有机化学》(Chinese Journal of Organic Chemistry)

如图 2.20 所示。1980 年创刊，由中国化学学会和中国科学院上海有机化学研究所共同主办，月刊。主要刊登有机化学领域基础研究和应用基础研究的原始性研究成果，设置有：综述与进展、研究论文、研究通讯、研究简报、学术动态、研究专题、亮点介绍等栏目。

《有机化学》被 SCI 网络版、CA、《俄罗斯文摘杂志》、《中国学术期刊文摘》、《中文科技期刊数据库》、《中国期刊全文数据库》、《中国学术期刊综合评价数据库》、《中国科技论文统计源期刊》、《中国核心期刊(遴选)数据库》、《中国化学化工文摘》等数据库和文摘杂志收录。

(2)《The Journal of Organic Chemistry》(有机化学杂志,美国)

如图 2.21 所示。1936 年创刊,初为月刊,1971 年改双周刊,美国化学会出版。刊登有机化学领域高水平的研究论文全文、简报等。

图 2.20

图 2.21

(3)《Synthetic Communications》(合成通讯,美国)

1971 年创刊,原名为《Organic Preparations and Procedures》,1972 年改为现名,美国 Dekker 出版,双月刊。主要刊登有机合成化学有关的新方法、新技术和新试剂的制备与使用方面的研究。

(4)《Tetrahedron》(四面体,英国)

如图 2.22 所示。1957 年创刊,英国牛津 Pergamon 出版,1968 年改为半月刊。是迅速发表有机化学方面原始研究通讯和权威评论的国际性刊物,主要刊载有机化学各方面的最新实验与研究论文。多数以英文发表,也有部分文章以德文或法文刊出。

(5)《Current Organic Chemistry》(当代有机化学,阿拉伯联合酋长国)

是由阿拉伯联合酋长国(Bentham Science Publishers Ltd.)出版的英文期刊。内容包括:有机化学研究近期进展评论、不对称合成、有机金属化学、生物有机化学、杂环化学、天然物化学和分析方法等。

图 2.22

(6)《Steroids》(甾族化合物,美国)

1963 年创刊,Holden Day 出版,月刊。

(7)《石油化工》(Petrochemical technology)

1970 年创刊,由中国石油化工集团公司北京化工研究院与中国化工学会石油化工专业委员会主办,双月刊。内容包括:我国石油化工领域的研究与技术开发成果、介绍国内外石油化工的新技术、新进展及石油化工科技动态等。

(8)《石油と石油化学》(石油与石油化学,日本)

1957年创刊,月刊。

3. 分析化学

(1)《分析化学》(Chinese Journal of Analytical Chemistry)

如图2.23所示。1972年创刊,由中国科学院长春应用化学研究所和中国化学会共同主办,月刊。报道分析化学学科的创新性研究成果,反映国内外分析化学学科前沿和进展。主要刊载我国分析化学学科的科研成果和先进经验、研究报告、研究简报、仪器装置及实验技术、综述学科发展水平及动向等方面的文章。设置有:研究报告、研究简报、评述与进展、仪器装置与实验技术、来稿摘登、NEWS等栏目。

《分析化学》被美国 SCIE、EI,《Research Alert》、《Chemistry Citation Index》、CA,英国《分析文摘》(AA)、《环境科学文摘》、《中国学术期刊文摘》、《中国学术期刊(光盘版)》、《万方数据数字化期刊群》等数据库和文摘杂志收录。

图2.23

(2)《分析测试学报》(Journal of Instrumental Analysis)

如图2.24所示。1982年创刊,曾用刊名《分析测试通报》,由中国广州分析测试中心和中国分析测试协会主办,月刊。主要刊登质谱学、光谱学、色谱学、波谱学、电子显微学及电化学等方面的分析测试新理论、新方法、新技术及其在各领域中的应用研究成果,反映国内外分析测试的进展和动态。设置有:研究报告、研究简报、综述及实验技术等栏目。

《分析测试学报》被CA、《日本科技文献速报》、《俄罗斯文摘》、英国《分析文摘》(AA)、英国《质谱公报》、中国学术期刊综合评价数据库(CAJCED)、《中国科技核心期刊》、《中国科学引文数据库》、中国期刊全文数据库(CJFD)、《中国核心期刊(遴选)数据库》、《中国学术期刊(光盘版)》、《中国期刊网》、《中国学术期刊文摘(中、英文版)》等数据库和文摘杂志收录。

(3)《分析科学学报》(Journal of Analytical Science)

如图2.25所示。1985年创刊,由武汉大学、北京大学、南京大学三校共同主办、武汉大学分析科学中心承办,双月刊。主要报道我国在分析科学领域中的新理论、新方法、新技术、

图2.24

图2.25

新仪器和新试剂等,介绍国内外分析科学前沿领域的最新进展和动向,促进学术交流,推动分析科学学科的发展。设置有:研究报告、研究简报、仪器研制与实验技术、综述与评论、技术交流、动态与信息之窗等栏目。

《分析科学学报》被 CA、英国《分析文摘》(AA)、《中国科学引文数据库》、《中国科技期刊》、《中国学术期刊(光盘版)》等数据库和文摘杂志收录。

(4)《Analytical Chemistry》(分析化学,美国)

如图 2.26 所示。1929 年创刊,美国化学会出版,月刊。主要刊载分析化学理论与应用方面研究论文、札记与简讯,涉及化学分析、物理与机械试验、有色金属等。另有新仪表、新器械与其他实验设备以及新化学品、新产品等新闻报道。

(5)《Microchemical Journal》(微量化学杂志,美国)

1957 年创刊,Academic 出版,季刊。主要发表涉及无机、有机、生化、临床与物理化学等不同领域的中、小标度操作的研究性文章。论题包括制备、分离、提纯、测定、痕量分析及各种类型的仪器应用等,另有书评专栏。

(6)《Analytical Chemistry Journal》(分析化学杂志,日本)

1985 年创刊,日本分析学会出版,双月刊。

(7)《Talanta》(塔兰塔,荷兰)

1958 年创刊,是由荷兰 Elsevier Science 出版的英文刊。内容包括:分析化学领域的研究论文和简报。

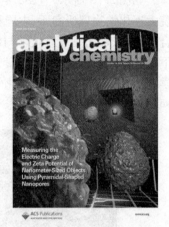

图 2.26

(8)《Analytical Letters》(分析通讯,美国)

如图 2.27 所示。1967 年创刊,Marcel Dekker 出版,月刊。内容包括光谱测定、分离、环境分析、色层法、生物化学分析与临床分析、电化学、总论等。

(9)《The Analyst》(化验师,英国)

1877 年创刊,月刊。内容涉及分析化学的一切分支。

(10)《Journal of Chromatographic Science》(色谱科学杂志,美国)

1963 年创刊,月刊。主要刊载色谱法方面的原始研究论文,如柱载体材料、检测器、有关柱效能方面的理论以及游离脂肪酸分析和气相色谱法在某些材料上的应用等。

图 2.27

(11)《Spectrochimica Acta》(光谱化学学报,英国)

1939 年创刊(英文、法文、德文),1967 年第 23 卷起开始分为 A,B 两辑 A 辑为"分子光谱"Molecular Spectroscopy,B 辑为"原子光谱"Atomic Spectroscopy。

4. 物理化学

(1)《物理化学学报》(Acta Physico-Chimica Sinica)

如图 2.28 所示。1985 年创刊,由中国化学会主办,月刊。主要刊载物理化学领域具有原创性实验和基础理论研究类文章。设有四个栏目:通讯(报导国内最新或阶段性研究成果)、研究论文(刊载内容、数据较完整系统的学术论文)、研究简报(主要刊载内容新颖、实用的阶段性成果)、综述(主要刊载作者结合自己的科研对某一前沿领域进行的评述)。

《物理化学学报》被 SCI 网络版、CA、Elsevier 公司的 Scopus、俄罗斯《文摘杂志》(AJ)、日本《科技文献速报》(JICST)、《中国科技论文与引文数据库(CSTPCD)》、《中国学术期刊文摘》、《中国科学引文数据库》、《中国学术期刊综合评价数据库》、《中国化学化工文摘》、《中国生物学文摘》等数据库和文摘杂志收录。

(2)《化学物理学报》(Chinese Journal of Chemical Physics)

如图 2.29 所示。1988 年创刊,由中国物理学会主办,并由中国科学技术大学、中国科学院大连化学物理研究所、中国科学院兰州化学物理研究所、清华大学和中科院化学研究所联合承办,双月刊。报道化学与物理交叉学科领域的研究论文、科研成果。主要内容范围如下:理论方法、算法、统计与量子力学,计算物理化学和化学物理;气相动力学和结构:光谱学、分子相互作用、散射、光化学;凝聚态动力学、结构和热力学:光谱、反应和弛豫过程;表面、界面、单分子、材料及纳米科学;高分子、生物高分子和复杂体系;其他相关内容。

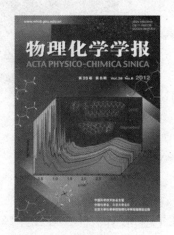

图 2.28

图 2.29

《化学物理学报》被 SCIE、《Including the Web of Science(WoS)》、《Chemical Citation Index (CCI)》、《Research Alert》等数据库收录。

(3)《The Journal of Chemical Physics》(化学物理杂志,美国)

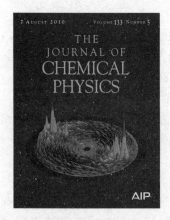

图 2.30

如图 2.30 所示。1933 年创刊,1962 年 36 卷起改为半月刊。美国物理联合会出版。专门刊载化学物理方面研究论文与实验报告,内容涉及物理与化学领域的边缘问题。

(4)《Annual Review of Physical Chemistry》(物理化学年鉴,美国)

1950 年创刊,每年 9 月出版。主要刊载物理化学领域的重大发展,内容包括生物物理化学、化学动力学、胶体、电化学、地球化学和宇宙化学、大气和气候的化学、激光化学和超快过程、液体状态、磁共振、物理有机化学、聚合物和大分子等。

(5)《Journal of Colloid and Interface Science》(胶体与界面科学杂志,美国)

如图 2.31 所示。1946 年创刊,由美国 Academic 出版,双月刊。刊载胶体与界面科学基础原理和应用方面的论文和书评。

(6)《International Journal of Quantum Chemistry,Including Symposia》(国际量子化学杂志,美国),1967 年创刊,月刊(英文、法文、德文)。

(7)《International Journal of Chemical Kinetics》(国际化学动力学杂志,美国)

1969 年创刊,由 Wiley 出版,双月刊。内容包括:凝聚相和聚合反应动力学以及生化和表面的动力学以及分子结构和化学反应之间的定量关系、有机/无机化学和反应机制、界面化学反应等议题。

图 2.31

(8)《The Journal of Chemical Thermodynamics》(化学热力学杂志,英国)

图 2.32

如图 2.32 所示。1969 年创刊,月刊。内容包括气体、液体、固体、聚合物、混合物、溶液和界面等。

(9)《Theoretica Chimica Acta》(理论化学学报,德国)

1962 年创刊,Springer 出版,月刊(英、法、德、拉丁文)。重点刊载量子理论的应用与化学物理问题,量子化学中的一般与分析研究以及新方法的计算研究等。

(10)《Progress in Surface Science》(表面科学进展,英国)

1971 年创刊,由英国 Elsevier Science 出版,月刊。刊载金属、非金属、液相、气相、固相等各种材料、各种存在状态的表面物理与化学现象等表面科学领域当前研究进展的评论。

(11)《Advances in Catalysis》(催化进展,美国)

1948 年创刊,由美国 Academic 出版,月刊。

(12)《Advances in Colloid and Interface Science》(胶体与界面科学进展,荷兰)

1967 年创刊,由荷兰 Elsevier Science 出版(英文,间或用德文、法文)。刊载界面与胶体现象以及相关的化学、物理、工艺和生物学等方面的实验与理论研究论文。

5. 高分子化学与化工

(1)《高分子学报》(Acta Polymerica Sinica)

如图 2.33 所示。1957 年创刊,由中国化学会和中科院化学研究所主办。主要刊登高分子合成、高分子化学、高分子物理、高分子应用和高分子材料等领域中基础研究和应用基础研究的论文、研究简报、快报和重要的专论文章。

(2)《高分子通报》(Polymer Bulletin)

1988 年创刊,中国化学会主办。该刊物设有综述、知识介绍、高分子与工业、技术交流、项目申请指南、应用领域、研究简报、杰青论坛、展望、专论、讲座、教学、会议专栏、新书评介等栏目。

(3)《Progress in Polymer Science》(聚合物科学进展,英国)

如图 2.34 所示。1967 年创刊,由英国 Elsevier Science 出版,月刊。刊载聚合物科学当前研究进展的评论。

图 2.33

图 2.34

(4)《Journal of Polymer Science》(聚合物科学杂志,美国)

1946 年创刊,月刊。从 1963 年起该刊分成下面四个分册出版:A. 普通论文;B. 聚合物简讯;C. 聚合物论文集;D. 聚合物评论。1972 年第 10 期起又改成下面四个分册:聚合物化学;聚合物简讯;聚合物物理;聚合物论文集。

(5)《European Polymer Journal》(欧洲聚合物杂志,英国)

1965 年创刊,由英国 Elsevier Science 出版,月刊。刊载合成与天然高分子物质的理论和实验方面的研究论文和简报。

(6)《Polymer》(聚合物,英国)

图 2.35

如图 2.35 所示。1960 年创刊,由英国 Elsevier Science 出版。刊载聚合物的合成、结构、性能,聚合物工程,聚合物加工和聚合物应用等方面的论文和评论。

(7)《Journal of Applied Polymer Science》(应用聚合物科学杂志,美国)

1956 年创刊,由美国 John Wiley & Sons Inc. 出版,半月刊。该刊作为聚合物研究的综合性情报源之一,全面反映聚合物科学在各学科领域应用的研究进展和成果。

(8)《Journal of Macromoleular Science》(大分子科学杂志,美国)

1965 年创刊,月刊。1967 年以来分成下面四个分册出版:A. 化学;B. 物理;C. 评论;D. 聚合物加工工艺。

(9)《中国塑料》(China Plastics)

如图 2.36 所示。1987 年创刊,由中国塑料加工工业协会、北京工商大学轻工业塑料加工应用研究所主办,月刊。报道国内外塑料工业的发展趋势,及时反映塑料工业的发展动态。设有综述、材料与性能、加工与应用、助剂、标准与测试、塑料与环境、机械与模具、论坛交流、访谈、展会报道等栏目。

《中国塑料》被 EI、CA、《中国期刊全文数据库》等数据库收录。

(10)《塑料科技》(Plastics Science and Technology)

如图 2.37 所示。1973 年创刊,由大连塑料研究所主办,月刊。主要报道新工艺、新材料、新技术,塑机与模具,理化测试,综述等。其主要栏目有:行业动态、理论与研究、加工与应用、计算机辅助技术、塑机与模具、理化测试、助剂、评述、国内外专利介绍等。

图 2.36

图 2.37

《塑料科技》被 CA、俄罗斯文摘期刊(AJ)、英国高分子图书馆(PL)、美国乌利希期刊指南(Ulrich PD)、英国剑桥科学文摘(材料信息)(CSA(MI))、波兰哥白尼索引(IC)、《中国期刊全文数据库》、《中国学术期刊综合评价数据库》等数据库和文摘杂志收录。

(11)《塑料工业》(China Plastics Industry)

如图 2.38 所示。1970 年创刊,由中蓝晨光化工研究院、国家受力结构工程塑料工程技术研究中心、中国工程塑料工业协会树脂改性及合金专委会、全国合成树脂及塑料工业信息总站主办,主要报道塑料原料、塑料改性及助剂、成型加工、模具与设备、仪器检测、合成工艺等新技术与新产品,介绍国内外塑料工业的最新发展动态及相关信息。主要栏目有:合成工艺与工程、树脂改性与合金、成型加工与设备、材料性能与应用、物化分析与测试、助剂与配混、新技术与产品开发、塑料市场及中国塑料专利等。

《塑料工业》被 CA、全国中文核心期刊、中国科学引文数据库等收录。

图 2.38

(12)《国外塑料》(World Plastic)

1981 年创刊,中国塑料加工工业协会主办,月刊。介绍世界各国的最新塑料理论、最新应用技术、最新科技成果、行业发展趋势、业界新闻及市场动态等。主要栏目有:天下塑业、特别报道、行业聚焦、名家讲坛、前沿科技、新品及应用、综述专论、国家专辑、资讯和商机等。

(13)《工程塑料应用》(Engineering Plastics Application)

如图 2.39 所示。1975 年创刊,由中国兵器工业集团第 53 研究所、中国工程塑料工业协会、中国兵工学会非金属专业委员会、兵器工业非金属材料专业情报网主办,月刊。报道国内外工程用树脂、塑料及其复合材料、功能材料等高分子材料的研究、开发、加工与应用等方面的科研成果及技术改进经验。主要栏目有材料、加工、应用、测试、综述、简讯等。栏目设置包括：工程用树脂、塑料及其复合材料、功能材料等的合成、改性、加工、应用、测试、模具、设备等方面的科研成果；技术、学术论文；文献综述、市场动态和技术、经济信息等。

《工程塑料应用》被 CA 等国内外 15 个数据库、多种检索类期刊及众多科技书刊收录、引用。

（14）《聚氯乙烯》(Polyvinyl Chloride)

如图 2.40 所示。1973 年创刊，由锦西化工研究院、全国聚氯乙烯信息站主办，月刊。主要报道国内外氯乙烯单体、聚氯乙烯树脂、聚氯乙烯塑料制品的生产技术及相关产品的性能及应用、聚氯乙烯生产中的三废水处理及环保方面的学术论文、聚氯乙烯标准、科研成果、经验介绍、情报信息等。设置有：综述、科研与生产、加工与应用、助剂、仪表与自动化、分析与测试、装置与设备、安全与环保、防腐与节能、回收与利用、来稿摘登、国内外简讯等栏目。

图 2.39

图 2.40

《聚氯乙烯》被《中国学术期刊综合评价数据库》、《中国期刊全文数据库》、《万方数据——数字化期刊群》等数据库收录。

（15）《Plastics World》(塑料世界，美)

1943 年创刊，月刊。

（16）《Polymer International》(国际聚合物，英国)

1969 年创刊，发表科学与技术方面的原始论文、评论、会议报告和书评。1994~1995 年改刊名为《Polymer International》。涉及生物聚合物、聚合物化学与物理、工业聚合物科学等。

（17）《International Journal of Polymeric Materials》(国际聚合物材料杂志，英国)

创刊于 1972 年，刊载聚合物材料的性能以及在医学领域中应用等方面的论文。

（18）《European Plastics News》(欧洲塑料月刊)

1974 年创刊，是欧洲塑料工业中领先的英文月刊，全年 12 期，所提供的内容详实，包括市场发展、材料及加工技术的革新，还有可能影响塑料企业的重要新规。

（19）《Kunststoffe/Plasteurope》(塑料/欧洲塑料)（德文）

1910 年创刊，月刊，原名《塑料》，1994 年起用现名。

(20)《中国橡胶》(China Rubber)

如图2.41所示。1985年创刊,由中国橡胶工业协会主办,半月刊。主要内容有:诠释政策要闻,发布分析行业状况,提供市场信息,报道科技成果,介绍管理创新案例,传递国内外业界动态等栏目。

《中国橡胶》被《中国学术期刊网》和《中国学术期刊(光盘版)》收录。

(21)《橡胶工业》(China Rubber Industry)

1953年创刊,北京橡胶工业研究设计院主办,月刊。主要报道橡胶行业发展方向,科技研究成果,产品开发和生产经验以及市场信息。设有应用理论、原材料配方、产品设计、工艺装备、测试分析、综述专论、行业动态、讲座、国内外动态等栏目。

图2.41

《橡胶工业》英文文摘已被CA和英国《橡胶和塑料文摘》(Rapra Abstracts)收录。

(22)《世界橡胶工业》(World Rubber Industry)

如图2.42所示。1960年创刊,由上海橡胶制品研究所主办,月刊。主要报道包括中国在内的各工业发达国家橡胶加工技术现状、科技、成就、发展、各种橡胶科技论文并发布大量相关信息。

《世界橡胶工业》被中国期刊全文数据库和中文科技期刊数据库收录。

图2.42

(23)《合成橡胶工业》(China Synthetic Rubber Industry)

1978年创刊,是由中国石油天然气股份公司兰州石化分公司主办,双月刊。主要刊登合成橡胶或弹性体及其单体,经改性制得的高聚物共混材料,合成胶乳及乳液,合成橡胶、弹性体、高聚物共混材料,胶乳及乳液的加工应用技术及产品,合成和加工所需的专用助剂、溶剂和催化剂,与各种生产及加工应用有关的工业装备(聚合、加工、机械设备、自控、计算机应用、维护检修)等。

(24)《Rubber Chemistry & Technology》(橡胶化学与工艺学,美国)

1928年创刊,每年5期。每年6月和12月出版的两期中,摘要刊载美国化学会橡胶分会的会议文献。

(25)《European Rubber Journal》(欧洲橡胶杂志,英国)

1884年创刊,月刊。1973年起改为现名,在此以前称"Rubber and Plastics Weekly"和"Rubber Journal"。

(26)《天然ゴム》(天然橡胶,日本)

1954年创刊,季刊。

(27)《轮胎工业》(Tire Industry)

如图2.43所示。1980年创刊,北京橡胶工业研究设计院主办,月刊。报道轮胎行业发展方向、科技研究成果、产品开发和生产经验以及市场信息。设有专论综述、结构设计、原材料配方、工艺设备、测试分析、讲座、企业管理、行业动态、相关行业、国内外消息等栏目。

(28)《合成纤维》(Synthetic Fiber in China)

如图2.44所示。1972年创刊,由中国纺织信息中心和上海市合成纤维研究所出版,双月刊。主要报道我国合成纤维工业的新产品、新技术、新设备的研发进展、加工应用以及纤维产业链的技术进步和发展趋势。主要栏目有：行业论坛、研究论文、专题综述、生产技术、测试标准、设备与电器、应用纵横、新产品、行业动态等。

图2.43

图2.44

《合成纤维》被《中国核心期刊(遴选)数据库》、《中国期刊全文数据库》(CJFD)、《中国学术期刊综合评价数据库》(CAJCED)、《中文科技期刊数据库》、《中国科技期刊精品数据库》全文收录。

(29)《合成纤维工业》(China Synthetic Fiber Industry)

1978年创刊,由中国石化集团资产经营管理有限公司巴陵石化分公司主办,双月刊。全方位地报道国内外合成纤维单体、油剂、各种添加剂、聚合纺丝工艺、纤维加工应用、合纤设备应用与改造等方面的最新科研技术成果及发展动态。辟有新世纪论坛、专家论坛、综述、研究与开发、分析与测试、实践与经验、英文版科研快讯、简报、国内外简讯等栏目。

图2.45

(30)《化纤日报》(日本)

1948年创刊,月刊。

(31)《中国涂料》(China Coatings)

如图2.45所示。1986年创刊,中国涂料工业协会主办,月刊。主要内容涉及：涂料、涂料原材料、涂料机械设备、涂料助剂、油墨、胶粘剂、防腐蚀、检测仪器等涂料相关行业。主要栏目有：行业动态、百家论坛、本刊专访、技术园地、新产品新材料、环保专栏、国内外涂料工业和知识窗等。

(32)《涂料工业》(Paint & Coatings Industry)

1959年创刊,中海油常州涂料化工研究院、中国化工学会涂料涂装专业委员会主办,月刊。内容主要涉及：涂料、颜料及相关行业的理论研究、试验研究、工艺、设备、安装技术及其应用、环境保护、专论与综述、分析测试以及国内外简讯等。主要栏目有:热点专题、探索开发、工业技术、应用技术、HSE、标准检测、综论、专家论坛、百家争鸣、友好往来、高端专访和快讯等。近年来,先后编辑了氟碳涂料、防腐涂料、聚氨酯涂料、汽车涂料、建筑涂料、涂料用颜料、涂料用助剂、特种涂料、水性涂料等10多个专辑。

《涂料工业》被CA、英国WSCA、中文核心期刊、中国科技核心期刊、RCCSE中国核心学术期刊、《中国科学引文数据库》(CSCD)、《中文核心期刊要目总览》等数据库和文摘杂志收录。

(33)《涂料技术与文摘》(Coatings Technology & Abstracts)

1962年创刊,中化建常州涂料化工研究院主办,月刊。主要报道:国内外最新行业资讯,分析涂料技术、市场及行业的最新进展,介绍行业学术会议、统计数据、最新标准。主要栏目有:行业观察、技术进展、市场动态、标准与检测、表面涂饰、涂料快讯、涂料文摘、会议报道、访谈录、产品信息、供求信息等。并以专辑形式报道防腐涂料、聚氨酯涂料、水性聚氨酯(包括胶粘剂、皮革涂饰剂领域)、氟碳涂料等。

(34)《Journal of Coatings Technology》(涂料工艺学会志,美国)

1922年创刊,原名《Journal of Paint Technology》,1976年改为现名,美国涂料工艺学会主办,月刊。

(35)《Farbe and Lack》(颜料与油漆,德国)

1958年创刊,综合性行业刊物,月刊。

(36)《Progress in Organic Coatings》(有机涂料进展,英文)

1972年创刊,由瑞士出版,每年8期。

(37)《涂料的研究》(日本)

1950年创刊,每年2期。

6. 硅酸盐

(1)《硅酸盐学报》(Journal of the Chinese Ceramic Society)

如图2.46所示。1957年创刊,由中国硅酸盐学会主办,中国建筑工业出版社出版,月刊。主要报道:陶瓷、水泥基材料、玻璃、耐火材料、人工晶体、矿物材料及其复合材料等学科具有原创性或创新性的研究成果。主要栏目有:研究论文、研究快报、综合评述等。

《硅酸盐学报》被Ei Compendex、CA、英国《科学文摘》、俄罗斯《文摘杂志》等数据库和文摘杂志收录。

(2)《硅酸盐通报》(Bulletin of the Chinese Ceramic Society)

1979年创刊,由中国硅酸盐学会和中材人工晶体研究院主办,天津市硅酸盐学会出版,双月刊。主要报道:无机非金属材料(陶瓷、玻璃、水泥、耐火材料、人工晶体及非金属矿物等各专业)及其制品在科研、教学、生产、设计方面的成就、进展和动态。

图2.46

内容包括:具有创造性的研究论文和阶段性研究简报,并以快讯的形式简短、迅速地报道有关方面的重要成果;国内外有关无机非金属材料的某一领域或某一专题的现状与进展的总结和评述;传播基础知识,探讨和介绍交叉学科和边缘学科,交流生产技术经验和企业管理经验,以促进科研成果的开发、利用,并转化为现实生产力的文章;报道学术动态及学会的活动情况和科技信息。主要栏目有:研究快报、综合评述、专题论文、技术讲座、生产、开发、应用、信息等。

(3)《American Glass Review》(美国玻璃评论,美国)

1882年创刊,一年7期。

(4)《Journal of the American Ceramic Society》(美国陶瓷学会会志,美国)

1918年创刊,月刊。

(5)《The International Enamelist》(国际搪瓷学家,美国)

1951年创刊,季刊。

(6)《Physics and Chemistry of Glasses》(玻璃物理与化学,英国)

1960年创刊,英国玻璃工艺学会主办,双月刊。

(7)《World Cement Technology》(世界水泥工艺,英国)

1970年创刊,双月刊。

(8)《Refractories Journal》(耐火材料杂志,英国)

1925年创刊,双月刊。

(9)《耐火材料》(日本)

1949年创刊,月刊。

7. 化学工程

(1)《化工学报》(Journal of chemical industry and engineering)

图 2.47

如图2.47所示。1923年创刊,由中国化工学会和化学工业出版社共同主办,化学工业出版社出版,月刊。文章分类为:研究论文、研究简报、化工数据、综述与专论、学术争鸣等。主要栏目有:热力学、流体力学与传递现象,催化、动力学与反应器,分离工程,过程系统工程,表面与界面工程,生物化学工程与技术,能源和环境工程,材料化学工程与纳米技术,现代化工技术等。

《化工学报》被 CA、Ei Compendex、俄罗斯《文摘杂志》(AJ)、日本《科技文献速报》(JICST)、荷兰 SCOPUS 网络数据库(SC)、《中国学术期刊综合评价数据库》、《中国科学引文数据库》、《中国学术期刊(光盘版)》、《中国期刊网》、《万方数据——数字化期刊群》、《中文科技期刊数据库》、《中国学术期刊文摘》、《中国化学化工文摘》等数据库和文摘杂志收录。

(2)《化学工程》(Chemical Engineering)

如图2.48所示。1972年创刊,由华陆工程科技有限责任公司主办,中国国际图书贸易总公司对外发行,月刊。内容包括:生物化学工程、环境工程、粉体工程、化学工程设计技术、化学工程技术应用、化工测试技术、化工计算机应用、化工系统工程、国内外化学工程技术进展等。主要栏目有:专家特约、节能减排、生物化工、环境化工、过程强化、能源化工、材料科学、传质过程及设备、传热过程及设备、化工热力学、化工流体力学、反应工程、煤化工、医药工程、膜技术、过程模拟、化工系统工程、化工工艺等。

《化学工程》被 CA、美国《剑桥科学文摘》、俄罗斯《文摘杂志》、《日本科学技术振兴机构中国文献数据库》、荷兰 Scopus、波兰《哥白尼索引》、美国《乌利希期刊指南》(Ulrich's

Periodicals Directory)、《中国知网 CNKI 系列期刊数据库》、《中国核心期刊(遴选)数据库》、《万方数据——数字化期刊群》、《中文科技期刊数据库》、《中国科学引文数据库》、《中国学术期刊文摘(中文版)》等数据库和文摘杂志收录。

(3)《化学工业与工程》(Chemical Industry and Engineering)

如图 2.49 所示。1984 年创刊,是由天津大学和天津化工学会主办的化工类学术期刊,双月刊。涉及的主要内容有:化学、化工基础理论的研究,新型材料的开发应用,新型催化剂及催化工程的开发和研究,传统化工工艺的改造及新工艺过程的开发,反应器的设计及化工过程分析与模拟,传统分离过程及设备的强化与改造和新型分离过程的开发,环境、生化及医药工程的开发和应用等。主要栏目有:研究论文、专题综述、分析与测定方法、化工计算、研究简报、应用技术、数据测定等。

图 2.48

图 2.49

《化学工业与工程》被 CA、美国《剑桥科学文摘》(CSA)、《中国核心期刊(遴选)数据库》、《中国期刊全文数据库》(CJFD)、《中国科技期刊数据库》等数据库和文摘杂志收录。

(4)《Industrial & Engineering Chemistry Research》(工业化学与工程化学研究,美国)

1962 年创刊,由 American Chemical Society 出版,半月刊。内容包括:基础研究、生产工艺和产品设计及研制、动力与催化、材料与界面、加工工程与设计、分离技术等方面的论文和评论,侧重新的科技领域的研究。

(5)《American Institute of Chemical Engineers》(美国化学工程师协会志,美国)

1955 年创刊,由美国 John Wiley & Sons Inc 出版,月刊。内容包括:研究论文,论述对化学工程以及生物技术、材料与环境工程等相关领域具有潜在影响的科学与技术进展。

(6)《Catalysis Reviews:Science and Engineering》(催化评论;科学与工程,美国)

1967 年创刊,由 Taylor & Francis, Marcel Dekker Inc. 出版,季刊。内容包括:催化技术、理论、工程和化学研究进展方面的评论。

(7)《Chemical Engineering and Technology》(化学工程与技术,德国)

1978 年创刊,由德国 Wiley-VCH Verlag GmbH & Co. KGaA 出版,月刊。内容包括:工业化学、加工工程、化工设备及生物技术方面的研究论文、评论和研究简讯。

(8)《Chemical Engineering Research & Design》(化学工程研究与设计)

由英国 Taylor & Francis 出版,月刊。内容涉及有关化工理论与研究、设计与试验等方面的论文。

(9)《Chemical Engineering Science》(化学工程科学,英国)

1951 年创刊,由英国 Elsevier Science 出版,半月刊。内容涉及化学、物理和数学在化学工程领域中的应用,包括:气体、液体和固体物质加工、过程设计与车间设计、化学加工新技术的开发,以及化学热力学、分离过程、过程控制、传质等方面的研究论文和评论。

(10)《Filtration & Separation》(过滤与分离,英国)

1964 年创刊,双月刊。

8. 环境化学

(1)《环境化学》(Environmental Chemistry)

图 2.50

如图 2.50 所示。1982 年创刊,由中国科学院生态环境研究中心主办,月刊。内容涉及:环境分析化学、环境污染化学、污染控制化学、污染生态化学、环境理论化学、区域环境化学和化学污染与健康等研究领域。主要涉及行业有:科研、教育、环境保护、环境监测、污水处理、垃圾处理、市政、印染、化工、造纸、煤炭、食品、医疗、农业等多种领域。包括:① 化学污染物的鉴别,污染物分析新原理、新方法和新技术;② 污染物的多介质环境化学行为及微观机理,区域环境质量演变过程与机制;③ 大气污染控制,水和土壤污染控制与修复技术原理,固体废弃物处理及资源化技术原理;④ 新能源利用的绿色化学过程及环境效应;⑤ 纳米等新材料在污染控制中的应用及其安全性;⑥ 化学污染物对生态环境与人体健康的影响;⑦ 污染物的结构-效应、剂量-效应关系及预测模型等方面。

《环境化学》被 CA、美国《剑桥科学文摘》(CSA)、英国《皇家化学学会系列文摘》(RSC)、俄罗斯《文摘杂志》(AJ)、《日本科学技术振兴机构文献数据库》(JST)、《中国化学文摘》、《中国化工文摘》、《中国环境科学文摘》、《中国医学文摘(卫生学分册)》、《中国科技论文与引文数据库》和《中国科学引文数据库》、《中文科技期刊数据库》、《万方数据——数字化期刊群》等数据库和文摘杂志收录。

(2)《Applied Organometallic Chemistry》(应用有机金属化学,英国)

1987 年创刊,由英国 John Wiley & Sons Ltd. 出版,一年 9 期,涉及论文、简讯、评论和会议报告等,内容包括:有机金属的应用范围诸如催化和聚合、电子学和分子电子学、塑料和食品中的渗滤研究、化学治疗、毒理研究、陶瓷与聚合物、农业以及有机金属在自然环境中的形成等。

(3)《Green Chemistry》(绿色化学,英国)

1999 年创刊,由英国 Turpin Distribution Services Ltd. 出版,月刊。刊载原始论文、综述、通讯、新闻及评论。论题围绕降低化学品及燃料对环境的影响展开:改进生产方式、程序和转运系统,使用可持续资源、生物技术和提高加工工艺,对环境影响因素的评估方法与工具(例如生命周期分析、环境风险分析)及有关绿色化学的立法等都在讨论范围之内。

(4)《Environment Science and Technology》(环境科学与技术,美国)

1967 年创刊,由美国化学会出版,月刊。

(5)《Chemosphere》(化学圈)

1972 年创刊,环境化学的国际性专门刊物,以快报形式报道。文章用英、法、德文等发表。

(6)《CRC Critical Reviews in Environmental Science & Technology》(CRC 环境科学与技术评论,美国)

1970 创刊,由 CRC 公司出版,季刊。原名《化学橡胶公司环境控制鉴定评论》(CRC Critical Reviews in Environmental Control)(1970～1991 年),每期有三四篇重要评论,对最新进展作系统的评述。

(7)《Journal of the Institute of Environmental Sciences and Technology》(环境科学与技术学会志,美国)

1958 年创刊,由美国环境科学会出版,双月刊,原名《环境科学杂志》(Journal of Environmental Science)。

(8)《Water and Waste Treatment, Incorporating Air Pollution》(水和废水处理,英国)

1950 年创刊,月刊。

(9)《International Journal of Environmental Analytical Chemistry》(国际环境分析化学杂志,英国)

1972 年创刊,一年 16 期。

(10)《International Pollution Control Magazine》(国际污染控制防治杂志,美国)

1973 年创刊,季刊。

(11)《Toxicological and Environmental Chemistry Reviews》(毒物与环境化学评论,英国)

1972 年创刊,原为季刊,现为半月刊。

9. 生物化学

(1)《中国生物化学与分子生物学报》(Chinese Journal of Biochemistry and Molecular Biology)

如图 2.51 所示。1985 年创刊,是由中国生物化学与分子生物学会和北京大学共同主办,北京大学出版社出版,月刊。刊载以中文或英文撰稿的生物化学与分子生物学领域具有创新性的基础及应用基础原创性研究论文和反映当前国内外生物科学前沿或热门领域的综述性文章。所设栏目有:小综述、研究论文、研究简报、技术与方法、信息交流等。

《中国生物化学与分子生物学报》被美国《生物学文摘》(BA)、CA、俄罗斯《文摘杂志》(PJ)、世界卫生组织西太平洋地区医学索引(WPRIM)、中国科技论文与引文数据库(CSTPCD)、中国科学引文数据库(CSCD)、《中文核心期刊要目总览》、《中国生物学文摘数据库》、《中国期刊网》、《中国学术期刊(光盘版)全文数据库》、《中国科技期刊精品数据库》等数据库和文摘杂志收录。

图 2.51

(2)《生物化学与生物物理学报》(Acta Biochimica et Biophysica Sinica)

如图 2.52 所示。1958 年创刊,中国科学院上海生物化学研究所主办,上海科学技术出版社出版,双月刊。登载生物化学、生物物理及分子生物学等方面最新研究成果的创造性论文,并酌登研究简报和综述性文章。

《生物化学与生物物理学报》被 SCIE、CA、美国《生物学文摘》(BA)、美国《医学文摘数据库》(MEDLINE)、美国《生物化学和生物物理引文索引》(Biochemistry and Biophysics Citation Index)、美国《生物技术引文索引》(Bioscience Citation Index)等收录。

(3)《生命的化学》(Chemistry of Life)

如图 2.53 所示。1980 年创刊,由中国生物化学和分子生物学会与中国科学院上海生命科学研究院生物化学与细胞生物学研究所共同主办,双月刊。重点刊登国内外生物化学与分子生物学最新发展趋势的综述性、进展性文章,同时也刊登技术和方法、生物化学与分子生物学家的传记轶事、书评、教学讨论、访问观感、学术活动信息等内容。主要栏目有:新进展、小综述、生化与医学、技术与方法、热点报道、知识介绍、生化教育等。

图 2.52

图 2.53

《生命的化学》被《中国学术期刊(光盘版)》、《中国期刊网》、《万方数据——数字化期刊群》和维普《中文科技期刊数据库》等数据库收录。

(4)《Annual Review of Biochemistry》(生物化学年鉴,美国)

1932 年创刊,由美国 Annual Reviews Inc. 出版,年刊。主要登载世界各国生物化学领域的研究进展与成果的综合报道和评论。

(5)《Analytical Chemistry, with Annual Reviews and Lab Guide》(分析化学,美国)(附《年评》与《实验室指南》)。

1929 年创刊,由美国(American Chemical Society)出版,半月刊。刊载分析化学原理与应用方面的优秀论文。侧重对现代环境、药物、生物技术和材料科学的实际问题的探讨。每年 6 月有一期为《年评》,8 月有一期为《实验室指南》。

(6)《Biochemistry》(生物化学,美国)

1962 年创刊,美国化学会出版,现在每年 51 期。

(7)《The Journal of Biological Chemistry》(生物化学杂志,美国)

1905 年创刊,美国生物化学工作者协会出版,现在每年 52 期。

(8)《The Biochemical Journal》(生物化学杂志,英国)

1906 年创刊,英国生物化学会出版,双月刊。1973 年起分为"Molecular Aspects"和"Cellular Aspects"两个分册出版。

(9)《The Journal of Biochemistry》(生物化学杂志,日本)

1922 年创刊,日本生物化学会编辑出版,月刊(英文)。

(10)《Биохимия》(生物化学,俄罗斯)

1936 年创刊,月刊(有英文版)。

10. 化学文献

(1)《Journal of Chemical Information & Computer Science》(化学情报与计算机科学杂志,美国)

1961 年创刊,其前身为《化学文献杂志》(Journal of Chemical Documentation),1975 年起改为现名,季刊。主要刊发关于化学文献的检索、情报处理、语言与技术、组织机构及出版物评价等方面的研究文章。

(2)《Bibliographies of Chemists》(化学家及其著作目录,英国)

1971 年创刊,Gordon and Breach Science Publishers Ltd. 出版,季刊。该刊收载化学家姓名、著作名称及材料来源等项目。化学家包括有机、无机、物理化学、分析、高分子、生化、药物等专业人才。

11. 化学教育

(1)《Journal of Chemical Education》(化学教育杂志,美国)

如图 2.54 所示。1924 年创刊,美国化学会教育组机关刊物,月刊。专门刊载用于教育目的的化学、化工、化学史、化学文献工作等方面的研究论文与述评等。

(2)《化学教育》(Chinese Journal of Chemical Education)

如图 2.55 所示。1980 年创刊,中国化学会主办,月刊。重点报道化学教育领域内的改革动态和研究成果,介绍化学学科的新成就和新发展;化学教育的新理论、新观念;化学教育教学改革新经验。主要围绕化学基础学科,交流教育、教学经验和研究成果,开展关于课程、教材教法、实验技术的讨论,介绍化学和化学教学理论的新成就,报道国内外化学教育改革的进展和动向。设置有:国内外信息、化学奥林匹克、复习指导、高考改革、化学史与化学史教育、问题讨论与思考、实验教学与教具研制、信息技术与化学、调查报告、教师教育、教学研究、新课程天地、课程与教材研讨、专论、知识介绍、化学与社会、生活中的化学等栏目。

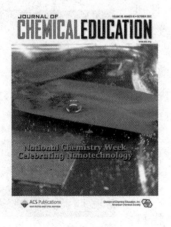

图 2.54

图 2.55

《化学教育》被《中国学术期刊》、《万方数据——数字化期刊群》、《维普中文科技期刊数据库》等数据库收录。

(3)《大学化学》(University Chemistry)

如图 2.56 所示。1986 年创刊,高等学校化学教育研究中心和中国化学会共同主办,双月刊。主要介绍化学科学的新发展,开展与教学有关的重大课题的研讨,交流教学改革经

图 2.56

验。报道化学及其相关学科的新知识、新动向,介绍化学前沿领域的研究状况及今后展望,促进教师知识更新,扩大学生知识面,为提高教学水平服务。

主要栏目内容和要求:

今日化学:介绍当前化学及其相关学科前沿领域的国内外现状、最新进展以及发展趋势。

教学研究与改革:研究高校化学教育改革中的重大问题,对化学教学中具有普遍性的问题发表创见;交流化学教学改革的经验,讨论教学中的难点和重点;介绍新的教学内容和方法等。

知识介绍:介绍化学学科领域在理论、实践、应用方面的新知识与新发展。

计算机与化学:介绍计算机化学的最新进展;开展计算机化学应用软件和辅助化学教学软件的交流,促进开发新软件。

化学实验:实验教学的目标研究;新实验的设计和现有实验的改进;现代化仪器设备在实验中的应用;实验室管理的新经验等。

师生笔谈:交流学习心得;探讨能启发创造性思维的问题;介绍具有启发性的解题方法等。

自学之友:刊登疑难解释,专题辅导,点滴经验,一事一议。

《大学化学》还设有:化学史、国外化学教育、书刊评介、科技书讯、动态与信息等栏目。

《大学化学》被《中国学术期刊》、《万方数据——数字化期刊群》、《中国科学文献计量评价数据库》、《维普中文科技期刊数据库》和国家新闻出版总署等收录。

(4)《化学教学》(Education in Chemistry)

如图 2.57 所示。1979 年创刊,华东师范大学主办,月刊。主要介绍各地化学教学实践经验,为探讨中等化学的教育改革、提高教师的专业和教学水平服务。交流教学心得体会,刊登中学化学教学中各种中学教师感兴趣的化学理论与实践问题。站在化学学科思想和课程教学理论的高度,结合科学研究和化学教学的实际,对化学学科问题或教学问题进行专题阐述。主要栏目有:

图 2.57

课改前沿下设:课程教材、探索实践、教学随笔等栏目。是课程改革一线的化学教师及科研人员交流实践经验和课题研究成果的平台,抒发所感所悟、所思所想的窗口。

聚焦课堂下设:案例研究、精品课例、学案设计等栏目。聚焦中学化学教学的课堂生态,刊登对典型课堂教学案例的研究、优秀教学设计、课堂实录、学案及反思和点评。

实验园地下设:创新、探究等栏目,刊发对中学化学实验的开发、探究和创新。

考试研究下设:高考、中考、竞赛、妙题精解等栏目。主要探讨命题策略、解题方法及考试评价。

教学参考下设:化学史话、知识拓展、问题讨论等栏目。梳理和研究化学史料,介绍与中学化学教学内容相关的背景知识,对有争议的化学问题进行交流研讨,为教师的日常教学提供借鉴和参考。

视野下设:海外速递、教育资讯、科技信息等栏目。刊登对海外化学教学的介绍和研究、最新的教育和科技资讯。

《化学教学》被《万方数据——数字化期刊群》、《中国科学文献计量评价数据库》和国家新闻出版总署等收录。

(5)《化学教与学》(Chemistry Teaching and Learning)

1998年创刊,南京师范大学主办,半月刊。主要设有:教育理论与教学(课程改革研究、校本课程研究、探究教学研究、绿色化学),课堂教学与实践(课例评析、学习指导、习题教学研究),课程与教学资源(教学设计、国内外教学参考),实验教学研究,评价与考试(高考研究、中考研究),问题讨论与思考,化学竞赛研究,多媒体与化学教学,化学与社会,化学与生活,科普之窗等栏目。

《化学教与学》被《中国基础教育期刊全文数据库》、《中文科技期刊数据库》、《维普中文科技期刊数据库》、龙源期刊网和国家新闻出版总署等收录。

(6)《中学化学教学参考》(Teaching Reference of Middle School Chemistry)

如图2.58所示。1972年创刊,陕西师范大学主办,月刊。办刊宗旨:为中学化学教学服务,为中学化学教师的专业化发展服务。以推进基础教育课程改革和考试改革为己任,积极传播课程改革和考试改革的理论及实践研究成果,为广大读者适应课改、搞好化学教育教学服务,为广大化学教育工作者交流教育教学研究成果、展示自我提供舞台。主要栏目有:

教育理论与教学研究:专家笔谈、教育与社会、知识与学习、教学与评价、教研心得。

课程改革与教学实践:教学论坛、互动课堂、课例点评、实验教学、学法指导、教育感言、问题争鸣、学生习作、方法与技巧。

图2.58

课程资源与教材研究:课程研究、教材评说、校本课程、释难解疑、基础知识、课外活动、化学与社会、现代教育技术。

实验苑地:改进与创新、趣味与新奇。

复习应考:备考指导、高考研究、中考研究、奥赛辅导。

试题研究:命题新探、试题评析、解法指津、题卷交流。

动态资讯:教育资讯、国外动态、新书评介、编读往来。

《中学化学教学参考》被《中国学术期刊》、《万方数据——数字化期刊群》、《维普中文科技期刊数据库》和国家新闻出版总署等收录。

(7)《中学化学》(Middle School Chemistry)

如图2.59所示。1983年创刊,由哈尔滨师范大学主办,月刊。每期刊载的全部文章均以中学化学教材、课程标准为科学依据。所登文章的内容可被全国广大教师直接用于教

图2.59

学。许多教学方法、实验方法、教具制作具有普遍推广价值。主要栏目有:教学研究、教材研究、化学与社会、学习园地、备课札记、实验研究、方法与技巧、试题研究、复习与练习、竞赛园地。

《中学化学》被《中国核心期刊(遴选)数据库》、《维普中文科技期刊数据库》等收录。

第七节 常用化学期刊资源检索数据库

查阅化学类文献期刊主要会用到以下几种数据库:SCI科学引文索引数据库、EI工程索引数据库、Web of Science、美国化学会期刊全文数据库(ACS publishing)、英国皇家化学会期刊全文数据库(RSC publishing)、爱思唯尔期刊全文数据库(Elsevier Sciencedirect)、Wiley interscience电子期刊全文数据库、施普林格出版社全文数据库(Springer link)、中国期刊全文数据库、万方数据知识服务平台、维普《中文科技期刊数据库》等。

一、科学引文索引数据库(SCI)

科学引文索引数据库(Science Citation Index,简称SCI),是美国科技信息研究所(Institute for Scientific Information,简称ISI)创办的一种国际性的、多学科的综合性数据库,是了解全世界科技期刊出版信息的最重要的检索工具。它是根据现代情报学家加菲尔德(Engene Garfield) 1953年提出的引文思想而创立的。SCI历来被公认为是世界范围最权威的科学技术文献的索引工具,能够提供科学技术领域所有重要的研究成果。SCI引文检索的体系更是独一无二,不仅可以从文献引证的角度评估文章的学术价值,还可以迅速方便地组建研究课题的参考文献网络。目前,全世界大约有700万研究人员在使用SCI这种产品,很多国家和地区都将SCI作为官方或非官方的评价工具。发表的学术论文被SCI收录或引用的数量,已被世界上许多大学和科研单位作为评价学术水平的一个重要标准。SCI所选用的刊物来源于94个类、40多个国家、50多种文字,这些国家主要有美国、英国、荷兰、德国、俄罗斯、法国、日本、加拿大等,也包括一定数量的中国刊物。

SCI所涵盖的学科超过100个,主要涉及以下领域:物理学及化学、农业、生物及环境科学、地球科学、医学与生命科学、工程技术及应用科学、行为科学等等。所收资料每年以60万条新记录及900万条以上引文参照的速度增长。数据每季度更新一次。

1997年,ISI推出了SCI数据库的网络版(Science Citation Index Expanded,简称SCIE),收录全球5 600多种权威性科学与技术期刊,比SCI光盘增加2 100种。数据每周更新一次,更及时地反映研究动态。

我国现有期刊近9 000种,其中科技期刊4 000多种,截至2011年,已有100多种期刊被ISI收录。

二、工程索引数据库(EI)

美国工程信息公司(Engineering Information Inc.,简称Ei公司),该公司出版的《工程索引》(《EI》)是我国科技界人士早已熟知并被广泛利用的检索工具之一。

Engineering Information Village是《工程索引》的网络版,内容除了含有Ei Compendex

Web 数据库外，还包含 16 000 多个对工程技术人员极有价值的网上地址和资源、多种期刊与会议论文的文摘、最新科技进展通报等，此外还提供许多虚拟社区及其他服务。

Ei Compendex Web 数据库收录 1970 年以来的工程类期刊、会议论文和技术报告的提要，每年新增 500 000 条工程类文献，数据来自 5 100 多种工程类期刊、会议论文和技术报告，其中 2 600 余种有文摘。90 年代以后，数据库又新增了 2 500 种文献来源。化工和工艺类的期刊文献最多，约占 15%，计算机和数据处理类占 12%，应用物理类占 11%，电子和通信类占 12%，另外还有土木工程类（占 6%）和机械工程类（占 6%）等。大约 22% 的数据是有主题词和摘要的会议论文，90% 的文献是英文文献。

三、Web of Science 介绍

Web of Science 是美国 Thomson Scientific（汤姆森科技信息集团）基于 WEB 开发的产品，是大型综合性、多学科、核心期刊引文索引数据库，包括三大引文数据库（科学引文索引（Science Citation Index，简称 SCI）、社会科学引文索引（Social Sciences Citation Index，简称 SSCI）和艺术与人文科学引文索引（Arts & Humanities Citation Index，简称 A&HCI））两个化学信息事实型数据库（最新化学反应资料库（Current Chemical Reactions，简称 CCR）和化学索引（Index Chemicus，简称 IC））。

除了上述三种综合引文索引外，Web of Science 还包括三种专科引文索引，即《生物科学引文索引》（BioSciences Citation Index）共有生命科学期刊 930 多种，尤其强调分子科学和细胞科学。化学引文索引（ChemSciences Citation Index）共包括 630 多种化学、生物化学、药学和毒理学方面的期刊。临床医学引文索引（Clinical Medicine Citation Index）共包括临床医学研究期刊 2 000 多种。Web of Science 中的这些学科数据库既可以独立使用，也可以综合起来进行检索。

四、ACS Publications 美国化学会期刊全文数据库

美国化学学会成立于 1876 年，现已成为世界上最大的科技协会。多年以来，ACS 一直致力于为全球化学研究机构、企业及个人提供高品质的文献资讯及服务。ACS 在科学、教育、政策等领域提供了多方位的专业支持，成为享誉全球的科技出版机构。ACS 所出版的期刊有 36 种，内容涵盖了 24 个主要的化学研究领域。其期刊被 ISI 的《Journal Citation Report》（JCR）评为"化学领域中被引用次数最多的化学期刊"。除了传统的印刷版期刊，ACS 也提供网络版全文电子期刊。

内容全面——包含每一种期刊的创刊号到最新一期的所有全文内容。内容多达 11 000 期 ACS 刊物，500 000 篇文章，2 500 万页化学信息，日期回溯到 1879 年。

精彩内容提前看——ACS 网络版用户可以在正式纸本期刊出版以前查看到最新文章。

附加免费服务——免费文摘；免费的文章预告；免费最新目录；免费个性化页面。

增强的图形功能——生动迷人的动画造型，立体的彩色分子模型和可操控的化学结构式。

强大的引用链接服务——通过引用链接，即可得到相关的文摘和书目资料。

五、RSC（英国皇家化学会）期刊全文数据库

英国皇家化学学会（Royal Society of Chemistry，简称 RSC），是欧洲最大的化学组织，是

一个国际权威的学术机构,是化学信息的一个主要传播机构和出版商,每年组织几百个化学会议。该协会成立于 1841 年,是一个由约 4.5 万名化学研究人员、教师、工业家组成的专业学术团体,出版的期刊及数据库一向是化学领域的核心期刊和权威性的数据库。RSC 期刊大部分被 SCI 收录,并且是被引用次数最多的化学期刊。

RSC 期刊大部分被 SCI 和 MEDLINE 收录,并且是被引用次数最多的化学期刊。RSC 电子期刊与资料库主要以化学为核心及其相关主题,包括:

Analytical Chemistry 分析化学	Physical Chemistry 物理化学
Inorganic Chemistry 无机化学	Organic Chemistry 有机化学
Biochemistry 生物化学	Polymer Chemistry 高分子化学
Materials Science 材料科学	Applied Chemistry 应用化学
Chem. Engineering 化学工程	Medicinal Chemistry 药物化学

六、Elsevier Sciencedirect 爱思唯尔期刊全文数据库

荷兰爱思唯尔(Elsevier)出版集团是全球最大的科技与医学文献出版发行商之一,已有 180 多年的历史。Science Direct Online 系统是 Elsevier 公司的核心产品,自 1999 年开始向读者提供电子出版物全文的在线服务,包括 Elsevier 出版集团所属的 2 200 多种同行评议期刊和 2 000 多种系列丛书、手册及参考书等,其中约 1 500 种期刊具有全文浏览权限。该数据库涵盖了数学、物理、化学、天文学、医学、生命科学、商业及经济管理、计算机科学、工程技术、能源学、环境科学、材料科学、社会科学等众多学科,且大多数为核心期刊,被世界上许多著名的二次文献数据库所收录。

七、Wiley interscience 电子期刊全文数据库

John Wiley & Sons Inc. 成立于 1807 年,是一家全球性电子产品权威出版商,出版超过 400 种的期刊,拥有众多的国际权威学会会刊和推荐出版物,被 SCI 收录的核心刊达 200 种以上。Wiley Inter Science 是该公司创建的动态在线内容服务,Wiley 全文电子期刊数据库就在这个平台上使用。Wiley 全文电子期刊数据库包含的学科有:生命科学与医学、数学统计学、物理、化学、地球科学、计算机科学、工程学、商业管理金融学、教育学、法律、心理学。文献类型有参考工具书、期刊论文、手册、图书等。

八、Springerlink 电子期刊全文数据库

德国施普林格(Springer-Verlag)是世界上著名的科技出版集团,通过 Springer Link 系统提供学术期刊及电子图书的在线服务。Springer Link 所提供的电子期刊约 2 000 多种,其中近 400 种为英文期刊,还有 20 种世界知名科技丛书共 2 000 多卷,约 30 多万篇文献,大部分期刊过刊回溯到 1996 年,是科研人员的重要信息源。

自 1996 年推出以来,Springer Link 已是全球最大的在线科学、技术和医学(STM)领域学术资源平台。凭借弹性的订阅模式、可靠的网路基础以及便捷的管理系统,Springer Link 的服务范围涵盖各个研究领域,除了同行评议的学术期刊,还包括电子图书参考、工具书、实验室指南、在线回溯数据库和更多内容。

九、中国学术期刊网络出版总库

中国学术期刊网络出版总库(China Academic Journal Network Publishing Database,简称CAJD),是世界上最大的连续动态更新的中国学术期刊全文数据库,是"十一五"国家重大网络出版工程的子项目,是《国家"十一五"时期文化发展规划纲要》中国家"知识资源数据库"出版工程的重要组成部分。其内容覆盖自然科学、工程技术、农业、哲学、医学、人文社会科学等各个领域。截至2011年6月,收录国内学术期刊7 778种,包括创刊至今出版的学术期刊4 600余种,全文文献总量3 000多万篇。其中核心期刊收录率96%,约占我国学术期刊总量的30%。

《中国学术期刊网络出版总库》分10个专业文献总库,168个专题数据库。

十、维普《中文科技期刊数据库》

重庆维普资讯有限公司前身为中国科技情报所重庆分所数据库研究中心。公司自1993年成立以来,一直致力于电子信息资源的研究、开发和应用。业务范围包括:数据库出版发行、电子期刊出版发行、网络信息服务、文献资料数字化加工等多种个性化服务。重庆维普资讯有限公司的主导产品《中文科技期刊数据库》是经国家新闻出版总署批准的大型连续电子出版物;收录中文期刊12 000余种,全文2 300余万篇,引文3 000余万条,分3个版本(全文版、文摘版、引文版)和8个专辑(社会科学、自然科学、工程技术、农业科学、医药卫生、经济管理、教育科学、图书情报)定期出版。维普数据库已成为我国图书情报、教育机构、科研院所等系统必不可少的基本工具和获取资料的重要来源。

十一、其他期刊资源检索网站

万方数据知识服务台:http://www.wanfangdata.com.cn/。
化学学科信息门户网站:http://chin.csdl.ac.cn/SPT-Home.php。
中国化学会的学术期刊:http://www.ccs.ac.cn/。
中国化工信息网(电子期刊):http://journals.cheminfo.gov.cn/。
China Chemical Reporter:http://www.ccr.com.cn/。
科学网:http://www.sciencetimes.com.cn/。

第三章　化学化工用参考工具书

第一节　概　述

工具书就是根据一定的查检需要，系统汇集某方面的知识信息或文献资料，并按特定的方式进行编排，以便读者查阅获取特定文献信息、资料或具体事实与数据的一种特殊的文献。

一、工具书的特点

1. 实用性

实用性是工具书的本质属性。工具书所收录的内容不一定要深奥，但一定要贴近生活、针对性强、通俗易懂。从编辑目的看，它是供人们有目的性地查考释疑，因而实用性较强。

2. 资料性

工具书广采博收、论述精炼、出处详明，是人们学习研究的重要而又权威的信息源。

3. 权威性

工具书经常用"典""典范、依据"等字来命名，这反映了它在人们心目中的地位。工具书的内容准确、客观，科学性和学术性较强，一些专业性工具书常常出自名家、专业权威之手，使得工具书具有较高的权威性。

4. 易检性

工具书将众多的知识信息进行条理化组织和揭示，并按字顺、学科分类、地域等形式加以编排，具有便于检索、查阅方便的特点，使读者能在最短的时间内获得所需的知识信息或资料。

5. 信息密集性

从取材范围看，工具书比较完整地汇辑了某一方面的知识信息，既吸收了历史文化遗产的精华，又反映了当代科学技术的成果，是一种信息精炼和浓缩的密集型文献。

6. 多样性

现代多媒体技术使工具书的信息表现能力大大增强，设计完善的多媒体能将文字和图画的静态信息转换为动态的视频、音频以及交互演示，因此，更有利于人们了解更多的知识信息。

工具书能引导读者读书治学，帮助读者解疑释惑，并节省读者大量的时间和精力，因而被誉为治学的利器。善于利用工具书，能提高读书治学和科研的工作效率，收到事半功倍的效果。

二、工具书的类型

工具书因其选材、加工、编排方式不同,答疑解难的范围、角度和要求也不同,可分为很多不同的类型。

按内容体例和编制特点可分为字典、辞典、百科全书、年鉴、手册、书目、索引、名录、图谱、指南等。

按照学科可分为自然科学、社会科学和综合性学科类工具书。

按文种可分为中文和外文工具书。

按编纂年代或出版年代可分为古代、近代、现代工具书。

根据载体形态可分为印刷型、电子型(机读型)工具书。

第二节 字典、词典

字典、词典(辞典)是按一定的次序编列字或语词,并分别加以解释的工具书。在汉语等表意文字的语言中,字、词是两个相关但又有区别的概念,因此,有时分别用字典和词典(辞典)来收录。《现代汉语词典》对"词典"和"辞典"收录在一起解释:"收集词汇加以解释供人检查参考的工具书。"在英语等表音文字的语言中,字典与词典(辞典)没太大的区别,对应的英语表示都是"dictionary"。

词典按照收集词汇的范围可分为综合性词典、专科词典、语言对照词典、分类词典。

综合性词典和专科性词典都是以学科(或题材)为纲来进行组织编排的,但侧重点不一样。综合性词典收录内容广泛,涉及各个领域,便于查找最基本的知识和资料;专科词典则主要收录某一学科、专业的知识及专业性很强的学科术语。

梅里亚姆-韦伯斯特公司(Merriam-Webster)是美国权威的辞书出版机构,它出版的《韦氏新国际词典》(Webster's New International Dictionary),人们习惯称为"韦氏大词典",已有100多年历史,是美国最具权威的英语词典,深得美国人青睐,在美国的地位相当于中国的《新华字典》。

韦氏词典系列——《韦氏大学词典》(Merriam-Webster's Collegiate Dictionary)为美国人最常用的案头参考书籍,如图3.1所示。

《韦氏大学词典》(第10版)充分利用了韦氏公司逐年增加的庞大语料库和计算机检索技术,对第9版中的16万个词条与20万条释义详加考证,并作修订与增删,反映了近年来词汇研究的新成果,并增添了近百幅插图,对于读者确切理解词义颇有益处。

常用化学化工词典:

《化学化工大辞典》。如图3.2所示。是我国规模最大的化学化工类综合性专业辞书,也是目前我国收词量最多、专业覆盖面最广、解释较为详细的化学化工专业词典。1994年11月由原化学工业部经济技术委员会牵头,组织中国化学会、中国化工学会、中国药学会、北京师范大学、华东理工大学等20余所高等院校和10余家科研院所的专家及编辑人员近千人合作编纂,至2002年完成,2003年由化学工业出版社正式出版。参与编辑者大都是我国化学和化工各个分支领域的专家学者,有着各自的特长和工作经验,了解该分支学科的现状进展和当前的发展前沿,编委会主任委员为贺国强。全书共收录近 60 000 个化学化工领域的英文单词和术语。

图 3.1

图 3.2

《化学化工大辞典》在总体框架、收词原则、词目释义、编排体例和检索系统等方面力求做到科学、准确、实用、新颖、简明和方便查阅。正文后收录了《化学命名原则》和《化学名词》(1991)说明两个附录。辞典中的化学物质名称,均采用通用名称,学名采用中国化学会 1980 年颁布的《化学命名原则》,其中的专业名词、术语尽可能采用全国科学技术名词审定委员会颁布的标准名词及国家标准、部颁标准的有关规定。对个别既无标准,又无统一规定的名词术语,则根据约定俗成原则,采用本行业的习惯叫法。该书为统一规范化学化工的名词,推进国内外的学术交流起了重要的作用。

化学辞典(第 2 版),周公度主编,化学工业出版社 2011 年出版。如图 3.3 所示。辞典的内容除包括无机、有机、分析、物化、高分子等化学分支外,还涉及生物化学、材料化学、环境化学、放射化学、矿物和地球化学等。条目的内容分为两类:一类是概念性的名词,包括定理、概念、化学反应和方法等;另一类是物质性名词,包括典型的和常用的化学物质,介绍它们的结构、性能、制法和应用。

《英汉化学化工词汇》,化学工业出版社辞书编辑部编辑,化学工业出版社 2005 年出版。如图 3.4 所示。《英汉化学化工词汇》遵循"全、新、实用"的原则,收录词汇约 30 万条,涉

图 3.3

图 3.4

化学、化工学科及其相关领域,对于化学化工核心学科的词汇全部予以列入;对于化学化工交叉学科、边缘学科的词汇也尽量收入;对于广义的化学化工领域以及化学化工应用领域中与化学化工相关的词汇必须列入的也都包括在其中。

《英汉化学化工词汇》中译名原则采用全国科学技术名词审定委员会公布的科学技术专业名词、国家质量监督检验检疫总局发布的科技术语国家标准和专业协会的专业标准名词的规定称谓。一些常用的、重要的物质的学名名词,还给出了通用名。

《Dictionary of Organic Compounds》(有机化合物辞典),是有机化学最常用的工具书之一,首次出版于1934年,到1996年出至第6版。第1~4版由Eyre & Spottiswoode Ltd.出版,第5版开始由美国Chapman & Hall出版发行。收录超过220 000种化合物以及实验室常用试剂和溶剂、重要天然产物和生化物质资料信息等。

正文以化学物质名称字顺排列,每一条目包括化合物的各种命名、CAS登记号、结构式、立体化学、重要性和毒性以及有价值的参考文献等。其中1~6卷为正文,按化合物名称的英文字母顺序排列,7~9卷分别为化合物名称索引(Name Index)、分子式索引(Molecular Formula Index)及化学文摘登记号索引(Chemical Abstracts Service Registry Number Index,简称CASRN),10~11卷为两个增补版(First Supplement & Second supplement),可根据索引查阅本书。本书第6版已有光盘版问世。该书的中译本《汉译海氏有机化合物辞典》于1961年由科学出版社出版。

《Concise Chemical and Technical Dictionary》(简明化学化工词典),H. Bennett编,1986年出版。收录化学化工和其他科技词汇达10万条。每一个化合物给出化学名称、同义词名称、结构简式、相对分子质量和其他一些物理数据。对于各种化工产品,除介绍物理性质、化学性质和应用外,还给出了这些产品的化学成分。

《Encyclopedic Dictionary of Chemical Technology》(化学工艺百科辞典),D. Noether,H. Noether编,VCH,1993年出版,收集了大量的化学化工专业技术词汇。

《化学用语辞典》,化学用语辞典编集委员编辑,日本技报堂出版株式会社1958年出版。《化学用语辞典》第3版(1992年出版)收词16 000条,内容包括化学化工的各个方面。书中绝大部分基本术语是以日文汉字或外来语的形式出现。书后附有英文索引。

《McGraw-Hill Dictionary of Chemical Terms》(麦克劳-希尔化学术语辞典),S. P. Parker主编,1984年出版,该书汇集了《McGraw-Hill科学技术词典》第3版中有关化学方面的名词术语共9 000多条,按字母顺序排列,每个条目给出简要的解释。

《Dictionary of Inorganic Compounds》(无机化合物辞典),J. E. Macintyr主编,Chapman & Hall公司1992年出版。《无机化合物辞典》共5卷,收录2200多种无机化合物及其衍生物,对每种化合物均列出结构式、化学性质、物理性质及参考文献,所列词条的一半为无机生物领域中的配位化合物。

《The Merck Index》(默克索引),是美国Merck公司出版的一本在国际上享有盛名的化学药品大全。它介绍了一万多种化合物的性质、制法以及用途,按标题化合物的字母顺序排列,注重对物质药理、临床、毒理与毒性研究情报的收集,并汇总了这些物质的俗名、商品名、化学名、结构式,以及商标和生产厂家名称等资料。正文后附有CAS登记号索引,分子式索引和名称参照索引。目前,该索引有印刷版、光盘版和网络版三种出版形式。

《Chemical Tradenames Dictionary》(化学商品名词典),M. Ash,I. Ash主编,VCH 1993年出版。

本书罗列了目前国际化学品市场常见的 14 000 种化学品的产品种类、功能和应用,且书后附有 2 300 家化学品制造商名录。

《Dictionary of Natural Products》(天然产物词典),J. Buekin Sham 主编,Chapman & Hall 1994 年出版。收集天然产物共计 32 000 余条,包括化合物的结构式、分子式、分子量、理化性质、衍生物、异构体及参考文献等。

《Dictionary of Chemical Names and Synonyms》(化学名称和同义词词典),P. H. Howard,M. Neal 主编,Lewis 1992 年出版。该书收载 2 万多个常用化合物的化学文摘社(CAS)登记号、分子式、相对分子质量、化学结构式和同义词。化合物以 CAS 登记号为序排列,正文后附有同义词索引和分子式索引,利用同义词和分子式可查出该化合物的 CAS 登记号,为查找有关化合物的最新文献提供方便。

还有一些缩略语词典,如:《英汉化学化工缩略语词典》《英汉环境科学缩略语词典》等。此外,还可参阅一些科技词典,如:《McGraw-Hill Dictionary of Scientific & Technical Terms》(《麦格劳-希尔科技百科全书》第 10 版),2007 年 6 月 11 日出版,这是一部国际通用的大型科技术语大词典,也是全球科技资料中最权威的,并被国际著名科学家、工程师和教师等共同认可的科学技术总览。

《现代科学技术知识词典》第 3 版由中国科学技术出版社于 2010 年 10 月出版。词典涵盖了自然科学中 38 个一级学科的基础知识和最新成果,并充实和加强一些较薄弱的学科板块,如农业科学、医药科学、食品科学技术、土木建筑工程、水利工程、计算机科学技术等学科的词条,增补了近年来新出现并为人特别关注的新术语、新知识。它不仅时代性强,注意反映现代科学研究中的最新成果和专业术语;而且实用性强,把深奥复杂的专业理论或技术,表述成简明的知识。

第三节 手 册

手册是汇集某一范围的基本知识、参考资料或数据的参考工具书。其特点是简明扼要、全面概括,实用性较强。手册中所收的知识偏重于介绍基本情况和提供基本材料,如各种事实、数据、图表等等,通常按类进行编排,便于查找。

手册种类繁多,数量巨大,版式卷数和内容深浅不一,按内容和编排形式大致可分为以下几种类型:

(1) 数据手册,将各种数据、资料与计算公式按照表格的形式加以分类编排,有时加注一些简洁的说明文字,如《化学工程师实用数据手册》《化学键能数据手册》。

(2) 条目性手册,正文由条目或文摘组成,在编排上常采用条目字顺法来组织内容,以供读者查找某种产品的结构、性质、制备、工艺、用途等方面的问题,如《化工工艺设计手册》《工程材料手册》等。

(3) 图谱手册,汇集各种图谱,如光谱图、结构图、流程图等,按照一定规则排列,专供科研人员通过图表了解事物的结构、过程、测量性能等,如《药品红外光谱集》。

(4) 综合性手册,以文字、图形、表格、公式相结合的形式对其领域的基本知识原理、概念和方法等加以简要地叙述或概括性的总结,综合性手册多以分类编排,书末有索引和附录，如《化学实验员简明手册》《实用大学化学手册》等。

常用化学化工手册：

《CRC Handbook of Chemistry and Physics》（CRC 化学和物理手册），D. R. Lide 主编，第 83 版 2002 年出版。如图 3.5 所示。《CRC 化学和物理手册》是美国化学橡胶公司（Chemical Rubber Co.，简称 CRC）出版的一部著名的化学和物理学科的工具书，初版于 1913 年，以后逐年改版，内容不断充实更新。至今目前已出到 80 多版，它是一部关于化学、物理及其相近学科数据资料最完整和最详细的手册。每年更新一次。收录基本的化学和物理数据，以及其他众多的研究人员共同需要的常用的表格、常数、公式及定义等。正文按数据的类型归类编排，分为数学表、元素和无机化合物、有机化合物、普通化学、普通物理和其他数据资料，书后有主题索引。第 62 版以前书首附有详细的各部类目录。由于手册所收集的内容繁多，各部分的划分不十分严格，既不是以化学物质分，把有关数据资料都汇集在各该物质条目下，又不是完全以数据资料的类目划分，而是相互交叉的，故而从第 63 版起取消了此目录，以书末的索引作为主要检索工具。每版内容不断更新，修订，全书由目录、正文、附录和索引组成。

图 3.5

图 3.6

《Lange's Chemistry Handbook》（兰氏化学手册），J. A. Dean主编，15th ed.，1999 出版。如图 3.6 所示。该书第 1 版至第 10 版由 N. A. 兰格（Lange）先生主持编纂，原名《化学手册》。兰格先生逝世后，从第 11 版开始由 J. A. Dean（迪安）任主编，并更为现名，以纪念兰格先生。《兰氏化学手册》提供了大量的化学和物理方面的数据，正文以表格形式为主。

兰氏化学手册是一部资料齐全、数据翔实、使用方便、供化学及相关科学工作者使用的单卷式化学数据手册，是两代作者花费了半个多世纪的心血搜集、编纂而成的，在国际上享有盛誉，自 1934 年第 1 版问世以来，一直受到各国化学工作者的重视和欢迎。

《CRC Handbook of Data on Organic Compounds》（有机化合物数据手册），R. C. Weast，M. J. Astle 编，CRC 1985 年出版。《有机化合物数据手册》共 7 卷，以表格形式收集了大量有机化合物的有关数据，每种化合物还列出该手册编号、Beilstein 系统号和 CAS 登记号。化合物按照字母顺序排列，正文后附有光谱参考文献、缩写字表、结构式和有机化合物的熔点索引、沸点索引和分子式索引。

《化学化工物性数据手册》，刘光启、马连湘、刘杰主编，化学工业出版社 2002 年出版。如图 3.7 所示。该书采用法定单位制，以物性为主线，用数据表达了 12 000 余种物料的物性。资料全面、准确，实用性强。该书分为无机卷和有机卷。本书为无机卷，共分 16 章，内容包括水和水蒸气、无机酸、金属、非金属及其氧化物、氢化物和氢氧化物、氰化物和氰酸盐、硼化物和硼酸盐、碳化物和碳酸盐、硅化物和硅酸盐、氮化物和硝酸盐等及其他无机物料的物性数据。书末附有附录，介绍无机物料的缩写和别名。该书可供化学化工企业和设计研

图 3.7

究院所科技人员、大专院校有关专业师生及各行各业的化验人员使用,对轻纺、医药、冶金、环保等领域的相关技术人员亦有很大的实用价值。

《Chemical Engineer's Handbook》(化学工程师手册)。第 1 版至第 3 版由已故的 J. H. Perry 所编,从第 4 版起,由 R. H. Perry 和 C. H. Chilton 等人编写,McGraw-Hill 1997 年出版。《化学工程师手册》是一部权威性的化工参考工具书,收集了化工方面各种实例、图表、方法和数据,提供设计技术和设备性能方面的新资料,涉及基础知识到计算机应用与控制的化学工程各方面的详细内容,书中有 1 700 多幅插图,并提供全面的原始资料,包括热设计流程,气液扩散率估算及从气体发酵到热冶工艺资料。

《有机化合物结构鉴定-光谱数据手册》(瑞士)Erno Pretsch 编著,科学出版社 2012 年出版。《光谱数据手册》通过文字、表格、图表、图形将核心的参考数据以简洁的编汇形式予以呈现,通过实践指导诠释了包括 NMR,IR,UV/Vis 和质谱数据以及相对应各自的化合物的结构特征。除了光谱使用的常规溶剂,还包含了标准试剂、MALDI 和 FAB MS 基质材料、质谱碎片峰的基本规律以及代表性化合物的 UV/Vis 光谱。该手册不仅适用于学生进行课程学习和练习,而且还适合专业人士使用书中的参考数据进行日常光谱信息解析。

第四节 百 科 全 书

百科全书又称大全,是系统地汇集一定领域内的全部知识,分列条目加以叙述和说明,并以一定排检方式编排的、供读者迅速检索查阅的大型工具书。百科全书能简要地概述各方面的知识,对每一学科提供定义、原理、方法、历史与现状、统计、书目等多方面的资料,并反映当代学术的最新成就,兼具查考与教育双重作用,因而,被人们被誉为"没有围墙的大学"。

百科全书的种类很多,可以从不同角度来划分。

按其内容的学科覆盖面,百科全书可分为综合性百科全书和专业性百科全书。

综合性百科全书是指内容包括各学科和各知识领域的百科全书,如《中国大百科全书》、《美国百科全书》、日本的《世界大百科事典》等。

专科性百科全书是指只收录某一学科或某一知识领域的百科全书,如化学专业性百科全书《Ullmann's Encyclopedia of Industrial Chemistry》(Ullmann 工业化学百科全书)、《Kirk-Othmer Encyclopedia of Chemical Technology》(Kirk-Othmer 化学工艺百科全书)。

按读者对象或论述的深浅程度,百科全书可分为由供成年人、青少年和儿童使用的以及供特殊读者使用的百科全书。

按百科全书的卷帙规模可分为大型、中小型和单卷本百科全书。大型百科全书一般为 30 卷左右,如《中国大百科全书》;中型百科全书一般为 20 卷左右,如《化工百科全书》;小型百科全书 10 卷左右,卷帙较小,内容精炼,使用起来较为方便,如:《生物化学百科全书(全 4

卷)》由科学出版社出版。此外，还有一些单卷本百科全书，相当于一部百科词典，如《中学化学百科全书》(应礼文编，科学技术文献出版社，1992年)。

根据载体形态可分为印刷型、数字型(多媒体)百科全书。

随着计算机技术的飞速发展，百科全书有了一种全然不同的崭新形态——多媒体百科全书，把文字、图像、声音结合起来的多媒体技术，与号称"没有围墙的大学"的百科全书携起手来，使已有2 000多年历史的百科全书进入了更能充分发挥其作用的应用领域，成为集系统学习、寻检查阅、益智活动等多种功能于一身的、多维立体的百科全书。

比较著名的化学百科全书：

《中国大百科全书·化学卷》。《中国大百科全书》是国第一部大型综合性百科全书，也是世界上规模较大的百科全书之一。1978年，国务院决定编辑出版《中国大百科全书》，并成立中国大百科全书出版社。第一版历时15年，于1993年出齐，共74卷；第二版历时14年，共32卷，于2009年出齐。化学卷分两册，共收录2 549个条目，彩色及黑白插图2 400幅，约355万字，内容涉及化学史、化学机构、化学教育、无机化学、有机化学、物理化学、分析化学、高分子化学、核化学、放射化学、凝聚态化学、计算化学以及化学文献等方面，全面、系统地介绍了古今中外化学各领域的理论和实践方面的基本知识、历史发展和目前概况，是我国化学方面迄今最全面的综合性工具书。

《中国大百科全书·化工卷》共收条目1 346个，插图1 114幅，计213万字，内容包括化学工程、无机化工、燃料化工、高分子化工、精细化工和化工发展史等内容，着重介绍了化工原理、化工产品工艺、化工技术以及与之相关的科技发展前沿和国内外最新成就。

1999年10月《中国大百科全书》出版发行图文数据光盘，集74卷书于24张光盘之内，具有分类目录检索、主题词目录检索、拼音目录检索、外文目录检索、模糊检索等十余种检索功能，内容涵盖哲学、社会科学、文学艺术、文化教育、自然科学、工程技术等学科领域，使读者携带、查阅与学习更为方便。

《化工百科全书》由化学工业出版社出版，20卷，由陈冠荣等四位院士主编、全国1 800多名知名专家学者和高级工程技术人员历时10年编撰而成，全书4 800多万字，是一部全面介绍化学工艺各分支的主要理论知识及实践成果、反映化学工业及其相关工业技术现状和发展趋势的大型专业性百科全书。如图3.8所示。全书涉及的专业学科包括无机化工、有机化工、精细化工、高分子化工、造纸和制革、食品、医药、石油、纺织、印染、生物技术、能源技术、化工机械、化工仪表和自动化、电子计算机应用技术、分析方法、安全和工业卫生、环境保护以及化学和物理的一些基本问题。

图3.8

《Ullmann's Encyclopedia of Industrial Chemistry》(乌尔曼工业化学百科全书)由德国W. Gerhartz公司出版，以第1版的主编F. Ullmann命名，1985年出了英文版，被认为是西方两大化工百科之一，在世界化工领域享有盛誉。该书内容涉及化学工业及相关领域，包括化学理论知识和方法、化学工程操作原理、化学品、化工生产以及材料科学，环境科学等方面知识。

《Kirk-Othmer Encyclopedia of Chemical Technology》(柯克-奥斯姆化学工艺百科全

图 3.9

书。如图 3.9 所示。又名《柯克-奥斯莫化工大全》,于 1947~1960 年出版,是一部具有重要参考价值的大型化工参考工具书,主要介绍各种化工产品的性质、制法、分析与规格、毒性与安全以及相关的经济资料,并对化学化工的基本原理、化工单元操作和流程等问题进行了探讨,内容涉及化学化工新的技术领域,如能源、健康、安全、食品和新型材料等。自第 3 版开始,该书在每种化学物质名称后面都标明了 CAS 登记号,可供读者方便地转查美国《化学文摘》。

《Gmelin's Handbuch der Anorganischen Chemie》(格梅林无机化学大全,现也称 Gmelin 手册),是目前世界上最完整、最系统、最具权威性的无机化学大型参考书。该书始编于 1817~1819 年,第 1 版共有 3 卷,原名为《理论化学手册》(Hand Buch Der Theoretischen Chemie),1924 年后由德国化学会主编,1946 年,德国化学会成立了 Gmelin 研究院,负责编纂第 8 版、第 8 版的补编及新补编。由于有机金属化学的发展,原书出版了有机金属化合物卷,并于 1990 年将手册改为《Gmelin 无机和有机金属化学手册》。《Gmelin 手册》系统地收集了元素、无机化合物和有机金属化合物的丰富资料,包括制备、物理性质、化学性质等重要内容;还涉及化学史、同位素化学、地球化学、矿物学、结晶学、冶金学、胶体化学、工艺学等领域,对每种元素的发展历史、物理性质、化学性质、实验室制备、工业制造、用途、化学分析、生产统计及毒性等都作了详尽的叙述,并配有大量的数据、图表和参考文献。从 1924 年起至 20 世纪末,包括各种索引在内,《Gmelin 手册》已出版了 700 多万册。

《Beilstein Handbuch der Organischen Chemie》(Beilstein 有机化学大全),是世界上久负盛名、内容和卷册浩瀚的有机化学巨著。该书最早是由在德国做研究工作的俄籍化学家 F. K. Beilstein 编著的。第 1 版(共两卷)于 1881~1882 年问世。从第 4 版起编辑工作由德国化学会负责,1951 年改由 Beilstein 有机化学文献研究所编辑。《Beilstein 有机化学手册》是当前国际上收集有机化合物最完全、最系统的手册,报道的各个化合物的内容包括:结构和组成、天然产物、制备方法、生成及纯化方法、分子结构及能量参数、物理性质、化学性质、鉴定与分析等。该书编有多种索引,包括分卷索引、卷索引、累积索引及总索引,读者在使用《Beilstein 手册》查阅化合物时,除了按照手册中化合物的排列顺序外,可以使用上述各种索引进行查阅。此外,Beilstein 研究院还推出了 SANDRA 结构检索软件,专门用于检索其他的印刷版本内容。

第五节 其他类型工具书

1.《中国化学工业年鉴》

如图 3.10 所示。原名《世界化学工业年鉴》,为中国石油和化学工业协会主办、中国化工信息中心出版的专业性年鉴,是唯一逐年辑录中国化学工业发展的编年史、权威性文献和介绍世界化学工业现状及发展的重要资料性工具书。1984 年创刊,从第 10 卷起更名为《中国化学工业年鉴》,现分为上中下3卷(附有光盘),上卷内容包括中国石油和化学工业概况、各主要石油、石化、化工及相关行业总览;中卷内容主要为各省、自治区、直辖市化工概况,化工科研、化工进出口贸易、化工社会团体、化工大事记、国外化学工业发展概况;下卷主要包括国内外化学工业统计及特载。目前有中、英文版本,英文版重点介绍中国主要化工行业、化工资本市场、科研、进出口贸易等情况及中国化学工业统计。《中国化学工业年鉴》信息量大,数据齐全、权威、及时、翔实,是各化工部门及相关行业制定规划、进行咨询决策、了解和掌握世界化工发展动向的重要信息源,也是国外化工公司了解中国化学工业发展情况、选择合作伙伴的重要参考资料。

2.《中国基础教育学科年鉴》(化学卷 2010)

由陆真著,刘军编,北京师范大学出版社 2011 年出版。

该书是教育部基础教育课程教材发展中心和全国教育科学规划重点课题"基础教育学科资源保护开发与应用研究"课题的研究成果之一,旨在对 2010 年度基础教育阶段化学教育的理论与实践作全面性的回顾和总结,内容涉及化学科学研究进展、化学教育研究及化学教学研究探讨、学科动态、学术机构、学术期刊、中学名校介绍等。

3.《中国塑料工业年鉴》

如图 3.11 所示。由中国塑料加工工业协会主办,全国塑料加工工业信息中心编辑,中国石化出版社出版。

图 3.10

图 3.11

该书以年度内全国塑料行业的发展和各省、市、自治区塑料加工企业的生产、经营和产品开发为主要内容,包括合成树脂、助剂、塑料机械和模具的生产和市场情况,为从事和涉及塑料工业的研究、生产、销售的各界人士提供全方位的行业动态、市场和技术信息。该书设有"综述""专论""各地区塑料工业""政策法规""专利技术"等栏目,集手册、年表、图录、书目、索引、文摘、表谱、统计资料、指南于一身,具有资料权威、反应及时、连续出版、功能齐全等特点,该书全面反映中国塑料工业现状,是记录中国塑料工业发展的重要文献。

4.《默克索引》(Merck Index)

如图 3.12 所示。该书是由美国默克(Merck)公司 1889 年首次出版,至 2006 年已发行至 14 版,已有 100 多年的历史,收集了 10 000 多种化合物,其中药物化合物 4 000 多种、常见有机化合物和试剂 2 000 多种、天然产物 2 000 种、元素和无机化合物 1 000 种、农

图 3.12

用化合物 1 000 种。主要揭示各种化学名、药品的系统命名、分子式、成分、理化特性及其制备、提纯、分离方法、工艺流程等方面的参考信息,是一部记录化学品(包括化合物)药品和生理制剂的百科全书,是目前利用率较高的化学参考工具书之一。

5.《中国化学化工文摘》(Abstracts of Chemistry and Chemical Industry of China)

原名《中国化工文摘》,创刊于 1983 年,由化工部中国化工信息中心编辑出版。它是中国化学化工科技情报检索的主要刊物,收录国内化学化工文献,重点摘录国内的化学和化工期刊以及有关高校的学位论文和中国专利文献,以文摘、简介和题录形式报道和积累中国化学化工科技文献,为检索全国化学化工科技信息、了解和掌握中国化学化工发展现状的主要工具。

从 2008 年开始,《中国化学化工文摘》改变原有的出版形式,集中精力将化学化工及相关领域国内科技文献资源进行重新整合,以全新的数据库的形式进行出版。收录范围包括科技期刊、图书、专利信息以及化工部中国化工信息中心和全国重要化工研究院所馆藏的一些行业内部交流信息、会议文献、科技报告、非正式刊物等中文内部资料,覆盖化学化工、石油石化、生物、轻工、环境、医药等领域,全年收录量达 8 万条左右。

6.《中国现有化学物质名录》(Inventory of Existing Chemical Substances in China,IECSC)

如图 3.13 所示。由中国环境保护部化学品登记中心(CRC-MEP)发布,中国环境科学出版社出版。

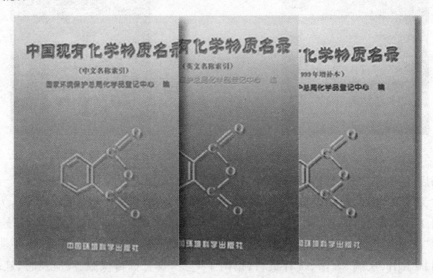

图 3.13

《中国现有化学物质名录》是为配合《新化学物质环境管理办法》实施而公布的"已在中国生产或者进口的现有化学物质名单"的更新版,其收录范围指自 1992 年 1 月 1 日至 2003 年 10 月 15 日期间,为了商业目的已在中国境内生产、加工、销售、使用或从国外进口的化学物质。

为了加强我国化学物质的环境管理,配合我国化学物质污染防治法规实施,完善我国化学物质环境管理的制度和方法并使其与国际接轨,经国家环境保护总局(现为国家环境保护部)授权,国家环保总局化学品登记中心从 1994 年起开始编制《中国现有化学物质名录》(简称《名录》),其后的 10 余年中先后进行过多次公开增补申报。

《名录 2010 版》收录的物质总数为 45 602 种,其中标志保密物质 3 166 种,非标志保密物质 42 436 种;有 CAS 号物质 37 427 种,无 CAS 号代之以流水号的物质 8 175 种;有结构信息的物质 32 793 种,暂无结构式物质 12 809 种。其收录的化学物质指任何有特定分子标志的有机物质或无机物质,包括:① 整体或部分地由化学反应的结果产生的物质或者天然存在物质的任何化合物;② 任何元素或非化合的原子团。化学物质包括元素、化合物(含其中的添加剂及杂质)、副产物、反应中间体、聚合物,但不包括混合物、制品(剂)和物品,也不包括下列分属其他有关部门管理的物质:① 农药(当作为农药生产、加工进口或销售时);② 烟草及烟草制品;③ 放射性物质;④ 军工产品;⑤ 食品、食品添加剂、医药和化妆品(当它们分别作为食品、食品添加剂、医药、化妆品、医药或化妆品生产、加工、进口或销售时)。

列入《名录》的,将按照现有化学物质管理;未被列入《名录》的,将被视为新化学物质,按照新化学物质的有关规定管理。

目前,国家环境保护部化学品登记中心(CRC-MEP)已开发了《名录》单机版查询软件以及网络版在线查询系统,以便于用户查证新化学物质。《名录》采用适时更新,对于根据《新化学物质环境管理办法》办理登记的新化学物质和符合"已在中国生产或者进口的现有化学物质名单"收录要求的现有化学物质,环境保护部将适时公布并收录到名录中。

7.《Atlas of Spectral Data and Physical Constants for Organic Compounds》(有机化合物光谱数据和物理常数汇集)

由 William M. Ritchey 编,CRC 1975 年出版,全书分为光谱、主要数据表及索引部分,收集了近 8 000 种有机化合物的物理常数和光谱数据(包括红外、紫外、核磁共振和质谱)。1975 年该书出版第 2 版,增加了内容,光谱数据增加到 21 000 种。全书分 6 卷:第 1 卷为化合物名称同义名称录、结构图、光谱辅助表等;第 2~4 为有机化合物的光谱数据和物理常数,按有机化合物名称的字母顺序排列;第 5、6 卷为索引,包括分子式索引、相对分子质量索引、物理常数索引、化学结构和亚结构索引、质谱索引及光谱数据索引等。

8.《萨德勒标准光谱图集》(Sadtler Standard Spectra Collection)

是美国费城萨德勒研究实验室(Sadtler Research Laboratories)自 1966 年以来连续编印出版的各种化合物的多种谱图,收集的谱图数量庞大,品种繁多。《萨德勒标准光谱图集》按类型分集出版,主要有标准红外棱镜光谱、标准红外光栅光谱、标准紫外光谱、标准核磁共振波谱、标准碳-13 核磁共振波谱、标准荧光光谱、标准拉曼光谱、红外高分辨定值定量光谱等,不仅收集纯度极高的标准样品的谱图,还收集供市售的工业化学品的谱图(商品化合物光谱),如商业红外、商业紫外、商业核磁共振等。此外,还出版了若干篇幅较小的专业性光谱,供工业和实验室使用。每张谱图上有编号、化合物名称、分子式、结构式、分子量、样品来源、吸收峰最大处的波长等。

查找光谱图,主要利用谱图索引,萨德勒谱图索引可分为总索引和专用索引。总索引包括化合物名称字顺索引(Alphabetica Index)、化学分类索引(Chemical Class Index)、分子式索引(Molecula Formula Index)、谱图编号索引(Numerical Index)。专用索引有:谱线索引

(Spac-Finder Index)、峰值位置索引(Peak Locator Index)、化学位移索引(Chemical Shift Index)。目前使用最多的索引是"1980年萨德勒标准光谱累积索引"以及"1981~1992年萨德勒标准光谱补充索引"。

第六节 电子工具书

与一般出版物相比，工具书属于信息密集、供随时参考查询的文献，因而，对载体的物理性能有着特殊的要求。在很长一段历史时期内，印刷版工具书一直是工具书的主要载体形式。随着电子技术、网络技术、数字出版技术的产生与发展，现代工具书的载体逐渐从单一的印刷型发展到印刷型、缩微型、机读型、声像型等多种载体并存的新格局。许多印刷型出版物纷纷扩展成电子版、网络版，同时，又出现了直接建立在网络上的适用于专题咨询的检索网站。世界上一些著名的工具书基本上有了相应的电子出版物，虽然许多电子工具书以相应的印刷版为基础，但它们不拘泥于印刷版的内容，而是在其基础上增加了许多新内容，并扩展了检索途径，增添了新的功能。电子工具书因其具备内容上的集成丰富性、检索上的便捷实用性、成本相对低廉等优势，日益成为人们学习、工作、生活的良师益友。

电子工具书，是指在传统纸本工具书基础上经过数字化处理后，或将某一方面或多方面的材料汇集编著并根据特定的方法加以编排，实现计算机及网络检索利用的各种工具书。电子工具书主要包括两类：一类是传统工具书的电子版，如商务印书馆工具书在线、大英百科全书在线、中国工具书网络出版总库、方正阿帕比中国工具书资源全文数据库等；一类是开放式网络工具书，面向全体用户的开放式编写制作、加工修改和传播的在线工具书，如百度百科、互动百科、维基百科等。电子工具书与传统纸本工具书相比，最大的特点就检索快捷、便利，读者可以随时随地联网使用，并可以实现多个用户的并发使用，克服了传统纸本工具书在使用上的排他性。除了保留印刷型工具书原有的检索途径外，电子工具书利用先进的信息检索技术，增强了检索界面的友好性和交互性，增加了许多新的检索功能和检索入口，并提供了直观的联机检索帮助，大大提高了检索效率和效益。此外，在超文本链接技术的支持下，电子工具书克服了传统工具书内部知识信息的线性组织方式，将所有知识信息单元按照相互之间的关系组织成一个网状结构，增强了条目之间的联系，用户可由点到面，系统全面地查找要找的信息。以下就电子工具书信息源的几种主要类型各略举几例。

一、图书目录

图书目录包括馆藏书目、联合书目和在版书目等信息。

馆藏书目检索是图书馆基本的网络信息服务内容之一，大多数图书馆都在其主页上设立了"馆藏书目查询"栏目。联合书目是某一图书馆或者多个图书馆合作编制的用于反映一个国家、地区、系统，或者几个具有合作关系的图书馆馆藏情况的图书目录。

1. OCLC(Online Computer Library Center)

联机计算机图书馆中心，总部设在美国的俄亥俄州。OCLC的World Cat是世界范围内最大和最全面的图书馆的图书和其他资料的联合目录数据库，涉及112个国家和地区470多种语言，共有2亿多条记录，主题范畴广泛，基本上反映了世界范围内的图书馆所拥有的图书和其他资料,每条记录都附有世界各国收藏这一原始文献的图书馆名称。

2. 高等教育文献保障系统联合书目数据库(CALIS Union Catalog Center,CUCC)

到 2004 年 10 月为止,该书目数据库已经积累了 160 余万条书目记录,馆藏信息达 600 余万条。目录数据库涵盖印刷型图书和连续出版物、电子期刊和古籍等多种文献类型,覆盖中文、西文和日文等语种,书目内容涉及教育部颁发的关于高校学科建设的全部 71 个二级学科,226 个三级学科(占全部 249 个三级学科的 90.8%)。

在版书目是供查阅、订购图书用的工具书,它反映当前或最近出版的图书情况,各大出版社在其主页上都提供了"在版书目""最新书目"等栏目。

3. 中国图书网(BooksChina.com)

国内图书品种齐全的网上书店,拥有近 90 万种现货图书,基本包含了国内各大出版社的所有图书品种。

4. 中国高校教材图书网 (SINOBOOK)

汇集了百家大学出版社的教材、学术专著及相关图书信息。

5. 科技新书目(在线版)

收录了最新科技类的新书、理工科类教材等。

二、字、词(辞)典

1. 在线《辞海》

《辞海》是以字带词,兼有字典、语文词典和百科词典功能的大型综合性辞典,是中国最大的综合性辞典。《辞海》最初由中华书局创办人陆费逵先生等人于 1915 年开始编纂,并取"海纳百川"之意,将书名定为《辞海》。1936 年,中华书局正式出版了《辞海》两册,声动全国,名重一时,成为中国出版史上永久载入的一件大事。皇皇巨著《辞海》是一个世纪、几代学人千锤百炼的结晶。2009 年出版了《辞海》第 6 版,新版《辞海》总字数约 2 200 万字,总条目近 12.7 万条,除增收 5 000 余条(约 2 万个义项)现代汉语词条外,内容进行了大量修订、补充,并增加和修订了大量科学技术条目,反映科学技术发展的新面貌,包括重要的名词、概念、术语、成语、人名、地名、组织、机构、事件、会议、著作、文件、决议等均可查到。

新版《辞海》除了出版主体版本彩图本(音序)以及普及本、缩印本等纸质版本外,还推出具有无线上网功能的《辞海》手持阅读器及网络版,以比缩印本、简写本、学科分册更方便、更快捷的知识服务方式——数字化、手持移动终端等形式,开启了新一轮生命周期。

2. 在线新华字典

《新华字典》是中国第一部现代汉语字典。从 1953 年开始出版,经过反复修订,但是以 1957 年商务印书馆出版的《新华字典》作为第 1 版。原由新华辞书社编写,1956 年并入中科院语言研究所(现中国社科院语言研究所)词典编辑室,语言研究所负责修订。

历经几代上百名专家学者 10 余次大规模的修订,《新华字典》重印 200 多次。成为迄今为止世界出版史上最高发行量的字典。

最新版《新华字典》(第 11 版)根据国家语文规范和标准修订,收单字 13 000 多个,以字统词,收带注解的词语 3 300 多个,新增正体字 800 多个,以姓氏、人名、地名用字和科技术语用字为主。

"在线新华字典"收录 20 998 个汉字,52 万个词语,可以根据部首、拼音检索等条件找到相应汉字内容。如图 3.14 所示。

图 3.14

3. 韦氏词典在线版

《韦氏大词典》(Merriam-Webster's Collegiate Dictionary)是当今世界英语界公认的最具权威的、重要的参考工具书,网络版韦氏在线词典提供 47 万个词条的详细解释及单词的在线发音。

此外,Merriam-Webster 公司相继推出了 iPhone、iPad 及 Android 版本的客户端产品。其 Android 应用以《韦氏大学(学院)词典》为词条索引范本,并引入了谷歌的语音搜索功能,以全新的方式服务用户。

OneLook Dictionary Search 是一个搜索引擎性质的词典网站,目前共收录互联网上 1 000 多种在线词典的 500 多万个词汇,包括英语、德语、法语、意大利语、西班牙语等语种。

4. 化工引擎——在线词典(ChemYQ)

如图 3.15 所示。化工引擎是一家专业的搜索引擎,包括化工产品供求搜索、化工新闻、化工网站、化工词典、化工专利、化工网页搜索等栏目。

图 3.15

化工引擎"在线词典",只要输入化学化工术语、物质的中文名、英文名、俗名、简称或 CAS 号,即可查阅相关信息。

5. 化工助手(ChemNet)——化工字典

化工字典现有词汇量 1 800 000 条,可输入化学品的中文名、英文名、别名或 CAS 登记号进行检索。

6. IUPAC 的有机化学术语

由 Advanced Chemistry Development Inc. 出版,为国际理论和应用化学联合会有机化学术语在线版本,分 1979 年推荐、1993 年推荐两部分。

三、百科全书

1.《中国大百科全书》网络版

《中国大百科全书》是我国第一部大型综合性百科全书。在出版纸质版百科全书的同时,中国大百科全书出版社从 1993 年伊始,就着眼于百科全书的数字化,最先研发的是《中国大百科全书》第 1 版光盘版。《中国大百科全书》光盘(单机版)制作出版以来,深得读者厚爱,随后,中国大百科全书出版社又制作出版了《中国大百科全书》网络版。

《中国大百科全书》网络版的数据源于《中国大百科全书》和《中国百科术语数据库》,涵盖了印刷本《中国大百科全书》全部 74 卷的内容。网络版采用著名的中文检索软件 TRS 作为检索引擎,其主要特点:

(1) 完善的检索手段,使多个读者可以同时在线检索使用,能通过不同的检索途径获得所需要的信息;

(2) 提供多卷检索、条目分类检索、全文检索、组合检索和逻辑检索等功能;

(3) 设有热链接,方便读者查询相关信息的内容;

(4) 设有大事年表,收录了各学科具有重大历史意义的事件;

(5) 可以直接复制内容资料,方便用户使用;

(6) 设置了条目文字及图片内容的打印功能。

《中国大百科全书》网络版共收条目 78 203 条,计 12 568 万字,图表 5 万余幅。条目内容包括条目的标题、所在卷名、释文、插图及图注、参考书目、作者等。系统提供首页、分卷检索、全文检索、条目顺序、组合检索、大事年表、帮助信息、安装字体等主页面,单击图标,可进入相应的页面。此外,还提供几十种逻辑检索的语句检索方式。在条目正文中提供了打印、下载、复制等功能,为更有效地使用该资源提供方便,但它目前只提供部分词条的免费查询,大部分还需付费使用。此外,中国大百科全书出版社正在研发手机版的《中国大百科全书》——"掌上百科",以满足人们对于知识的准确性和权威性以及使用便捷性的需求。

2. 《麦格劳-希尔科技大百科全书》在线版

AccessScience 是全球知名的《麦格劳-希尔科技大百科全书》的在线版。在保留其该书高品质内容的同时,在线版又增加了许多新的特性:

(1) 反应科学与技术领域的最新发展:来源于《麦格劳-希尔科技百科年鉴》;

(2) 超过 110 000 条定义:来源于《麦格劳-希尔科技词汇》;

(3) 超过 2 000 位著名科学家的传记:来源于《Hutchinson 科学人名词典》;

(4) 提供最新的科学技术领域的新闻;

(5) 展示丰富的多媒体资料(彩图、音频和视频);

(6) 所有内容均可检索,并持续动态更新。

3. 不列颠百科全书网络版(EB Online)

《不列颠百科全书》(Encyclopedia Britannica,简称 EB),又称《大英百科全书》,由美国不列颠百科全书公司(Encyclopedia Britannica Inc.)出版。《不列颠百科全书》是英语普通百科全书中历史最长和篇幅最大的百科全书,在西方百科全书中享有很高的盛誉,它与《美国百科全书》(Encyclopedia Americana,简称 EA)、《科利尔百科全书》(Collier's Encyclopedia,简称 EC)一起,并称为世界三大著名的英语百科全书(即百科全书 ABC)。其中又以 EB 最具权威性。《大英百科全书》自 1768 年开始编撰以来,历经两百多年修订、再版的发展,得到了不断地完善,2005 年出版了最新版本,全套共 32 册,所有条目均由世界各国著名的学者、各个领域的专家撰写,对主要学科、重要人物事件都有详尽介绍和叙述,其学术性和权威性为世人所公认。

《不列颠百科全书》网络版(Encyclopedia Britannica Online,简称 EB Online)作为第一部 Internet 网上的百科全书,1994 年正式发布,受到各方好评。除包括印本内容外,EB Online 还收录了最新的修订内容和大量印刷版中没有的信息,丰富了图例、地图、多媒体动画音像等内容,增加了印刷本中没有的文章,包含 150 种经过筛选的全文期刊。

网络版的主要栏目内容:

百科全书(Encyclopaedia Britannica 和 Britannica Concise Encyclopedia)——《不列颠百科全书》学生版、初级版及简明版,各种不同的版本适合各个层次读者的需求;

世界地图全集(World Atlas)——收录超过 200 多个国家地图、国旗及各国统计资料；

Britannica Books of the Year——《不列颠百科全书》精选年度参考书；

Britannica Spotlights——不列颠百科独家收录的特殊主题深度介绍，如莎士比亚(Shakespeare)、美国历任总统名录(The American Presidential Election)等；

Timelines——大事纪年表，主题涵盖科技、生态、艺术等领域；

视频、音频(Video Collection and Audios)；

期刊(Journals and Magazines)；

韦氏大学词典和词库(Merriam-Webster's Collegiate Directory and Thesaurus)；

新闻联结(New York Times/BBC News)；

不列颠博客(Britannica Blog)；

相关参考网络资源(Related Website)——有超过 200 000 个以上的优秀网站链接等。

这些资源是由 EB 作者群精心挑选出来的，超过 124 000 篇文章、23 000 篇传记，可检索词条达到 98 000 个。

EB Online 界面友好，简单易用，同时具有浏览、检索等多种功能。用户可以根据字母顺序、主题、世界地图、年鉴和大事记等多种途径进行浏览。

4.《Ullmann's Encyclopedia of Industrial Chemistry》(乌尔曼工业化学百科全书)

及时反映工业化学及其相关领域的最新发展动态，可以进行全文检索，每季定期更新数据，是一部较好的应用化学参考工具书。

5.《Kirk-Othmer's Encyclopedia of chemical Technology》(柯克-奥斯莫化工大全或称化学工艺大全)

2002 年 John Wiley & Sons 公司正式推出了《化工技术百科全书》的电子版本，通常也被称之为 Kirk-Othmer 数据库，电子版本的内容目录和章节摘要可供读者免费浏览，与化工技术领域的最新进展保持同步，具有强大的查询功能。

6.《The Encyclopedia of Catalysis》(催化大全)

涵盖了有关均相、非均相、不对称及生物催化等方面的参考书目，包括了催化作用的原理、催化反应的范围、催化剂的制备等。

7.《Encyclopedia of Polymer Science and Technology》(聚合科学与技术大全)

前身是《Encyclopedia of polymer Science & Engineering》，2001 年出版，定期更新数据，它及时报道高分子领域的最新信息，内容涉及塑料、树脂、橡胶、涂料、黏合剂等，每个条目是一篇科学研究和生产实践总结性文章，并提供很多"参见"和大量的参考文献，这是一部聚合物性质、方法、加工和聚合物应用方面的化工大全，有较高的参考价值。

8.《Electronic Encyclopedia of Reagents for Organic Synthesis》(有机合成试剂百科全书 e-EROS)

是权威性的有机合成用试剂的参考书，包含了 48 000 个反应和约 3 500 种常用的试剂，提供了化合物的结构式与反应的检索入口，可通过结构式、取代基、试剂、反应类型、反应条件等途径检索全文文献。对于每一种试剂都提供其物理性质、溶解性、净化、制备方法等信息及综述性文献等参考文献。

四、其他类型电子工具书及数据库资源

1.《Gmelin's Handbuch der Anorganischen Chemie》（格梅林无机化学大全，现也称 Gmelin 手册）

1997 年起《Gmelin 手册》停止出版印刷版，代之于 Cross Fire Gmelin。Cross Fire Gmelin 数据库包括《格梅林无机与有机金属化学手册/Gmelin Handbook of Inorganic and Organometallic Chemistry》1772～1975 年的数据和 1975 年以后的主要材料科学期刊中的数据，可检索超过 240 万种化合物、超过 130 万种结构式、超过 184 万种反应式和超过 124 万篇引文、篇目及文摘信息，是化学、化工领域重要的参考工具。

2.《CRC 在线化学物理手册》

提供无机化合物和有机化合物性质方面的完整数据，收录约 20 000 种最常用的和被人所熟知的化合物，涉及生物化学、环境问题、纳米材料性质方面新的数据表和参考资源，帮助读者与最新的发展研究同步。

3.《中国化学化工文摘》光盘数据库

近年来，随着化学化工类科技文献量的不断增加，同时也为了适应不断发展的检索需求，《中国化学化工文摘》从 2008 年开始改变原有的出版形式，以全新的数据库的形式进行出版。收录范围包括科技期刊、图书、专利信息以及我中心和全国重要化工研究院所馆藏的一些行业内部交流信息、会议文献、科技报告、非正式刊物等中文内部资料。内容涉及化学化工、生物、环境、医药等领域，全年收录量 8 万条左右。现已成为检索化学化工科技信息，了解和掌握中国化学化工发展现状的主要工具。

4.《中国年鉴网络出版总库》(CNKI)

《中国年鉴网络出版总库》是目前国内最大的连续更新的动态年鉴资源全文数据库。内容覆盖政治、经济、科学技术、教育、文化体育事业、医疗卫生、社会生活、人物、统计资料、文件标准与法律法规等各个领域。其文献来源为中国国内的中央、地方、行业和企业等各类年鉴的全文文献，共 2 434 种、18 936 本、16 230 654 篇。

5.《中国年鉴资源全文数据库》

《中国年鉴资源全文数据库》由中国出版工作者协会年鉴工作委员会与方正阿帕比共同研发的数字资源，所收录年鉴资源覆盖了我国国民经济及社会发展的各个领域，数据库中的年鉴既能保持纸质年鉴原版原式，同时具备强大的信息检索功能，使客户能快速地在数据库中查到所需的信息与数据。

6.《中国工具书网络出版总库》(CNKI)

简称《知网工具书库》，集成了近 200 家知名出版社的近 4 000 余部工具书，类型包括词典、专科辞典、百科全书、图录、表谱、传记、语录、手册等，约 1 500 万个条目，70 万张图片，所有条目均由专业人士撰写，内容涵盖哲学、文学艺术、社会科学、文化教育、自然科学、工程技术、医学等各个领域。按学科分 10 大专辑 168 个专题，不但保留了纸本工具书的科学性、权威性和内容特色，而且配置了强大的全文检索系统，大大突破了传统工具书在检索方面的局限性。其资源高度集成，应用方便快捷，可实现按词目、释文、词主题、书名等检索项检索，并可对检索结果进行多样排序和筛选，并提供超文本链接，便于读者博采众长，进行深入研究。

7.《中国工具书资源全文数据库》(方正阿帕比)

是一个以国内专业、权威工具书资源为主体的全文检索型数据库产品。目前已收录国

内各大出版社出版的精品工具书资源2 000余种,其中包括像《辞海》《汉语大词典》《中国大百科全书》等在国内公认的精品工具书。

　　用户不仅能够通过该数据库非常高效、便捷地进行工具书知识及条目的查询检索,还可以对工具书中的所有图片单独进行检索,并可以通过图片定位到图片所在的条目信息,方便用户地进行知识引证、查询、浏览及辅助学习。该数据库既适用于各类专业人员对专业知识的检索与引证,同时也适用于普通用户的学习与参考。

第四章 专利文献及其检索

第一节 专利文献概述

一、专利和专利制度

1. 专利制度的建立和发展

专利制度是商品社会发展的产物,商品经济的发展带来社会技术革新的要求,为了鼓励发明创造,一种既能够保护发明人的技术成果,又能增加社会创新的信息和公共财富的专利制度以一种契约的形式诞生了。

专利制度的起源可以追溯到中世纪的欧洲,当时各国的封建君主为了鼓励发明创造,往往授予某些工匠师在一定期限内独家享有经营某些产品或工艺的特权,当然这种独家享有经营的权利是封建君王给予发明创造者的一种钦赐,离现代的法律保护制度尚有一定的距离。

世界上第一个把专利以法律的形式来保护的国家是中世纪的威尼斯,威尼斯于1474年颁布了世界上第一部专利法。这部专利法虽具备现代专利法的一些基本特征,但和现代的专利法尚有一定的距离,《威尼斯专利法》为现代专利法奠定了基础。真正现代的专利制度的确立始于1624年英国颁布的"The Statute of Monoplies(垄断法)",该法案明确规定了发明专利权的主体、客体、取得专利的条件、专利有效期等现代专利法的基本要素,被认为第一部现代专利法,是世界专利制度发展史上的一个里程碑。进入18世纪以后,专利法随着资本主义的发展而逐步完善,美国、法国分别于1790和1791年颁布了本国第一部《专利法》。随后,一些发达的资本主义国家,如荷兰、奥地利、法国、日本等相继颁布了本国的《专利法》。

1882年,光绪帝批准赐予上海机器织布局10年的专利,这是我国近代史上第一件"钦赐"专利,1898年,光绪帝颁发了"振兴工艺给奖章程",这是我国第一个有关专利的法规。1944年,国民党政府颁布了我国第一部正式的专利法。新中国成立后,政务院于1950年8月颁布了"保障发明权和专利权暂行条例",但未能认真贯彻执行。1978年拨乱反正后,为了适应社会发展的需要,加快改革开放步伐,我国开始筹建专利制度。1979年3月开始起草专利法,经过多次修改后于1984年3月12日通过了中华人民共和国专利法,并于1985年4月1日起正式实施。

由于《专利法》具有地域性的特点,获批的专利通常只在一国范围内有效,为了拓展专利保护的地域性,企业或个人为了取得他国的专利权必须向另一个国家申请专利。1883年缔结的《保护工业权巴黎公约》,是历史上第一个有关工业产权(专利、商标等)保护的国际公约。该公约规定的"国民待遇"原则和"国际优先权"原则,为一个国家的国民在其他成员国取得专利权提供了保障；国民待遇原则，就是保证缔约国的国民在其他缔约国境内享有与该国国民同样的权利和利益。而国际优先权原则，就是保证缔约国国民在一定期限内向其他缔约国提出的专利申请，可被认为是在本国提出第一次申请的日期所提出。这样，就不会因申请人在本国提出第一次申请后，发明被随后其他人提出申请而丧失权利。《巴黎公约》是专利制度国际化的萌芽阶段。

随着知识产权的重要性日益增显，旨在解决知识产权的保护问题的世界知识产权组织于1967年成立了，并于1970年签署《专利合作条约》，该条约规定，如同一项发明需要在几个国家申请专利的，申请人可以通过单一渠道提出申请，由单一的机构进行检索和审查，而同时可以在几个国家取得专利权，这是专利制度国际化的又一个里程碑。

2. 专利的概念和种类

何为专利？专利是国家专利主管机关授予申请人在一定时间内享有的不准他人任意制造、使用或销售其专利产品或者使用其专利方法的权利。这里专利一词包含三层含义：① 专利权——指受法律保护的独享权；② 专利技术——指受专利法保护的发明创造；③ 专利文献——指专利说明书等一些相关的专利文献。这三层含义的核心是受专利法保护的专利技术，而专利权和专利文献是专利的另一体现。

何种发明创造能够获得专利法保护，各国专利法的规定不尽相同。绝大多数国家的专利法只保护发明专利，少数国家的专利法还保护外观设计和实用新型。其中发明专利是专利法保护的主要对象，各国对其保护的时间各不相同。

（1）发明专利：是对新产品、新方法或其改进所提出的新的技术方案，如新型抗癌药的发明或新的制备路线的发明和改进都可申请发明专利。我国专利法对发明专利的保护期为20年。

（2）实用新型专利：对产品的形状、构造或其结合所提出的适于实用的新技术方案。如自行车的机械构造，收音机的线路构造等。我国专利法对实用新型专利的保护期为10年。

（3）外观设计专利：对产品的形状、图案或其结合以及产品的色彩与形状、图案或其结合所提出的适于工业应用的新设计。如酒瓶的造型、汽车的造型等，我国专利法对外观设计专利保护期为10年。

不是所有的发明都可以取得专利权，各国对授予专利权的领域都有限制。一般来说，以下方面的发现或发明是不能授予专利权的：

（1）科学发现，如牛顿发现的万有引力定律；

（2）智力活动的规则与方法，如象棋、桥牌的比赛规则；

（3）某些物质发明，如各种化学元素；

（4）动、植物新品种；

（5）疾病的诊断和治疗方法，如针灸、理疗方法等。

二、专利文献及其编排结构

专利文献是专利的文字体现，包含已经申请或被确认为发明、实用新型和外观设计专利的设计、研究、开发和试验成果的相关资料，以及保护发明人、专利所有人权利的已出版或未出版的文件（或其摘要）的有关资料总称。广义上讲，专利文献包括专利公告、专利说明书、专利分类表、专利检索工具以及专利有关的法律文件及诉讼资料。从狭义上理解，专利专指专利说明书，即专利申请人向专利局递交的说明发明创造内容及指明专利权利要求的书面文件，包括权利要求书、附图、摘要，因此，它既是技术性文件，又是法律性文件。

1. 专利说明书

目前无论从格式上还是内容上，各国出版的专利说明书都趋于统一，专利说明书基本上包括：扉页（专利文献著录项目）、说明书正文、权利要求书、附图，有些国家出版的专利说明书还附有检索报告。

(1) 扉页——专利文献著录项目

扉页包括全部专利信息的特征，其中一部分表示法律信息的特征，如专利申请人（或专利权人）、申请日期、申请公开日期、审查公告日期、专利的授权日期等；同时也表示专利技术信息的特征，如发明专利的名称、发明技术内容的摘要，以及具有代表性的附图等。同时注明享有优先权的申请，还有优先权的申请日、申请号及申请国等内容。

为便于专利文献项目的识别，也为便于计算机著录和检索，巴黎联盟专利局兼情报国际合作委员会(ICIREPAT)为专利文献著录项目制定了统一标准代码(INID)。每个代码由两位阿拉伯数字表示，每一代码的具体含义如下：

⑩ 文献标志　⑪ 文献号（或专利号）
⑫ 文献类别　⑲ 公布专利文献的国家或机构
⑳ 国内登记项目　㉑ 专利申请号
㉒ 专利申请日期　㉓ 其他登记日期
㉔ 所有权生效日期　㉚ 国际优先权案项目
㉛ 优先申请号　㉜ 优先申请日期
㉝ 优先申请国家　㊵ 公布日期
㊶ 未经审查和尚未批准专利的说明书，向公众提供阅览或接受复制日期
㊷ 经审查但尚未批准专利的说明书，向公众提供阅读或接受复制日期
㊸ 未经审查和尚未批准专利的说明书出版日期
㊹ 经审查但尚未批准专利的说明书出版日期
㊺ 经审查批准专利的说明书出版日期
㊻ 专利申请中权利要求的出版日期
㊼ 已批准专利的说明向公众提供阅览或复制的日期
(51) 国际专利分类号(International Patent Classification，缩写成 Int. Cl)
(52) 本国专利分类号　(53) 国际十进制分类号
(54) 发明题目　(55) 关键词
(56) 已发表过的有关技术水平的文献　(57) 文摘及专利权项
(58) 审查时所需检索学科的范围
(60) 其他法定的有关国内专利文献的参考项目　(61) 增补专利
(62) 分案申请　(63) 继续申请
(64) 再公告专利　(70) 与专利文献有关的人事项目
(71) 申请人姓名（或公司名称）　(72) 发明人姓名
(73) 受让人姓名（或公司名称）　(74) 律师或代理人的发明人姓名
(75) 同是申请人的发明人姓名　(76) 既是发明人也是申请人和受让人的姓名
(80) 国际组织有关项目　(81) 专利合条约的指定国
(82) 选定国　(84) EPO 指定国

⑧⑥ 国际申请著录项目,如申请号、出版文种及申请日期
⑧⑦ 国际专利文献号、文种及出版日期　⑧⑧欧洲检索报告的出版日期
⑧⑨ 相互承认保护文件协约的起源国别及文件号

每个代码的统一使用,使专利文献的著录格式实现了统一化标准。

(2) 说明书正文部分

正文部分内容一般包括：① 前言,用以指出本发明所属的技术领域,提出现有技术水平不足之处(发明背景介绍)；② 介绍本发明的概况及如何实现本发明,并概要地说明组成本发明各要素的功能、发明创造的效果；③ 专利内容的详细解释,这是说明书中最重要的部分,它详细描述了解决技术问题的具体方案,多数情况下还结合各种立面图、剖面图加以说明；④ 实例(包括原料、设备、配方、生产条件、结果等)。

(3) 专利权限部分

专利权限部分是专利申请人要求专利局对其发明给予法律保护的项目,当专利批准后,权项具有直接的法律作用。一般专利权限部分包括总介绍和具体的内容两部分。

(4) 附图

为了便于阐述和理解,许多专利含有附图；其作用是进一步解释发明内容,帮助读者理解和实施。部分专利的附图只是发明构思的示意图,绘制尺寸的比例无严格要求。能用文字表达清楚的发明专利申请说明书,可以不带附图,对实用新型专利申请说明书一般必须带附图。

以下是一个抗疟新药复方双氢青蒿素的专利实例。

(1) 扉页部分

[19] 中华人民共和国国家知识产权局　　　[51] Int. Cl7 A61K31/335 A61P 33/06
[12] 发明专利申请公开说明书　　　　　　[21] 申请号　00113134.6
[43] 公开日　2001 年 8 月 1 日　　　　　[11] 公开号　CN1305810A
[22] 申请日　2000.8.23　　　　　　　　　[21] 申请号　00113134.6
[73] 申请人　重庆健桥开发有限公司
　　　地址　400015 重庆市渝中区上清寺路 57 号 5 楼
[72] 发明人　李国桥
[74] 专利代理机构　重庆市专利事务所
　　　代理人　刘小红
　　　权利要求书 1 页　说明书 3 页　附图页数 0 页
[54] 发明名称　抗疟新药复方双氢青蒿素
[57] 摘要

本发明提供一种治疗多重抗药性恶性疟的新药复方双氢青蒿素,由双氢青蒿素、哌喹、甲氧苄啶组方制成。该药通过动物试验和临床试用表明具有速效、高效、低毒、短疗程的特点。其疗效和低毒副作用明显优于目前国内外的同类药。本复方中两个主要成分,即双氢青蒿素和哌喹配伍也有较好效果。

(2) 正文部分

抗疟新药复方双氢青蒿素

本发明涉及用于治疗和预防恶性疟疾和其他类型疟疾的新药和复方双氢青蒿素。多重抗药性恶性疟疾正在全球蔓延,东南亚尤为严重。世界卫生组织把"遏制疟疾"列入了 21 世

纪的重要计划之一,原对甲氧(Mefloquine)及其复方法西密(Fansimef)寄予很大希望,但由于其抗药性的迅速出现,首先在泰国,继而在越南已经处于疗效很差,而毒性不小的境地(李国桥等在越南 Xuan Loc 医院用 Fansimef 治疗恶性疟,治愈率55%。未发表资料,1995)。我国20世纪70年代以来研制发明的青蒿素及其衍生物青蒿琥酯、蒿甲醚、蒿乙醚、双氢青蒿素等具有高效、速效的优点,但必须服药7天才能达到高治愈率,否则复发率高,不利于疟疾传染源的控制。

瑞士 NORVATIS 制药公司从中国购买的一项技术复方蒿甲醚(由蒿甲醚和本芴醇组成),有可能优于现有抗疟药,但其疗程仍需3天,且成本较高;英国 Glaxo Wellcome 公司正在研制的 Nalarone,由奈醌(Naphthoquinone)和环氯胍组成,其配方中没有速效药物,疗程3天,每天服药2次,若将每天药量改为一次服用,则恶心、呕吐副作用严重。

本发明的目的在于提供一种速效、高效、低毒、短疗程的治疗多重抗药性恶性疟疾的新药复方双氢青蒿素。

本发明的上述目的是通过这样的技术方案实现的,即一种抗疟药新药复方双氢青蒿素,其特征是:它是以下述重量(份)配比的原料制成的药剂。

双氢青蒿素(Dihydroartemisinin)或其同类药物　　　1份
哌喹(Piperaquine)　　　　　　　　　　　　　　　3~7份
甲氧苄啶(Trimethoprim)　　　　　　　　　　　　0~5份

本发明药物中双氢青蒿素的同类药物为青蒿素及其衍生物,如青蒿素、青蒿琥酯、蒿甲醚、蒿乙醚,此类药物经体内最终转化为双氢青蒿素而发挥其杀原中的作用。

本发明的上述解决方案是基于祖国医学对疟疾的发病机理的认识及治疗原则,参考现代药理研究成就而得出的,即本发明配方的原理是:

双氢青蒿素具有速效、低毒的特点,可迅速大量杀灭抗药性恶性疟原虫,但若不连续服药7天,则复发率高;哌喹具有长效特点,可使疗程缩短为2天;可补双氢青蒿素之不足;甲氧苄啶是一种增效剂,有助于提高治愈率降低复发率,双氢青蒿素又可延缓哌喹和甲氧苄啶抗药性的出现。

本发明药物的最佳重量(份)配比是:

双氢青蒿素　　　　　　　　　　　　　　　　　　1份
哌喹　　　　　　　　　　　　　　　　　　　　　5份
甲氧苄啶　　　　　　　　　　　　　　　　　　　2.5份

本发明药物也可以是双氢青蒿素与哌喹的配伍制剂,其最佳重量(份)配比是:

双氢青蒿素　　　　　　　　　　　　　　　　　　1份
哌喹　　　　　　　　　　　　　　　　　　　　　6份

本发明药物经过药效学、毒理学、一般药理试验和临床研究以用制备工艺、质量检测及稳定性考察等研究。并在我国海南省和越南、泰国、柬埔寨抗药性疟疾流行地区,对恶性疟的疗效进行试验。研究结果证明其对恶性疟的疗效优于现有的任何抗疟药,可用于治疗恶性疟、间日疟和其他类型疟疾,是迄今为止世界上对恶性疟治愈率高,杀虫速度快且毒副反应低,安全性大,工艺简单、成熟,稳定性好的新药。其中主要成分之一哌喹不用其磷酸盐,减少了用药量,减轻了副作用,降低了成本。其最大特点是服用简单方便,仅需一天2次服药即可治愈,实际应用价值很大。

本发明所述的制剂是将上述药物与多种药学上可接受的赋形剂或载体结合,采用混合、溶解、粒化、成片、糖包衣或膜包衣等已知方法制备成固态或液态形式的制剂,如片剂、胶囊、栓剂、颗粒剂及注射剂等。

将上述各组分制成本发明药物的生产方法是:

先对原辅料进行检测,将合格之原料分别粉碎,过 100 目筛,然后按处方量准确称取原料及辅料,将各组分混合均匀压片,包装即为成品。

例如:生产本发明药物 100 片按下述配方取量:

双氢青蒿素或其同类药	75 g
哌喹	375 g
甲氧苄啶	187.5 g
辅料(羟丙基纤维素)	适量

本发明药物的服用剂量:成人用量为 2 天,疗程总量 4 片,即 0 小时、8 小时、24 小时和 32 小时,每次服用 1 片,通过 500 多例临床实验证明本药具有速效、高效、低毒、短疗程的特点,其疗效明显优于目前国内外的同类药。

(3) 专利权限部分

权利要求书

1. 一种抗疟新药复方双氢青蒿素,其特征是:它是以下述重量(份)配比的原料制成的药剂:

双氢青蒿素(Dihydroartemisinin)或其同类药物	1 份
哌喹(Piperaquine) 或其磷酸盐	3~7 份
甲氧苄啶(Trimethoprim)	0~5 份

2. 根据权利要求 1 所述的复方双氢青蒿素片,其特征是:双氢青蒿素的同类药是指青蒿素、青蒿琥酯、蒿甲醚、蒿乙醚或青蒿素的其他衍生物。

3. 根据权利要求 1 所述的复方双氢青蒿素片,其特征是:所述的制剂是片剂、胶囊、栓剂、颗粒剂及注射剂。

2. 专利文献的特点和作用

专利文献具有以下特点:① 专利文献承载丰富的技术、法律和经济信息,是一种复合信息资源;② 专利文献体现最新的科技成果,传播最新技术信息;③ 专利文献的格式统一规范,并且具有完整的分类体系,便于检索、阅读;④ 专利文献对发明创造的阐述完整详尽,技术内容可信度高。

专利文献的作用:① 专利文献是充分体现专利制度的信息媒介;② 专利文献的公开促进专利信息的传播,促进科技进步;③ 专利文献为经济、贸易活动提供参考,并减少资源的浪费;④ 专利文献是对专利实施法律保护的依据;⑤ 专利文献是专利机构审批专利的基础和保障。

第二节　专利文献检索

一、国际专利分类和专利编号

在检索专利资料时涉及专利的表述方法,如专利的分类,专利号等,一般来说各国都有自己的专利分类法,各自采用的分类原则、分类体系和标志符号都不尽相同。因此在进行各国的专利检索时,按各种不同的专利分类表进行检索极为不便。为了专利的规范化,大多数国家都已废弃本国的专利分类表,改用《国际专利分类表》,只有少数国家如英、美仍在采用自己的专利分类表,但在其专利文献上也都同时注有国际专利分类号。下面先介绍一下国际专利分类法。

1. 国际专利分类(IPC)

国际专利分类法(International Patent Classification,简称 IPC)是根据 1971 年签订的《国际专利分类斯特拉斯堡协定》编制的,是目前唯一国际通用的专利文献分类和检索工具,也是通过主题来检索专利文献的重要工具。IPC 分类表,从第一版本开始,每五年修订一次。自 2006 年开始使用第八版 IPC 表,在专利文献上表示为:Int. Cl8。第八版共 8 个部,21 个分部,120 个大类,633 个小类。第八版跟第七版相比,作了如下的修改:

(1) 将 IPC 分为两个版本:基础版和高级版,以更好地满足大小规模各异的工业产权局和普通公众的不同需求。

(2) 创建电子版,提供说明 IPC 条目和详细解释的数据,其中包括分类定义和化学结构式。

(3) 引入检索文件的再分类原则,以确保在专利信息检索时使用最新版 IPC。

(4) 包括基于 IPC 第七版的一些修订,新版 IPC 总计增加 1 400 多个新条目。

(5) 创建了与新技术有关的一个新大组和五个新小类。

IPC 规定,国际专利分类法主要是对发明和实用新型专利文献(包括出版的发明专利申请书,发明证书说明书,实用新型说明书和实用证书说明书等)进行分类。对于外观设计专利文献来说,使用国际外观设计分类法(也称为洛迦诺分类法)进行分类。

IPC 分类表共分八个部:

(1) A 部:人类生活需要,包括农业、食品、家庭用品、家具、保健、娱乐用品等(共 16 个大类)。

(2) B 部:作业、运输,包括各种作业和设备、交通运输等(共 37 个大类)。

(3) C 部:化学、冶金,包括无机化合物、高分子化合物及它们的制备方法等纯化学内容外,还涉及含有上述化合物的产品,如玻璃、陶瓷、水泥、肥料、塑料、涂料、石油工业产品以及因具有特殊性能而适于某一用途的一些产品,如炸药、染料、黏合剂、润滑剂、洗涤剂等应用化学部分。此外 C 部中还包括某些边缘工业,如各种燃料的制造;油脂和石蜡的生产精炼;发酵、微生物及遗传工程和制糖工业等和一些纯机械或部分机械的操作或处理,如皮革和皮革制品的处理、水处理或一般防腐蚀。由于冶金学作为一个分部设在 C 部内,所以该部还包括各种黑色、有色金属及合金的冶金学和电解、电泳工艺等(共 21 大类)。

(4) D 部:纺织、造纸,包括纺织、纤维、染色、索缆、造纸技术等(共 9 个大类)。

(5) E 部:固定建筑物,包括公路、铁路、桥梁建筑、水利工程、给排水、房屋建筑、采掘等(共 8 个大类)。

(6) F 部:机械工程、照明、加热、爆破等(共 18 大类)。

(7) G 部:物理,包括测试、光学、摄影、钟表、控制、计算、教育、乐器、核物理等(共 13 个大类)。

(8) H 部:电学包括电器元件和半导体技术、电力、电子电路、电讯技术及其他等(共 6 个大类)。

"C部——化学、冶金"的使用说明：

虽然C部的类名称为"化学、冶金"，但并非概括了所有涉及化学化工的内容，而是有相当一些和化学化工有关的内容被划分在其他部类里。例如一些化工过程：分离、溶解、乳化，以及化工仪器仪表、设备和塑料制品加工则分在B部"作业、运输"；分析或试验的化学方法、照像材料和过程归属于G部"物理"；织物的化工过程、纤维素或纸张的生产一般归入D部"纺织、造纸"。电池的制造等包括在H部"电学"。此外，虽然农药、医药、香料、化妆品等等的纯化学部分划在C部，但它们的应用化学方面则纳入A部"人类生活必需"。再如，抗氧剂成分的类目分在C部，而用于食品的抗氧剂则放在A部。土壤改良成分和土壤稳定剂成分的类目归入C部，而有关填充土壤孔隙的物质却纳入E部。上述涉及化学技术领域类目分散在其他各部，是国际专利分类表设置功能类目和应用类目的分类原则所决定的。在使用国际专利分类表时需要注意它的分类原则，以便准确地选择适当的分类号。

为了解决技术重叠问题，国际分类表使用了一些附加规则，如参见、附注、优先规则、最后位置规则、最先位置规则、主要成分规则等（详见《使用指南》中的前言）。在整个分类表中，C部是采用附加规则较多的一个部。在确定技术主题的分类位置时，还要注意各种附加规则的使用。

一个完整的分类号由表示部、大类、小类、大组或小组的符号构成。

如：

    C   07   C   47 / 00
    | | | |
   部   大类   小类   大组 小组

我们以"C07C 47/00"这一类号为例加以说明。

C   化学、冶金   C07   有机化学

C07C   无环和碳环化合物   C07C47/00   有—CHO基的化合物

47/02   ·有—CHO基连接在非环碳原子或氢原子上的饱和化合物

47/04   ··甲醛

47/042   ···从一氧化碳制备[3]

47/052   ···用甲醇的氧化制备[3]

47/055   ····用贵金属和它们的化合物作催化剂[3]

47/058   ···分离；纯化；稳定化；用添加剂[3]

从上例可以看出，国际分类号的分类等级关系，在类号上只能判断出前4级，即部、大类、小类和大组。至于小组以下的等级关系是用"·"来表示的，"00"是相当于第5级，一个"·"表示第6级，"··"表示第7级，"···"表示第8级。国际分类法最细可分至12级，即有7个"·"。对类目说明语涵义的理解要上下级串联起来考虑。例如，47/042和47/052都有3个"·"，表示同等关系，互不相关，47/042是从一氧化碳制备甲醛，47/052是甲醇氧化制备甲醛。47/055有四个"·"，它从属于47/052，而与47/042无关，因为它紧挨着47/052。因此，47/055的涵义则是"用贵金属和它们的化合物作催化剂从甲醇氧化法制备甲醛"。

2. 专利编号

专利文献的编号是专利说明书的索取标志，对于专利申请人与专利局的专利事务联系，以及一般科技工作者的专利文献检索都有重要作用，各国编号制度不尽相同，一般形式为专

利国别代码+数字编号+类别代码,如 WO03075629A1、US6831839B2,总体来说,申请专利说明书的编号体系一般包括:

申请号:在提交专利申请时给出的编号;专利号:在授予专利权时给出的编号;公开号:对发明专利申请公开说明书的编号;审定号:对发明专利审定说明书的编号;公告号:对实用新型专利申请说明书的编号,对公告的外观设计专利申请编号;授权公告号:对发明专利说明书的编号;对实用新型专利说明书的编号;对公告的外观设计专利的编号。下面对各国的专利文献的编号体系作一解释。

(1) 中国专利说明书的编号体系

中国专利文献的编号体系按时间分为四个阶段:第一阶段:1985~1988 年;第二阶段:1989~1992 年;第三阶段:1993~2004 年;2004 年 7 月 1 日以后为第四阶段。

① 以"一号制"为特征的第一阶段

从 1985~1988 年,中国专利说明书编号采用了申请号、专利号、公开(公告)号、审定号共用一套号码的方式,编号都是由 8 位数字组成,如 88 1 00006,前两位数字表示年份,第三位数字表示专利的种类,1 代表发明,2 代表实用新型,3 代表外观设计,后 5 位数字是当年该类申请的顺序号。如表 4.1 所示。

表 4.1 1985~1988 年的编号体系

专利申请类型	申请号	公开号	公告号	审定号	专利号
发明	88100001	CN88100001A		CN88100001B	ZL88100001
实用新型	88210369		CN88210369U		ZL88210369
外观设计	88300457		CN88300457S		ZL88300457

② 以"三号制"为特征的第二阶段

为了克服"一号制"出版文献的缺号和跳号(号码不连贯)缺陷,便于专利文献的查找和专利文献的管理,从 1989 年起,采用"三号制"的编号体系。即:申请号、公开号(发明)、审定号(发明)、公告号(实用新型和外观设计)各用一套编码,专利号沿用申请号。异议程序以后的授权公告不再另行出版专利文献。具体编号如表 4.2 所示。

表 4.2 1989~1992 年的编号体系

专利申请类型	申请号	公开号	公告号	审定号	专利号
发明	89100002.X	CN1044155A		CN1014821B	ZL89100002.X
实用新型	89200001.5		CN2043111U		ZL89200001.5
外观设计	89300001.9		CN3005104S		ZL89300001.9

(a) 三种专利申请号由 8 位变为 9 位,前 8 位含义不变,小数点第 9 位为计算机校验码(可为数字或字母 X)。

(b) 公开号、审定号、公告号采用 7 位数字,首位表示种类:1 为发明,2 为实用新型,3 为外观设计,后 6 位数逐年向后累计。

③ 以取消"审定公告"为特征的第三阶段

1992 年 9 月 4 日第七届全国人民代表大会常务委员会通过了关于修改《中华人民共和

国专利法》的决定,从 1993 年 1 月 1 日起开始实施修改的专利法。这次修改的专利法取消了三种专利授权前的异议程序,因此,取消了发明专利申请的审定公告,以及实用新型和外观设计申请的公告,三者均用授权公告代替之。具体编号如表 4.3 所示。

表 4.3 1993~2004 年 6 月 30 日的编号体系

专利申请类型	申请号	公开号	授权公告号	专利号
发明	93100001.7	CN1089067A	CN1033297C	ZL93100001.7
指定中国的发明专利的国际申请	98800001.6	CN1098901A	CN1088067C	ZL98800001.6
实用新型	93200001.0		CN2144896Y	ZL93200001.0
指定中国的实用新型专利的国际申请	98900001.X		CN2151896Y	ZL98900001.X
外观设计	93300001.4		CN3021827D	ZL93300001.4

④ 以专利文献号全面升位为特征的第四阶段

为了满足专利申请急剧增长的需要和适应专利申请号升位的变化,国家知识产权局从 2004 年 7 月 1 日起启用新标准的专利文献号。第四阶段的具体编号如表 4.4 所示。

表 4.4 2004 年 7 月 1 日以后的编号体系

专利申请类型	申请号	公开号	授权公告号	专利号
发明	200310102344.5	CN100378905A	CN100378905B	ZL200310102344.5
指定中国的发明专利的国际申请	200380100001.3	CN100378906A	CN100378906B	ZL200380100001.3
实用新型	200320100001.1		CN200364512U	ZL200320100001.1
指定中国的实用新型专利的国际申请	200390100001.9		CN200364513U	ZL200390100001.9
外观设计	200330100001.6		CN300123456S	ZL200330100001.6

对此阶段的编号说明如下:

(a) 三种专利的申请号由 12 位数字加圆点(.)加 1 个校验位组成,按年编排,如 200310102344.5。其前四位表示申请年代,第五位数字表示要求保护的专利申请类型:1—发明、2—实用新型、3—外观设计、8—指定中国的发明专利的 PCT 国际申请、9—指定中国的实用新型专利的 PCT 国际申请,第六位至十二位数字(共 7 位数字)表示当年申请的顺序号,然后用一个圆点(.)分隔专利申请号和校验位,最后一位是校验位。

(b) 自 2004 年 7 月 1 日开始出版的所有专利说明书文献号均由表示中国国别代码的字母串 CN 和 9 位数字以及 1 个字母或 1 个字母加 1 个数字组成。其中,字母串 CN 以后的第一位数字表示要求保护的专利申请类型:1—发明、2—实用新型、3—外观设计,在此应该指出的是"指定中国的发明专利的 PCT 国际申请"和"指定中国的实用新型专利的 PCT 国际申请"的文献号不再另行编排,而是分别归入发明或实用新型一起编排;第二位至第九位为流水号,三种专利按各自的流水号序列顺排,逐年累计;最后一个字母或1个字母加1个数字表示专利文献种类标志代码。

(2) 美国的专利编号体系

美国专利的申请以 ** / ****** 体系进行编制,发明专利前两位数字是 01~28,外观设计专利是 29。美国专利申请编号体系如表 4.5 所示。

表 4.5 美国专利申请编号体系

申请种类	申请号
美国专利申请,美国植物专利申请, 美国再公告专利申请,美国依法登记的发明请求	01/000001~28/999999
美国外观设计专利申请	29/000001~
美国专利临时申请	60/000001~
美国专利单方再审查请求	90/000001~
美国专利双方再审查请求	95/000001~

美国的专利文献编号体系是以 2001 年作为分界点,如表 4.6 所示。

表 4.6 美国专利文献编号体系

专利文献种类	号码名称	2001 年以前编号	2001 年以后编号
美国专利申请公布(说明书)	申请公布号	无	US 2006/0099151 A1
美国植物专利申请公布(说明书)	申请公布号	无	US 2002/0194658 P1
美国专利(说明书)	专利号	6167568	US 6167569 B1
美国植物专利(说明书)	专利号	Plant 10810	US PP14495 P2
美国再公告专利(说明书)	专利号	Re. 36128	US RE38399 E
美国专利再审查证书(说明书)	专利号	Bp 5650703	US 5432544 C1
美国设计专利(说明书)	专利号	Des. 406207	US D485045 S
美国依法登记的发明(说明书)	登记号	H1789	US H2096 H

(3) 日本的专利编号体系

日本的专利申请号格式为:种类+申请年代+序号,2000 年前的格式为:特願平 3-352420,到 2000 年后,格式为:特願 2000-1234。

日本的发明专利文献编号体系 2000 年前后有不同的表达方式。日本发明专利文献编号体系如表 4.8 所示,日本实用新型和外观设计编号体系如表 4.7 所示。

表 4.7 日本发明专利文献编号体系

文献种类	编号名称	2000 年前	2000 年后
公開特許公報 A	特許出願公開番号	特開平 5-344801	特開平 2000-123456 P2000-123456A
公表特許公報 A	特許出願公表番号	特表平 1-500001	特表 2000-500001
再公表特許 A1	國際公開番号	WO98/23896	WO00/012345A

续表

文献种类	编号名称	2000 年前	2000 年后
特許公報 B2	特許出願公告番号	特公平 8-34772 1996 年 3 月 29 日为止	
特許公報 B2	特許番号	第 2500001~ 1996 年 5 月 29 日开始	特許第 2996501 号 (P2996501)

表 4.8 日本实用新型和外观设计专利文献编号体系

文献种类	编号名称	2000 年前	2000 年后
公开实用新案公报 U	实用新案出願公开番号	实开平 5-344801	无
公表实用新案公报 U1	实用新案出願公表番号	实表平 8-500003	U2000-600001U
实用新案公报 Y2	实用新案出願公告番号	特公平 8-34772 1996 年 3 月 29 日为止	无
登录实用新案公报 U	实用新案登录番号	第 3000001 号~ 1994 年 7 月 26 日开始	第 3064201 号(U3064201)
实用新案登録公报 Y2	实用新案登録番号	第 2500001 号~ 1996 年 6 月 5 日开始	第 2602201 号(U2602201)
意匠公报 S	意匠登録番号	自 1 号开始顺排	

(4) 欧洲专利的编号体系

欧洲专利的体系相对来说较简单，前后相对统一。以下的表 4.9 和 4.10 为欧洲专利申请编号和专利文献编号体系。

表 4.9 欧洲专利申请编号体系

种 类	申请号	申请公布号	授权公告号
欧洲专利申请	01101330.7	EP1225633A1	
进入欧洲阶段的 PCT 专利申请	99969463.1	EP1123452A1	EP1123452B1

表 4.10 欧洲专利文献编号体系

文献种类	例 1	例 2	例 3
附有检索报告的欧洲专利申请说明书 A1		EP456789A1	EP1025426A1
未附检索报告的欧洲专利申请说明书 A2	EP509230A2		
单独出版的检索报告 A3	EP509230A3		
对国际申请检索报告所做的补充检索报告 A4		EP456789A4	
欧洲专利申请说明书的更正扉页 A8			
欧洲专利申请说明书的全文再版 A9			
欧洲专利说明书 B1	EP509230B1		EP1025426B1
新的欧洲专利说明书 B2	EP509230B2		
欧洲专利说明书的更正扉页 B8			
欧洲专利说明书的全文再版 B9	EP509230B9		

二、专利文献检索工具

正如普通文献的检索需借助于检索工具，专利文献的检索必须借助于专利检索工具，专利文献的检索工具较多，如专利公报，专利年度索引是一些常见的检索工具，下面就一些常见的检索工具作一简单介绍。

1. 德温特专利检索工具

英国德温特公司（Derwent Publication Ltd.）成立于1951年，是一家专门从事编辑出版专利文献的机构。目前该公司的出版物包括世界上多数国家的专利目录、文摘、累积索引等各种类型的检索工具书，并提供各种文摘卡片、计算机检索磁带、缩微平片、胶片、光盘等载体形式产品，以及联机数据库。该公司是目前国际上规模最大，专利文献报道范围最广，检索系统最方便的专利文献公司。

德温特专利索引（Derwent Innovation Index，简称DII）是德温特公司与ISI（Institute for Scientific Information）公司合作开发的基于ISI统一检索平台的网络版专利数据库。DII收集了1963年以后的全世界约1千万项基本发明和2千万项专利，并且每周增加来自全球40多个专利机构授权的、经过德温特专利专家深度加工的20 000篇专利文献。同时，每周还要增加来自6个主要的专利授权机构的被引和施引专利文献，这6个专利授权机构是：世界专利组织（WO）、美国专利局（US）、欧洲专利局（EP）、德国专利局（DE）、英国专利局（GB）和日本专利局（JP），大约有45 000条记录，内容主要涉及化学、电子与电气和工程三大领域。

德温特公司自1951年创刊《英国专利文摘》以来，大致分四个发展阶段，先后编辑出版发行以下专利文献检索：

20世纪50年代：按国家划分的专利文摘系统，陆续出版8个国家、12种专利文摘出版物，如《英国专利文摘》1951年创刊，《联邦德国专利文摘》1953年创刊，《法国专利文摘》1953年创刊。

20世纪60年代：按专业编辑出版专利文摘的系统，如《药物专利文摘》（FARMDOC）1963年出版，《农业化学专利文摘》（AGDOC）1965年创刊，《塑料专利文摘》（PLASDOC）1966年创刊，《中心专利索引》1970年创刊，共分12个分册，报道整个化工和材料工业及有关的领域的专利文献（Central Patents Index，简称CPI）。

20世纪80年代：增设了《电气专利索引》（Electrical Patents Index，简称EPI），集中报道各国及其他专利条约组织被引和施引的电子及电气方面的专利文献。

目前德温特公司编辑出版以下几种主要的专利检索刊物：

《世界专利目录周报》（World Patents Index Gazette，简称WPI）；

《化工专利索引》（Chemical Patents Index，简称CPI）；

《一般和机械专利索引》（General & Mechanical Patents Index，简称GMPI）；

《电气专利索引》（Electrical Patents Index，简称EPI）。

对于上述的编辑出版的专利索引，德温特公司提供以下几种形式服务：专利文献检索光盘，联机数据库，印刷版专利索引，专利文献磁带。

(1)《世界专利目录周报》（WPI Gazette）

以题录的形式快速报导各国专利文献。按专业内容不同，分为P,Q,S-X和CH四个分册,每个分册简单地列出专利名称、专利号、IPC 分类号、专利权人全称、专利权人代码、德温特收藏号等信息。如表 4.11 所示。

表 4.11

P 分册(综合)	包括农业、轻工、医药和一般工业加工工艺和设备
Q 分册(机械)	包括运输、包装、建筑、机械元件和动力机械等
S-X 分册(电气)	包括仪器和仪表、光学和声学、计算机和自动控制、电工和电子元件,电力和通信等
CH 分册(化工)	包括聚合物、药物、农药、食品、轻化工、一般化学、纺织、造纸、印刷、涂料、照相、石油、燃料、化学工程、核工程、爆炸与防护以及冶金等

《世界专利目录周报》设有以下几种索引:
① 专利权人索引(Pateniee Index)
按公司或个人代码字母顺序排列,同一申请人的专利,按基本专利在前,同族专利在后的顺序排列;而对于基本专利按最早优先权日期排列。基本专利冠以 *,并列出完整的标题(包括主标题和副标题)。具体著录格式为:

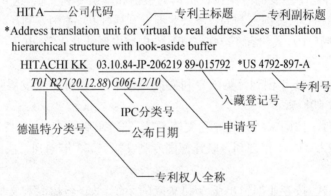

② IPC 分类号索引(IPC Index)
按国际专利分类号顺序排列,同一分类号下,基本专利排在前,同族专利排在后。同一类号下的基本专利按国别代码字母顺序排列。具体著录格式为:

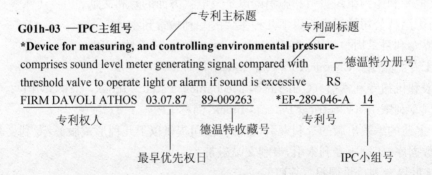

③ 德温特收藏号索引(Accession Unmber Index)

④ 专利号索引(Patent Number Index)

按国家代码和专利号顺序排列。通过专利号,可以找到相应的德温特收藏号和专利权人代码。

⑤ 优先权索引(WPI Number Index)

原称:"优先权对照索引"(WPI Priority Concordance)。

(2)《文摘周报》

包括GMPI,EPI和CPI,设有以下几种索引:专利权人索引;德温特收藏号索引;专利号索引。

EPI著录格式如下:

2.《中国专利公报》

中国专利公报是我国专利局的官方出版物,由中国专利局编辑出版,于1985年9月创刊,以如下三种形式出版:《发明专利公报》《实用新型专利公报》和《外观设计专利公报》。前两种为周刊,最后一种是半月刊,1990年起都为文摘型周报。专利公报是查找我国专利的主要检索工具,每期公报由正文和索引两部分组成。

《中国专利索引》是《专利公报》索引的年度累积本,分为《分类年度索引》和《申请人、专利权人年度索引》两个分册,各分册都包括发明专利、实用新型专利和外观设计专利三个部分。该索引自1986年以来逐年出版,1986年至1996年为年度索引,1997年起改为季度索引。报道发明、实用新型和外观设计三种专利的公开、审定(1993年取消)、公告(1993年取消)及授权等项目。它按索引类型分为三个分册:《分类号索引》《申请人、专利权人索引》《申请号、专利权号索引》(1997年新增)。每项专利载录分类号、发明名称、专利号、申请人(专利权人)、申请号以及卷、期号这6项著录项,并可追踪查找专利公报、专利说明书,是至今为止容量最大、内容最全、使用方便实用的一种中国专利检索工具。

3.《美国专利局公报》(Official Gazette of United States Patent and Trademark Official)

美国专利公报创刊于1872年,周刊,公布美国专利局批准的专利申请说明书的摘要。

内容包括：工业专利、外观设计专利和再公告专利等，其中工业专利占绝大部分。每期公报的工业专利，按学科性质分为"一般与机械""化学"和"电气"三大部分，每部分按专利号大小顺序排列。每期专利公报后附有两种索引：分类索引和专利权人索引。分类索引按美国专利分类号顺序排列，在每一小类后标出本期的专利号；专利权人索引按发明人或专利权人名称的英文字母顺序排列。因此，对于《美国专利局公报》可通过分类、专利号、专利权人/发明人三个途径检索美国专利文献。

4.《美国专利年度索引》(Index of Patents)

该索引为美国专利局出版的年度引，是查阅美国专利的主要工具书。1965 年以前按年度出版，包括专利权人和分类索引，65 后因申请的专利数量日益增多，分为两册出版：第一分册(Part Ⅰ)为专利权人索引(List of Patentees)。按发明人和专利权人字母顺序混合排列。发明人名称下列出：发明题目、专利号、分类号、批准日期及受让人名称。专利权人名下列出：见(See)某发明人、专利号及分类号。第二分册(Part Ⅱ)为发明主题索引(Index to Subject of Inventions)。1953 年以前该索引按发明主题字母顺序编排。从 1953 年起改为分类索引，但仍沿用原名，该索引只依大小类号顺序列出专利号，既无类目名称也无发明题目，该索引只有掌握了确切的分类号方可使用，这种索引的优势可将一年内的有关课题全部检索出来。分类索引分为两部分，前半部是主分类(Original Classification)，后半部是参见类(Cross Reference Classification)。

5.《美国化学专利单元词索引》(Uniform Index to Chemical Patents)

该索引由美国 IFI (Information for Industry)/Plenum Data Company 出版，创刊于 1950 年，活页印刷，共分两个分册：

（1）专利文摘索引：该索引报导的内容是美国专利公报的剪裁，即把美国一年内有关化学方面的专利挑出来重新给予一个索引号。此索引号最多编至四位数，相对于美国专利号的七位数，便于计算机输入，此索引为季刊。

（2）单元词索引表：该表每季度出版一次，每一年中后一季度的索引包括前一季度的内容；最后一个季度将全年内容全部汇总。该表内容包括：① 一般名词(General Terms)，其编制方法是从每件化学专利(包括材料)说明书中，抽出若干单元简练为名词术语。每个单元词下包括索引号(代表专利号)。② 化合物名词(Compound Terms)。③ 分子团名词(Fragment Terms)。④ 专利权人受让人索引(Assignee)。⑤ 分类索引(Class Codes)。⑥ 发明人索引(Inventor)。⑦ 专利号与索引号对照表。

三、专利文献的检索

专利文献是科研工作者的第一手资料，长期以来一直受到科研工作者的重视。不论是申请科研基金，科研课题的鉴定还是新产品的开发都需要检索专利资料。

1. 专利文献检索种类

专利文献的检索根据检索的目的可划分为专利技术信息检索、新颖性检索、专利性检索、侵权检索、专利法律状态检索、同族专利检索和技术引进检索等种类。

（1）专利技术信息检索

专利技术信息检索是指从感兴趣的技术主题对专利文献进行检索，从而找出一批相关的专利文献的过程。专利技术信息检索又可分为：追溯检索和定题检索。

追溯检索是指人们利用检索工具，从时间上由近而远地追溯相关的专利技术信息。根据检索顺序追溯检索还可分为初步检索和扩大检索。当人们进行专利技术信息的追溯检索时,利用检索工具由近而远地完成初步的检索,再根据初步的检索结果进一步检索,即为扩大检索。

定题检索是指在上述的追溯检索基础上,定期从专利数据库中检索出追溯检索日之后出现的新的专利文献的检索工作。

(2) 新颖性检索

新颖性检索是指专利审查员、专利申请人或代理人为确定申请专利的发明创造是否具有新颖性,从发明创造的主题出发对包括专利文献在内的全世界范围内的各种公开出版物进行检索,其目的是找出可进行技术对比的文献。

(3) 专利性检索

专利性检索是指专利审查员为对某项申请专利的发明创造是否可获得专利权的可能性而进行的检索,它是在确定发明创造的新颖性基础上,再检出若干件用以确定发明的创造性的相关文献。

(4) 侵权检索

侵权检索是防止侵权检索和被动侵权检索的总称。防止侵权检索和被动侵权检索是两种完全不同目的的检索。防止侵权检索是指为避免发生专利纠纷而主动对某一新技术新产品进行的专利检索,其目的是要找出可能受到其侵害的专利。

被动侵权检索则是指被别人指控侵权时进行的专利检索,其目的是要找出对受到侵害的专利提出无效诉讼的依据。

(5) 专利法律状态检索

专利法律状态检索是指对专利的时间性和地域性进行的检索,它分为:专利有效性检索和专利地域性检索。

专利有效性检索是指对一项专利的状态进行的检索,其目的是了解该项专利是否有效。

专利地域性检索是指对一项发明创造都在哪些国家和地区申请了专利而进行的检索,其目的是确定该项专利申请的国家范围和有效范围。

(6) 同族专利检索

同族专利检索是指对一项专利或专利申请在其他国家是否有相关的专利申请并被公布等相关情况进行的检索,该检索的目的是找出该专利或专利申请在其他国家公布的文献(专利)号。

(7) 技术引进检索

技术引进检索是一种综合性检索,它是指专家把检索中的专利技术的信息检索和专利法律状态检索结合到一起交叉进行的专利信息检索,其目的是为引进的专利技术做创造性、有效性的综合性评价提供依据。

2. 专利信息检索方法

根据检索使用的工具,可划分为手工检索和计算机检索。

(1) 手工检索

手工检索是从书本式、卡片式或缩微胶卷式的检索工具中,依靠检索人的手工劳动查找专利信息。手工检索包括:主题检索、名字检索和号码检索。

① 主题检索

主题检索是指从某一技术主题入口,对专利信息进行检索查找,其检索的目的是找出含有该技术主题的相关文献。从不同检索入口进行的主题检索，又可细分为：分类检索、关键词检索和其他的一些检索。分类检索是指利用按专利分类（如：国际专利分类）编排的专利检索工具，从某一个专利分类号入手，查找同属于该分类号所代表的技术领域的专利文献。关键词检索分为两种情况，一种是指利用按专利技术主题的关键词编排的检索工具，从某一个关键词入手，查找含有该关键词的专利文献；另一种是指为分类检索做前期准备，利用按专利技术主题的关键词编排的专利分类表索引，从某一个关键词入手，查找出该关键词在某一种专利分类（如：国际专利分类）中的分类位置，即分类号。

② 名字检索

名字检索是指以某一名字作为专利检索的线索，对专利文献进行查找，其检索的结果是找出与该名字相关的特定或全部专利信息。名字检索包括：发明人、设计人检索和专利申请人、专利权人、专利受让人检索。发明人、设计人检索是指以某一发明专利的发明人或外观设计或实用新型的设计人的名字作为专利检索线索，查找该发明人或设计人拥有的某一特定或全部专利或专利申请的有关信息的工作。专利申请人、专利权人、专利受让人检索是指以某一专利申请人或专利权人（包括自然人和法人），或者专利受让人名字作为专利检索线索，查找该专利申请人或专利权人或专利受让人拥有的某一特定或全部专利或专利申请的有关信息的工作。例如，当我们对某一领域的权威或专家比较了解时，则可以将其定为发明人进行定期检索，对其技术开发动态进行跟踪。另外，对企业而言，一般把同一领域的著名企业作为专利权人进行定期跟踪，随时掌握对方在技术开发方面的动态，从而使本企业在激烈的市场竞争中知己知彼，并根据竞争对手的动态调整自己的发展战略。

③ 号码检索

号码检索是指以某一专利的专利号或专利申请号作为专利检索线索，查找该专利或专利申请的其他相关信息的工作。号码检索包括：申请号检索，文献号（专利号）检索和优先权检索。申请号检索是指以某一专利申请的申请号作为专利检索线索，查找该专利或专利申请的文献号或其他有关信息的工作。优先权检索是指以某一专利或专利申请的优先权作为专利检索线索，查找该专利或专利申请的文献号或其他有关信息的工作。文献号（专利号）检索是指以某一专利或专利申请的文献号作为专利检索线索，查找该专利或专利申请的其他有关信息的工作。

(2) 计算机检索

由于当前已经进入信息时代，形形色色的信息浩如烟海，信息的膨胀以几何级别数增加。单靠手工检索，要花费大量的体力和脑力劳动。而电子计算机的问世为机器检索提供了便利。计算机检索是指从可被计算机读取的各种载体的专利数据库中，依靠电脑查找专利信息的工作。计算机检索按照检索功能又可分为字段检索、一般逻辑组配检索、邻词和共存、字段间逻辑组配检索。

① 字段检索

字段检索是指根据某一专利文献著录项目对专利数据库中的专利记录进行专利信息查找的工作。在字段检索中可被检索的专利文献著录项目主要有：专利号、公开号、申请号、优先权号、优先权国家、申请日期、优先权日期、专利公开日期、专利授权日期、专利名称、说明书摘要、国际专利分类号、本国专利分类号、专利申请人、专利权人、发明人、专利代理机构和专利代理人等。每一个可被检索的专利文献著录项目称为一个计算机检索入口。字段检索又可称为检索入口检索。

② 一般逻辑组配检索

一般逻辑组配检索是指利用"或、与、非"等逻辑组配符将同一个字段内两个以上被检索词进行逻辑组配，组成检索提问式，由计算机在专利数据库中进行专利信息查询的工作。

③ 邻词检索和共存检索

邻词检索和共存检索均针对主题词或关键词检索而言。邻词检索是指利用表示"与"且能限定被检索词之间关系（如主题词1和主题词2之间可插入0~N个词）的特定组配符将同一个字段内两个检索词进行逻辑组配，组成检索提问式，由计算机在专利数据库中进行专利信息查询的工作。共存检索是指在利用表示"与"且限定两个被检索词同时存在于同一句话或同一段落内的特定组配符将两个被检索词进行逻辑组配，组成检索提问式，由计算机在专利数据库中进行专利信息查询的工作。

④ 字段间逻辑组配检索

字段间逻辑组配检索是指利用"或、与、非"等逻辑组配符将含有被检索词的两个以上字段（如分类号和主题词两个专利文献著录项目）进行逻辑组配，组成检索提问式，由计算机在专利数据库中进行专利信息查询的工作。

第三节 国内外常见的数据库和网上检索

一、中国专利文献数据库及其检索

1. 中华人民共和国国家知识产权局 www.sipo.gov.cn

（1）简介

中国国家知识产权局专利数据库是一个收录较全的数据库，收录1985年以来的公布的三种中国专利文献，即收录1985年以来的发明、实用新型和外观设计三种专利的著录项目及摘要，读者通过网上检索并可免费浏览和下载专利说明书全文及外观设计图形（日浏览或下载专利说明书不超过100页），为国内最权威和便利的中国专利文献检索系统。

（2）检索

该数据库的专利检索分为常规检索，高级检索和IPC分类检索，见图4.1。

常规检索是根据申请号，公开号/公告号，申请人（专利权人），发明名称这几个常规的检索要素进行检索。

高级检索拓展检索范围，主要检索字段包括申请号/专利号、公开号/公告号、名称、摘要、申请人（专利权人）、申请日、分类号等16个检索字段。

IPC分类检索是根据国际专利分类系统从部、大类、小类、大组或小组逐一细分的条目进行检索。

图 4.1　国家知识产权局的专利数据库主页

(3) 获取摘要和原文

在输入检索词后,可得到专利的题录的检索结果,图 4.2 是检索表面活性剂葡萄糖脂肪酸酯的题录输出结果。

图 4.2　葡萄糖脂肪酸酯的检索结果

在题录列表中,点击某一专利名称后得到含有专利标示部分的专利摘要,如图 4.3。

在页面的左侧点击申请公开说明书或审定授权说明书可得原文,对链接的专利原文可进行全文浏览,并根据需要点击按钮进行打印或保存,见图 4.4。

第四章 专利文献及其检索

图 4.3 点击某专利后出现的专利摘要

图 4.4 专利的全文

2. 中国专利信息网 www.patent.com.cn

中国专利信息网收录中国专利法实施以来,即 1985 年后所出版的所有中国专利的信息,包括题录和文摘及专利说明书全文,其缺点是只有注册用户在登录之后可以检索全部专利文献;而且只有正式及高级用户能够浏览发明、实用新型专利说明书的全文,可以享受到"电子期刊"服务。而免费用户进行专利检索时,只能看到说明书首页。高级用户还可以检索中国专利的英文文摘。

3. 中国知识产权网 www.cnipr.com

中国知识产权网是检索专利的又一个平台,由国家知识产权局主办,收录 1985 年中国专利法实施以来所出版中国专利公报上的信息;能够提供专利(申请)说明书全文;该网站还提供包括法律状态的查询;检索入口设有包括"全文检索"和其他字段检索;检索类别中还包括"授权发明专利"这一类的检索;可进行同义词检索,二次检索;检索结果可选择排列方式,但下载、批量下载需注册/缴费。

其他的检索网页包括:

4. 中国专利信息中心 www.cnpat.com.cn

5. 中国发明专利技术信息网 www.lst.com.cn

6. 中国专利文摘数据库 www.beic.gov.cn

二、美国专利检索数据库

美国专利数据库是由美国专利商标局提供的,该数据库包括授权专利数据库和申请专利数据库两部分:授权专利数据库提供了 1790 年至今各类授权的美国专利,其中有 1790 年至今授权专利的图像说明书,1976 年至今的全文文本说明书(附图像连接);申请专利数据库只提供了 2001 年起的申请说明书的文本和图像,见图 4.5。网站主页:http://patft.uspto.gov/。

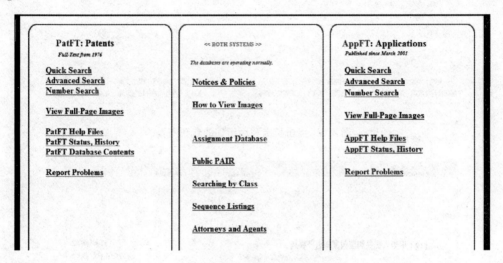

图 4.5 美国专利数据库主页

美国专利的检索方式包括快速检索、高级检索、专利号检索,在快速检索中包含 Term1 in Field1 和 Term2 in Field2 检索项,中间用布尔逻辑符 AND,OR,ANDNOT 连接。而在高级检索中,须输入布尔检索式,如 tennis AND (racquet OR racket),在号码检索中须输入不同专利类别的专利号,美国的专利类别分 Utility,Design,Plant,Reissue 等。图 4.6 是检索抗菌药环丙沙星专利的题录页面。

图 4.6 抗菌药环丙沙星专利的题录检索页面

点击某一专利名称后,可直接得到专利的 HTML 格式全文,见图 4.7。

```
United States Patent                                                    6,50
Lee                                                             January 7,
Method for optimizing ciprofloxacin treatment of anthrax-exposed patients according to the patient's characteristics
                                    Abstract
The present invention relates to a method for optimizing ciprofloxacin treatment of anthrax-exposed patients according to the patient's characteristi
More particularly, the invention optimizes the survival outcome of a ciprofloxacin treatment for an anthrax-exposed patient, with the ciprofloxacin d
regimen adjusted according to the patient's characteristics, including age, body weight, gender, and renal function.

Inventors:    Lee; Ren-Jin (Gaithersburg, MD)
Appl. No.:    10/079,091
Filed:        February 21, 2002

Current U.S. Class:                      514/253.05 ; 514/253.07; 514/253.08; 51
Current International Class:             A61K 31/496 (20060101); A61K 031/4
Field of Search:                         514/235.05, 235.07, 235.0
```

图 4.7　抗菌药环丙沙星专利的全文

高级检索的检索表达式——嵌套式布尔逻辑表达式:

例1:检索包含 snowman 和 kit 的专利文献,snowman AND kit。

例2:检索有关网球拍的所有专利文献,tennis AND (racquet OR racket)。

初次检索后的再次检索,在快速检索和高级检索的检索结果页面中出现该检索框。用于在上次检索结果范围内的进一步检索,其目的是缩小检索结果达到更准确的结果,检索方法是在 Refined Search 框中进行检索,即在前期检索式的基础上与新的检索项组配,从而使检索结果更加准确。检索表达式与高级检索的检索表达式相同。

三、欧洲专利数据库

1. 概述

欧洲专利数据库由欧洲专利局及其成员国建立,数据库收录时间长,涉及国家众多,收录了 1920 年以来(各国的起始年代有所不同)世界上 50 多个国家和地区出版的共计 1.5 亿多万件的专利文献,现网上的版本为 version 5。具体网站的网址为:http://worldwide.espacenet.com,整个数据库由原先的 4 个数据库调整为现在的三个数据库:世界范围的专利数据库(Worldwide)、欧洲专利数据库(EP)、世界知识产权组织的 WO 专利数据库(WIPO)。

2. 检索

检索方法在原先的四种检索方法基础上:快速检索(Quick Search)、高级检索(Advanced Search)、专利号检索(Number Search)以及专利分类号查询(Classification Search)增加了一种灵活检索(Smart Search),如图 4.8 所示。

3. 获取摘要及原文

选用任一检索方法后,输入检索词,如检索上述的表面活性剂葡萄糖脂肪酸酯"glucose fatty acid ester",可得图 4.9 的题录页面。

点击某一专利后出现该专利的文摘,图 4.10 是有关有机相酶催化方法制备葡萄糖脂肪酸酯的文摘。

点击一下 Original Document,可以获取原文(图 4.11)。

专利检索结果提供了 HTML 和图像两种显示方式,在显示所索取文献的窗口信息包

图 4.8 灵活检索的页面

图 4.9

图 4.10

括：Bibliographic data 著录项目数据，Description 文本形式的说明书，Claims 文本形式的权利要求书，Mosaics 说明书附图，Original document 原始图像式专利全文说明书，INPADOC legal status 法律状态，根据实际需要点击 download 或 print 按钮进行保存或打印。

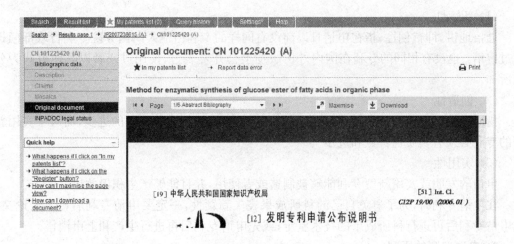

图 4.11

欧洲专利检索数据库比较于其他数据库一个最大的优点是相互参引的同族专利全面，对于读者有更大的选择性，便于选择容易理解的语言来阅读专利全文。缺点是数据库摘录的检索项目不完整，只有部分国家的题录数据有英文发明名称及英文文摘。因此如果以英文发明名称或英文文摘字段在欧洲数据库进行检索，就容易造成漏检。

同族专利是指一组在不同国家出版的内容相同或基本相同的专利文献。同族专利文献中的每件专利说明书之间通过优先权相互联系在一起。而优先权是某组织或联盟各成员国给予本联盟任意国家的专利申请人的一种优惠权，如《保护工业产权巴黎公约》规定，联盟内某国的专利申请人已在某成员国第一次正式就一项发明创造申请专利时，申请人有权享有第一次申请的最早申请日期，即专利的优先权。同族专利一般只具有一共同优先权的专利，随后会在不同国家或国际专利组织多次申请、多次公布或批准的内容相同或基本相同的一些同族专利。如：

US4588244A（申请日：1985 年 1 月 14 日）；

JP61198582A（申请日：1985 年 11 月 30 日）；

GB2169759A（申请日：1986 年 1 月 3 日）。

其中优先申请国家：US。优先申请日期：1985 年 1 月 14 日。

第四节　专利的申请

一、国内专利的申请

专利申请是获得专利权的前提和必须经历的程序。通常来讲，欲获得某一专利的专利权，首先必须由申请人向国家专利机关提出申请，经国家专利机关审核后才能批准其专利权。而申请人在申请专利时，其研究成果必须符合一定条件的才能成为专利。

1. 申请专利的条件

一般来说，申请专利的发明创造具备新颖性、创造性和实用性这三性才能批准为专利：

(1) 新颖性

通俗地讲,即首创性,指在申请日以前没有同样的专利由他人向国务院专利行政部门提出过申请,也没有相同的专利在国内外出版物上公开发表过、使用过或者以其他方式为公众所知。

(2) 创造性

指同申请日以前的技术相比,该发明有突出的实质性创造和显著的进步,而对于实用新型的专利必须有实质性特点和进步。

(3) 实用性

申请的发明或实用新型专利能够被制造或者使用,并且能够产生积极效果。

在申请专利时,为了避免自己的科研成果丧失新颖性,一定要申请专利后再发表论文;或申请专利后再进行科研成果的技术鉴定;或先申请专利后再进行生产和上市销售。

2. 申请专利的原则

(1) 先申请原则

所谓先申请原则,当两个或以上的申请人分别就同样的发明创造申请专利,专利权授予最先申请的人;如果两个或以上的申请人在同一日分别就同样的发明创造申请专利的,由申请人自行协商确定。另外,两个或以上单位协作或者一个单位接受其他单位委托而进行的研究、设计后完成的发明创造,申请专利的权利属于完成或者共同完成的单位;专利批准后,专利权归申请的单位所有或持有。

(2) 优先权原则

专利优先权指的是申请人在某缔约国申请专利时,申请人有权将第一次申请专利的日期作为以后同题专利申请的日期,可分为国内优先权和国际优先权。国内优先权指的申请人自发明或者实用新型在中国第一次提出专利申请之日起 12 个月内,又向专利局就相同主题提出专利申请的,可以享有优先权。而国际优先权是指在外国第一次提出发明、实用新型专利申请的 12 个月内,或者自外国第一次提出外观设计专利申请的 6 个月内,又在中国就相同主题提出专利申请的,依照中国同外国签订的相互承认优先权的原则或者共同参加的国际条约,可以享有优先权。

(3) 一发明一专利原则

对于同一个专利只能授予一个专利,所以在专利申请时应当只限于一项发明,实用新型或者限于一种产品所使用的一项外观设计。如果两项以上的发明或者实用新型属于一个总的发明构思,可以作为一个专利提出申请。

3. 专利申请的流程

在我国,发明专利的申请一般包括:正式提出申请(受理)—初步审查—公开—实质审查—授予专利权这五个阶段;而对于实用新型和外观设计的申请一般只包括正式提出申请(受理)—初步审查—授予专利权这三个阶段。

从专利申请流程可以看出,一件发明或实用新型或外观设计若想最终获取专利权,从准备申请到最终授权整个程序相当复杂,历时需要一至两年。从准备申请至正式提出申请至少需两三月,一般来说需要具有专利知识和相关专业知识的专利工作者进行指导才能完成申请和答复实审工作。

4. 专利申请的受理机关

申请专利需向国家专利机关提出申请,国家知识产权局是我国唯一有权接受专利申请和授予专利权的机关。为了便于受理专利的申请,国家知识产权局在大多数的省市设有代办处,受理各种专利的申请文件,同时也代收各种专利费用。

5. 申请专利应当提交的文件

申请专利时提交的法律文件必须采用书面形式,并按照申请专利的规范和要求填写。而对于不同类型的专利申请,需要准备文件也不尽相同。

(1) 发明专利的申请文件应当包括:发明专利请求书、说明书、权利要求书、说明书摘要及其必要的附图。

(2) 实用新型专利的申请文件应当包括:实用新型专利请求书、说明书、说明书附图、权利要求书、摘要及其附图。

(3) 外观设计的申请文件应当包括:外观设计专利请求书、图片或者照片。要求保护色彩的,还应当提交彩色和黑白的图片或者照片各一份。如对图片或照片需要说明的,应当提交外观设计简要说明。

6. 专利审批程序

依据专利法,发明专利申请的审批程序包括受理、初审、公布、实审以及授权五个阶段。实用新型或者外观设计专利的申请在审批中不进行早期公布和实质审查,只有受理、初审和授权三个阶段。以下是专利审批的具体阶段:

(1) 受理阶段

专利局收到专利申请后先进行形式审查,如果申请书符合受理条件,专利局将受理的申请给予申请号,并发出受理通知书,通知申请人。如果申请文件的文字或者附图及图片模糊不清或有涂改的;或者申请文件不齐备的;或者请求书中申请人的姓名或地址不详的;或专利申请类别不明确的不予受理。

(2) 初步审查阶段

经受理后的专利申请按照规定缴纳申请费的,自动进入初审阶段。初审前发明专利申请首先要进行保密审查,需要保密的专利,按保密程序处理。

在初审时主要对申请的专利是否存在明显缺陷进行审查,主要包括受理的专利内容是否属于《专利法》中授予专利权的范围,是否明显缺乏技术内涵不能构成技术方案,是否缺乏单一性,申请文件是否齐备及格式是否符合要求。若是外国人或机构的专利申请还要进行资格审查及手续审查。不合格的,专利局将通知申请人在规定的期限内补全或陈述意见,逾期不答复的,申请将被视为撤回。经答复仍未消除缺陷的,予以驳回专利申请。发明专利申请初审合格后,将发给初审合格通知书。对实用新型和外观设计专利申请,除进行上述审查外,还要审查是否明显与已有专利相同,经初审未发现驳回理由的,将直接进入授权程序。

(3) 公布阶段

发明专利申请从产权局寄出初审合格通知书起进入公布阶段,如果申请人没有提出提前公开的请求,一般要等到申请日起满15个月才进入公开准备程序。如果申请人要求提前公开的,则申请立即进入公开准备程序。经过格式复核、编辑校对、计算机处理、排版印刷,大约3个月后在专利公报上公布其说明书摘要并出版说明书单行本。申请公布以后,申请人就获得了临时保护的权利。

(4) 实质审查阶段

发明专利申请公布以后,如果申请人已经提出实质审查请求并已生效的,申请人进入实审程序。如果申请人从申请日起满一年还未提出实审请求,或者实质审查请求未生效的,申请既被视为撤回。

在实审期间将对专利申请是否具有新颖性、创造性、实用性以及专利法规定的其他实质性条件进行全面审查。经审查认为不符合授权条件的或者存在各种缺陷的,将通知申请人在规定的时间内陈述意见或进行修改,逾期不答复的,申请被视为撤回,经多次答复申请仍不符合要求的,予以驳回。实审周期较长,若从申请日起两年内尚未授权,从第三年应当每年缴纳申请维持费,逾期不缴的,申请将被视为撤回。实质审查中未发现驳回理由的,将按规定进入授权程序。

(5) 授权阶段

实用新型和外观设计专利申请经初步审查以及发明专利申请经实质审查未发现驳回理由的,由审查员作出授权通知,申请进入授权登记准备,经对授权文本的法律效力和完整性进行复核,对专利申请的著录项目进行校对、修改后,专利局发出授权通知书和办理登记手续通知书,申请人接到通知书后应当在 2 个月之内按照通知的要求办理登记手续并缴纳规定的费用,按期办理登记手续的,专利局将授予专利权,颁发专利证书,在专利登记簿上记录,并在 2 个月后于专利公报上公告,未按规定办理登记手续的,视为放弃取得专利权的权利。

二、国外专利的申请

专利申请人在国内申请专利后,想要拓展专利的保护范围,可同时申请国外专利。

1. 申请国外专利的程序

首先必须是首先/同时在中国申请专利;再委托有涉外代理权的代理机构代理,同时提供相关资料进行申请。

2. 申请外国专利的途径选择

申请外国专利有两种途径:

(1) 通过巴黎公约途径直接申请国外专利

中国是巴黎公约组织成员国,对于中国申请人,在中国申请专利后,可以利用巴黎公约规定的可享受在先申请的申请日的"优先权原则",对于发明和实用新型申请在 12 个月内,对于外观设计申请在 6 个月内,直接向国外申请专利。

在超过优先权期限之后,如果原申请尚未公开,仍可申请外国专利,但此时不再享有优先权。

(2) 通过 PCT 途径申请国外专利

中国于 1994 年 1 月 1 日加入专利合作条约(PCT),利用此途径,可以实现"一国申请,多国有效"。此途径分为国际阶段与国家阶段。国际申请阶段,中国申请人可以以中文提交申请,在提出申请时必须指定此申请有效的国家(指定国)。国家阶段即为在国际申请日(或优先权日)起 20 或 30 个月内,办理进入国家阶段手续,与通过巴黎公约途径相比,PCT 申请可以将进入外国的时间推迟 8 或 18 个月,缴纳外国阶段的费用也相应推迟,很显然,其被审批的时间也会相应推迟。

3. 申请人应准备的文件

在申请专利时,应提供以下这些材料:① 申请信息明细表(由代理机构提供样本),写明申请的项目、申请人信息、欲申请的国家及递交的期限等;② 在先申请(如果有)的相关材料,包括请求书、受理通知书、原专利申请文件(权利要求书、说明书、摘要、附图);③ 优先权证明文本;④ 与专利申请有关的现有技术资料(如果有)。另外,还有委托书或小企业声明等文件需由申请人签署,将视具体情况签署相应的文件。

4. 费用

通过巴黎公约途径直接申请国外专利,须在短时期准备充足的资金,一般5万~6万元人民币/国,用以支付国外官费、律师费和国内代理费、翻译费。

通过PCT途径,须在申请时准备约1.1万元(申请人为个人)或2.1万元(申请人为法人)人民币,用以支付国际阶段的官费和代理费,在准备进入外国国家阶段时,再准备5万~6万元人民币/国(一般为提交国际申请后8或18个月)。

第五章 标准文献

第一节 标准文献概述

狭义的标准文献主要是指由技术标准、管理标准、工作标准及其他规范性文件所组成的一种特种文献体系。广义的标准文献，除了各类标准外，还包括标准分类资料、标准检索工具、标准化期刊、标准化专著、标准化管理文件、标准化手册等。

标准文献是对产品、工程或其他技术项目质量、品种、检验方法及技术要求等所作的统一规定，以供人们共同遵守和使用。标准文献是生产技术活动中经常利用的一种技术文件。

标准文献除了以标准命名外，还带以规范、规程等名称出现。国外标准文献常以Standard(标准), Specification(规格,规范), Rules, Instruction(规则), Practice(工艺)等命名。

技术标准按其使用范围和颁布单位的不同可分为：国际标准、国家标准、区域性标准、专业标准和企业标准等五大类型。

第二节 国内标准

根据《中华人民共和国标准化法》，我国标准分为国家标准、行业标准、地方标准、企业标准四级。国家标准是在全国范围内统一的技术要求。对没有国家标准而又需要在全国某个行业范围内统一的技术要求，可以制定行业标准。行业标准由国务院有关行政主管部门制定，并报国务院标准化行政主管部门备案，在某一行业范围内统一的标准。《中华人民共和国标准化法》规定，在公布国家标准之后，该项行业标准即行废止。对没有国家标准和行业标准而又需要在省、自治区、直辖市范围内统一的工业产品的安全、卫生等要求，可以制定地方标准。地方标准由省、自治区、直辖市标准化行政主管部门制定，并报国务院标准化行政主管部门和国务院有关行政主管部门备案，在当地范围内统一的标准。同样，在公布国家标准或者行业标准之后，该项地方标准即行废止。此外，对企业生产的产品没有国家标准和行业标准的，应当制定企业标准，作为组织生产的依据。企业的产品标准须报当地政府标准化行政主管部门和有关行政主管部门备案。

国家标准分为强制性国标(GB)和推荐性国标(GB/T)。强制性国标是保障人体健康，人身、财产安全的标准和法律及行政法规规定强制执行的国家标准；推荐性国标是指在生产、交换、使用等方面,通过经济手段或市场调节而自愿采用的国家标准。

一、我国标准化的概况

1978年5月国家标准总局的成立和1979年7月"中华人民共和国标准管理条例"的颁布,标志着我国标准化工作进入了一个新的发展时期。1979年以来,我国已成立了200个专业标准技术委员会,327个分标准化技术委员会。1978年9月又以中国标准化协会(CAS)含义,加入了国际标准化组织(ISO),并参加了其中103个技术委员会。据统计,截至2006年底,国家标准已达到2万多个,专业(部)标准3万个,企业(地方)标准15万个。国家标准40%采用国际标准和国外先进标准。

二、我国标准化的分级代号

我国标准的分类是采用字母数字混合分类法。字母标志大类,数字代表小类,由A~Z共分23个大类。我国标准号结构形式为:标准代号+标准编号+发布年份。如GB13668—1992。

1. 国家标准

国家标准是指由国家的官方标准化机构或国家政府授权的有关机构批准、发布,在全国范围内统一和适用的标准,由国务院标准化行政主管部门编制计划和组织草拟,并统一审批、编号和发布。

我国国家标准的代号,用"国标"两个字汉语拼音的第一个字母"G"和"B"表示。强制性国家标准的代号为"GB",推荐性国家标准的代号为"GB/T"。其他的代号还有"GBn"(国家内部标准),"GBJ"(国家工程建设标准),"GBZ"(国家职业卫生标准),"GJB"(国家军用标准)等。

国家标准的编号由国家标准的代号、国家标准发布的顺序号和国家标准发布的年号三部分构成,如:GB8985—1998。

2. 行业标准

行业标准是指在某一行业范围内统一和实施的标准。

行业标准的代号,用该行业主管部门名称的汉语拼音首字母表示。机械行业标准:JB;轻工业行业标准:QB。编号由行业标准代号—顺序号—年代号组成。

如化工行业标准:HG5—1617—1986(钢制套管式换热器技术条件)。

3. 地方标准

地方标准是指在某个地区范围内使用的标准。

自从我国"地方标准管理办法"颁布后,地方标准代号,由DB加上省、市、自治区代码前两位数加斜线"/"表示。

DB+*:中华人民共和国强制性地方标准代号。

DB+*/T:中华人民共和国推荐性地方标准代号。

编号由地方标准代号—地方标准顺序号—年代号组成。

如:DB23/T120—2001(黑龙江省民用建筑节能设计标准实施细则(采暖居住建筑部分))。

4. 企业标准

企业标准是企业为生产技术工作的需要而制订的标准。在没有制订国家标准和行业标准的产品时，为了提高产品质量，企业可以制订比国家标准和行业标准更先进的产品质量标准，即通常所称的"内控标准"。根据《中华人民共和国标准化法实施条例》，企业标准由企业组织制定，并按省、自治区、直辖市人民政府的规定备案。

企业标准的代号用"Q"（"企"字的拼音的首字母）表示，中央直属企业，企业的名称代号由中央各部规定；地方企业，由各省市规定，地方企业代号前要加所属省市的简称。

编号由 Q/企业代号—标准顺序号—年代号组成。

如：Q/(GZ)JINO 1—2006，广州金诺电子科技有限公司 2006 年颁布《氙气前照灯(HID)镇流器》企业标准。

三、检索工具及检索方法

1.《中国标准化年鉴》

由国家标准局编辑，中国标准出版社出版。1985 年创刊，以后逐年出版一本。内容包括我国标准化事业的现状、国家标准分类目录和标准序号索引三部分。

2.《中华人民共和国国家标准目录》

由国家标准化管理委员会编辑，不定期出版，该目录由两个部分组成：

第一部分，顺序目录。按国家标准编号顺序排列。

第二部分，分类目录。按《中国标准文献分类法》大类名称编排。在每个标题目录后列出了该标准的制订日期、修订日期、实施日期。

该目录可从分类和标准号两种途径查找，分类途径根据《中国标准文献分类法》的类号查目录的第二部分——分类目录，就能找到所需的国家标准；标准号途径根据标准号查标准的名称。

3.《中国国家标准汇编》

中国标准出版社编辑出版，收录我国每年正式发布的全部国家标准，分为"制定"卷和"修订"卷两种编辑版本。

4.《标准新书目》

月刊，中国标准出版社出版。此目录可查阅国内新出版的标准。

5.《中国标准化》

凡是新发布或新修订的国家标准在此刊后面有报道。因而通过此刊可查阅最新发布的国家标准。

6.《中国标准文献分类法》

简称"中标分类"，其类目设置以专业划分为主，适当结合科学分类。

共设 24 个大类，分别用英文大写字母表示。

7.《台湾标准目录》

由厦门市标准化质量管理协会翻印，1983 年出版。该目录收录中国台湾 1983 年前批准的共 10 136 个标准。

8.《最新国家标准和国际标准目录》

由中国标准信息中心编辑出版，该目录汇总了 1991 年 1 月～1992 年 9 月发布的所有新的国家标准和国际标准，以及现行标准的修改（补充）和作废情况。内容包括分类目录和标准序号索引两部分。

9.《世界标准信息》

由中国标准信息中心编辑出版,月刊。该刊以题录形式介绍最新国家标准、行业标准、国际和国外先进标准,以及国内外标准化动态。

此外,可登陆:中国标准信息网 http://www.chinaios.com/index.html;国家标准文献共享服务平台 http://www.cssn.net.cn/index.html;国家标准化管理委员会 http://www.sac.gov.cn/SACSearch/outlinetemplet/gjbzcx.jsp 等网站查找标准文献及相关信息。

第三节 国际标准

国际标准是指由国际性组织所制定的各种标准,其中主要是有国际标准化组织制定的 ISO 标准和由国际电工委员会制定的 IEC 标准。

一、ISO,IEC 概况

1. ISO 概况

ISO 成立于 1947 年,它是标准化方面专门的国际机构,其主要职能是制订 ISO 国际标准,协调世界范围内的标准化工作。其制定标准范围为除电气和电子领域外的其他学科。到目前,该组织已有 100 多个成员国。ISO 下设 200 多个技术委员会(Technical Commottee,TC),每个技术委员会下设置了一些分委员会(Sub-Committee,SC)和工作小组(Working Group,WG)。ISO 国际标准均由 TC,SC 和 WG 负责制订,其标准制订审批程序十分严密。到目前为止,ISO 已经发布了 17 000 多个国际标准。

ISO 标准中包括机械、化学化工、金属和农业等学科领域。

2. IEC 概况

IEC 组织正式成立于 1906 年。现该组织有 94 个技术委员会(Technical Committee,TC)和 80 个分委员会(Sub-Committee,SC)。至 2009 年 12 月底,IEC 有 79 个成员国。IEC 负责电气和电子领域中标准化组织和协调工作,制定电子、电力、电信和原子能等领域的国际标准。由于 ISO 制定的标准所涉及的专业范围,不包括这些内容,这些领域的世界标准完全由 IEC 负责制定。所以,IEC 标准可以说是国际标准的组成部分。

IEC 制定标准的范围大致分名词术语、电路用的图形、符号、单位、文字符号等。在试验方法方面制定产品质量或性能指标,以及有关人身安全的技术标准。1975 年前,IEC 以推荐标准形式发布,1975 年后改为 IEC 国际标准。目前,至 2009 年 12 月底,IEC 已发布国际标准 5 000 多个。ISO 标准每 5 年重新修订审定一次。

二、ISO,IEC 标准的编号及分类

1. ISO 标准的编号及分类

ISO 标准分类法是采用 ISO 技术委员会(TC)和国际十进分类法(UDC)两种标志。如:TC43 为声学。1971 年前,其标准以推荐标准(ISO/R)形式公布,其编号结构形式为 ISO/R+顺序号+年份。1992 年以后正式标准公布。

国际标准化组织颁布的标准都用"ISO"为标准代号,其编号结构如下:标准代号+顺序

号+发布年份。如ISO3838—1983。

2. IEC 标准的编号

IEC国际标准分类均按专业技术委员会(TC)名称设立类目,其后加数字序号,如TC1名词术语,TC61家用电器的安全。

IEC的编号结构如下:标准代号+顺序号+发布年份。如:IEC 809 (1985)。

如果顺序号后加一字母,则表示此件是原标准的补充。如:IEC 127A (1980)。

三、国际标准的检索

1. ISO标准检索工具及其文献检索

《国际标准目录》(ISO Catalogue ××××年)

检索ISO标准的工具主要包括《国际性标准化组织标准目录》(ISO Catalogue,或称ISO标准目录)以及《ISO技术规则》两种。该刊由国际标准化组织(ISO)编辑出版,报道ISO各技术委员会制订的标准。该目录为年刊,用英法文对照本形式出版,部分还加俄文对照。每年2月份出版发行,报道上一年12月底为止的全部现行标准。每年还出版4期补充目录。该目录主要内容包括下列五个部分:

(1) 技术委员会序号目录(Technical committee order)

该项内容先按TC归类,再按标准号顺序排列,著录内容包括TC号、标准号和标准在分类目录中的页码等。其著录格式如下:

TC 39①

ISO 229—1973②　　12③　　Machine tools-speeds and feeds④

说明:① 技术委员会序号;② 标准号码及制订年份;③ 期页数;④ 标题。

以"主题索引"或"标准号序表"中均可查得技术委员会序号及ISO标准号码,已知TC序号及标准号后,即可通过"技术委员会目录"查得标准的具体标题,从而获得其内容概要。

(2) 作废标准目录(Withdrawals)

在该目录下列出已作废标准的标准号,同时对照现行标准的标准号,内容根据作废标准的标准号顺序排列。其著录格式如下:

ISO145—1960①　　164②　　1983③　　ISO7802—1983④

说明:① 作废标准的标准号及制定年份;② 所属技术委员会序号;③ 作废年份;④ 现行标准的标准号和制定年份。

(3) 标准号序表(List in numerical order)

如果已知ISO的标准号,则可通过"标准号序表"中标准号查找技术委员会序号和订购价格。

该序表根据标准号顺序排列,著录内容有标准号、技术委员会(TC)号、标准在分类目录中的页码。其著录格式如下:

21—1983①　　C②　　8③

说明:① 标准号码及制定年份;② 订购一件标准所含页数的价格代号,如1~2页,按B级价格收费;3~4页,按C级价格收费,以此类推;③ 所属技术委员会序号。

若是在"标准号序表"中查不到的标准号码,就可以在"作废标准目录"内查询。有的标准已被注销,有的标准可能注销后已被其他标准所替代,在此可以了解替代的现行标准的标准号。

(4) 国际十进位分类号技术委员会序号索引(UDC/TC Index)

该索引对照标准的十进位分类号与技术委员会的序号,其著录格式如下:

TC①　　　　　　UDC/CDU②
37③　　　　　　00/14④
46　　　　　　　002/050
145　　　　　　 003/62

说明:在 UDC 栏下,按国际十进位分类法的序号自上而下排列,左面的技术委员会的序号随之相应对照列出。其中:① 技术委员会英文缩写;② 国际十进位分类英文和法文缩写;③ 技术委员会序号;④ 国际十进位分类编码。

如已知某一技术领域,某一技术名词的国际十进位分类号,欲知其相应的技术委员会序号,可利用该索引查找。

(5) 主题索引(Subject Index)

该索引分别有英-法、法-英两种文字相互对照两部分。内容根据主题词字顺排列,其著录格式如下:

Machine tools—speeds①　　39②　　229③

说明:① 主题词;② 技术委员会序号;③ 标准号码。

除了上述部分主要内容外,该刊还附有"ISO 指南索引""标准手册索引"和"参考文献索引"。

《ISO 技术规则》由国际标准化组织编辑出版,年刊,报道 4 000 多份可视为国际标准的文件和已达到委员会草案(CD)阶段和国际标准草案(DIS)阶段的全部文件。

中国标准出版社还不定期对《国际标准目录》主要部分翻译成中文后出版。如《国际标准目录—××××年》。内容包括两部分:一是按 206 个 TC 序号编排,二是按 ISO 标准号与 TC 号对照排列。该翻译目录不足之处是没有提供主题索引。

《ISO 标准目录》的检索方法主要包括:主题方法、分类号方法和标准号三种方式。

四、IEC 标准检索工具及其文献检索

检索 IEC 标准的工具为《国际电工委员会标准目录》(IEC Catalogue of Publications ××××年)。该目录为年刊,由 IEC 中央办公室以英法文对照的形式编辑出版。其内容共分为标准顺序排列的"标准号目录"(Numerical List of IEC Publications)和按主题词词顺排列的"主题索引"(Subject Index)两部分,没有分类目录。可以从序号和主题途径查找所需 IEC 标准的名称、页数、价格、简介、版次等内容。

国际标准除了 ISO 和 IEC 制定的标准外,还包括国际标准化组织认可颁布国际标准的其他 27 个国家组织制订的一些标准,可以利用这些组织主办的学术刊物和专门的检索刊物查找这些组织制定的标准。

第四节 各国的标准

一、美国国家标准(ANSI 标准)

ANSI 标准是美国国家标准化学会(American National Standards Institute)发布的标准。美国国家标准化学会是美国全国标准系统的中心协调机构,其本身很少制订标准,绝大部分是从全国 64 个专业团体所制订的标准(即专业标准)中,将那些对全国具有普遍意义的标准,进行审核确认,提升为国家标准(即 ANSI 标准)。提升为 ANSI 标准的专业标准的标准号可能取消,仅用 ANSI 标准编号,也可能保留,形成双重标准编号。其编号形式如下:

ANSI BI·3—1979
代号+类号+顺序号+年份
ANSI/ASTM A37·15—1974(R1980)

ANSI 标准的标准编号中含有标准分类号,这与国际标准的编号形式有所不同。第二例的编号形式是提升为 ANSI 标准的专业标准的编号形式。其中,ANSI 是美国国家标准代号;ASTM 是美国材料与试验协会的专业标准代号,此例保留了专业标准号,A37 是美国标准分类号,15 是标准顺序号;74 是专业标准的发布年份;R1980 是确认为 ANSI 标准的年份。

1. ANSI 标准的分类

ANSI 标准采用字母数字混合分类法,字母表示大类,数字表示小类。如 B—机械工程;B1—螺纹。

ANSI 标准的分类法共分为 24 个大类,其中与化学有关的类目有:F:食品与饮料;G:黑色金属材料和冶金学;J:橡胶;K:化工产品;MC:测量与自动控制;P:纸浆与造纸等。

2. ANSI 标准检索工具与方法

ANSI 标准的主要检索工具为《美国国家标准目录》(Catalogue of American National Standards),每年出版一次。该目录主要由两部分组成:Listing Subject(主题目录)和 Listing by Designation(标准号目录)。

主题目录按标准内容的有关主题词的字母顺序排列,在主题词下面列出相关标准的说明语及标准号。标准号目录按标准序号排列,先排 ANSI 自行制定的标准,再排列被 ANSI 采用的专业标准。

各专业标准均按标准代号的字母顺序排列。该目录主要是用主题途径检索。确定了主题词即可查"主题目录",其方法与前面介绍的基本相同。

查阅 ANSI 标准也可使用中文版的《美国国家标准目录》,但此目录出版较慢。

3. 美国的其他国家标准

除了 ANSI 标准外,同级的还有"美国联邦标准"(FS)和"美国军用标准"(MIL 和 MIL-STD)。

FS 标准全称为 Federal Specific & Standards(联邦规格标准),由美国一般事务管理(GSA)制定。

MIL 标准全称为 Military Specific & Standard（军用规格和标准），此标准代号是美国海陆空三军统一使用的代号。

二、日本国家标准(JIS 标准)

JIS 标准是日本工业标准(Japanese Industrial Standards)的简称。日本工业标准(JIS)，是由成立于 1949 年日本工业标准调查会(Japanese Industrial Standards Committee, JISC)负责制定。该调查会下设 29 个部会，2 000 多个专门委员会。目前，现行 JIS 近万件，其中电气方面的标准占 9.3％，每隔五年审议一次。

日本工业标准为国家级标准，除药品、食品及其他农林产品另制订专门技术规范或标准外，涉及各个工业领域，内容包括技术属于及符号；工业产品的形状、质量指数及性能；试验、分析与测量；设计、生产、使用及包装运输等方法。

1. JIS 标准的分类及编号

日本工业标准采用字母与数字相结合的混合制号码，用一个字母表示一个大类，共有 17 个大类，在大类下再用数字细分为 146 个小类，其编号方法为：标准代号 JIS＋分类字母＋2 位数字小类号＋标准序号＋制定年份。如：JIS B1171—1980。

2. JIS 标准的检索工具与方法

(1)《日本工业标准总目录》(JIS 总目录)

日本工业标准的主要检索工具是《日本工业标准总目录》(JIS 目录)。由日本标准协会编辑出版，每年出一版，报道收集到同年 3 月份为止的全部日本工业标准。主要内容分为两部分：第一部分"JIS 总目录"，系专业分类下的标准序号索引，第二部分为主题索引。同时还附有 ISO 和 IEC 技术委员会的名称表，主要国外标准组织一览表及 JIS 和日本专业标准制定单位一览表等。

利用该目录有分类途径和主题途径。

分类途径：使用分类目录查找，先确定课题所属的部类和小类，并按所指页次逐一查找，即能获得所需标准。标准按字母数字混合分类，共分 17 个大类。C 类为电气部分。

主题途径：索引按日文字母顺序列出一级和二级主题词，并在其后著录相关标准的标准号。

(2)《日本工业标准年鉴》(JIS Yearbook)

此年鉴系英文版的《日本工业标准目录》。这种目录我国有不定期中译本出版。

(3)《标准化杂志》

月刊，由日本标准协会发行，报道 JIS 标准动态。

(4)《日本工业标准手册》

该手册是日本标准协会编辑出版的 JIS 标准汇编，每年出版一次。

三、英国国家标准(BS 标准)

英国国家标准的主体是英国标准(British Standard, BS)，由创建于 1901 年的英国标准学会(British Standards Institution, BSI)负责制定。学会分标准、质量保证、情报服务与市场、公共事物、财务计算机管理、人事财产六个部，下设近 1 000 个技术委员会(TC)。

英国标准(BS)在世界上有较大影响，因为英国是标准化先进国家之一，并为英联邦国家采用，所以英国标准受到国际上的重视。

1. BS 标准的分类及编号

英国标准五年复审一次,现行标准近万件。英国国家标准及有关出版物有下列几种类型:

(1) 一般标准(BS)

标准号编写结构为:标准代号 BS+顺序号+分册号+制定年份。例如:BS6912 pt.2—1993。

(2) 实用规范(CP)

实用规范是作为施工的标准,现已逐渐由 BS 所代替。其标准号编写结构为:标准代号 CP+顺序号+制定年份。例如:CP3001:1955。

(3) 手册和专辑(Handbook,PD)

手册的标准号编写结构为:Handbook+顺序号:制定年份。例如:Handbook 44:1982。专辑的标准号编写结构为:标准代号 PD+顺序号:制定年份。例如:PD6491:1980。

2. BS 标准的检索工具与方法

(1)《英国标准学会目录》(BSI Catalogue)

该目录由英国标准学会按年度编辑发行。当年版本刊登到上一年 9 月 30 日为止的所有现行英国标准及其他英国标准协会的出版物。该目录的主要内容为:

① 综合序列(General Series)

英国标准无分类号,在这一栏下标准按标准号顺序排列。在标准号下列出标准名称、修订情况、发布年份、内容简介等。其表达形式如下:

BS 4193;Part 12:1984 ISO 6986

Specifies the dimensions…

4 Page GrZ   MEE/150

该栏是目录的主要部分,可借助此栏以序号查找英国现行标准。

② 主题索引(Subject Index)

该索引栏是《英国标准学会目录》的主题词字顺索引。其著录格式如下:

A

Adhesives①

Classification②

British Standard③   5407④

for Construction   5442

说明:① 一级主题词;② 二级主题词;③ 三级主题词;④ 标准号码。

③ 相应国际/英国标准(Corresponding International/British Standards)索引

该栏的左侧号码是按序号排列的国际标准(包括 ISO,IEC 及 CISPR 等),其右列号码是相应的英国标准号码。其表达方式为:

ISO   BS

79   ≠ 240

80   ≡891

81   = 427

注:"≡"表示两种标准内容相同;"="表示技术上等同的标准,其文字表达上有较大的区别;"≠"表示有关标准。

利用《英国标准学会目录》可从下列途径查找英国标准：

① 标准号途径：在综合序列中所录标准按标准号顺序排，在标准号下列出标准名称和简介。

② 主题途径：利用主题索引查找，该索引按主题词字顺排列，在主题词下列出相关标准的标准号，但不列出标准名称和简介。利用该途径查找，尚需借助综合序列，才能查得所需标准的名称及简介。

(2)《英国标准学会通报》(BSI News)

月刊，1946年创刊，由英国标准学会编辑出版，报道标准化理论，国内标准及ISO，IEC标准的动态。

(3)《英国标准学会年报》(The BSI Annual Report)

年刊，由英国标准学会编辑出版，报道英国标准学会，ISO及IEC各委员会的工作成果。

(4)《英国标准年鉴》(British Standards Yearbook)

1937年创刊，年刊，由英国标准学会编辑出版。

(5)《英国标准目录》(中文版)

系《英国标准学会目录》中译本，内容包括标准号目录和主题索引。

四、法国国家标准(NF标准)

法国国家标准(Norme Francais，NF)由成立于1916年的法国标准化协会(Association Francaise de Normalisation，AFNOR)负责制定。

目前该协会下设39个标准化局，1 300个标准化委员会。NF由各标准专业局编制草案，经AFNOR审核后，上报主管部门批准后正式颁布。现行法国国家标准一万余件，一般每隔五年审议一次。

1. NF标准的分类及编号

法国国家标准采用混合分类法归类，即字母与数字相结合，同一个字母表示一个大类，共分21个大类，按A～Z字顺排列。在字母后用数字表示下级类目。法国国家标准号的编写结构为：标准代号NF＋大类字母＋二位小类号＋三位数标准序号＋制定年份。例如：NF　V16-201-1983。

(1) 法国国家标准(Norme Francais，NF)

由法国标准协会审核，经政府批准的标准。

(2) 认可标准(Norme Hologuee，HOM)

系经部级决定颁布的，属于正式标准，冠有国家标准代号"NF"。

(3) 注册标准(Norme Enregistree，ENR)

由法国标准化协会会长决定批准，属正式标准，冠有国家标准代号"NF"。

(4) 试验标准(Norme Expermentale，EXP)

由法国标准化协会会长批准发布，不属于正式标准，标准号中无"NF"代号。

(5) 专业标准

这类标准很多，如电气技术会(Union Technique de L'Electricte，UTE)、汽车标准局(Burean des Normes de L'Automobile，BNA)等的标准。但只有UTE的标准被允许作为法国国家标准公布，并在标准号前标出"UTE"字样，以资区别。其他标准均作为专业标准。

2. NF 标准的检索工具与方法

(1)《法国标准化协会目录》(Catalogue AFNOR)

由法国标准化协会(AFNOR)编辑出版，每年出一版。目录内容包括法国现行的正式、非正式标准和部分专业标准。该目录有下列几个主要栏目：

① 标准分类目录(Repertoire des Normes Par Classes)

在该栏目中内容按分类排列，在相应类目下列出标准号、标准名称、页数、价格和标准类型代号。可以借助目录从分类途径中查找法国现行标准。

② 主题索引(Index Alphabefiquo des Normes)

在该索引中按主题词字顺排列，在相应主题词下列出相应的分类号。利用"主题索引"时，应注意从主题索引中获得分类号后再使用"分类目录"进一步查找。

注销表(Liste des Nnnulations)

登载目录出版前一年注销的标准，以及注明代替标准的标准号。

此外，还有 NF 分类和 UDC 分类表，可以通过 UDC 分类进行检索。

检索国外标准还可登录：世界标准服务网(http://www.wssn.net)、ISO 在线、美国国家标准系统网(NSSN)、PERINORM 标准数据库及各国标准学会网站等查阅相关标准信息。

(2)《博》(ENJEUX)

月刊，由法国标准化协会编辑出版，报道法国标准化方针政策活动消息，新标准发布、国外标准化动态，是法国唯一的全国性标准化刊物。

(3)《法国标准目录》(中文版)

是《法国标准协会目录》的中译本，包括"分类"和"主题索引"两部分内容。

上面分别介绍了国内外标准及检索标准的工具，此外，还可在 CA、SA、BA、EI 中查到一些标准文献。

第六章 美国《化学文摘》

第一节 《化学文摘》简介

美国《化学文摘》，Chemical Abstracts，简称 CA，是世界上著名的检索刊物之一。如图 6.1 所示。

美国《化学文摘》创刊于 1907 年，由美国化学协会化学文摘社（CAS of ACS, Chemical Abstracts Service of American Chemical Society）编辑出版。由美国化学学会制作，是世界最大的化学文摘库。它是目前世界上应用最广泛、最为重要的化学、化工及相关学科的检索工具，在每一期 CA 的封面上都印有"KEY TO THE WORLD'S CHEMICAL LITERATURE"。

CA 报道的内容几乎涉及了化学家感兴趣的所有领域，除包括无机化学、有机化学、分析化学、物理化学、高分子化学外，还包括冶金学、地球化学、药物学、毒物学、环境化学、生物学以及物理学等很多学科领域。从文献内容来看，CA 收录的主要是纯化学和应用化学各领域的科研成果和工艺成就，而不报道化工经济、市场、化学产品目录、广告及化工新闻方面的消息。

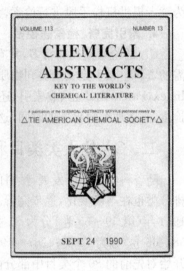

图6.1

所收录文献类型：期刊不少于 2 万种，包括 27 个国家和两个国际性专利组织（欧洲专利组织、世界知识产权组织）的专利说明书，评论，技术报告，专题论文，会议录，讨论会文集等，每年收集的文摘约 50 万条左右。

因特网网上检索的网址为：美国化学文摘社 CAS 化学文摘信息 http://www.cas.org/ 或 http://info.cas.org/。

一、CA 的特点

1. 创刊早、历史久

1907 年创刊（半月刊），一年一卷；1961 年改为双周刊，一年一卷，每卷 26 期；1962 年为双周刊，改为一年两卷，每卷 13 期；1967 年改为周刊（66 卷），一年两卷。

2. 收录范围广泛

《化学文摘》（CA）是涉及学科领域最广、收集文献类型最全、提供检索途径最多、部卷也最为庞大的一部著名的世界性检索工具。到目前为止 CA 报道了世界上 150 多个国家、60

多种文字出版的 20 000 多种科技期刊、科技报告、会议论文、学位论文、资料汇编、技术报告、新书及视听资料等,摘录了世界范围约 98% 的化学化工文献。

3. 报道迅速及时

从 20 世纪 60 年代起,CA 的编辑工作就开始从传统方法逐步向自动化过渡,从 1975 年 83 卷起,CA 的全部文摘和索引采用计算机编排,报道时差从 11 个月缩短到 3 个月,美国国内的期刊及多数英文书刊在 CA 中当月就能报道。来自 9 家主要专利机构(加拿大知识产权局(CIPO)、欧洲专利局(EPO)、法国专利局(INPI)、德国专利局(DPMA)、日本专利局(JPO)、俄罗斯专利和商标局(ROSPATENT)、英国知识产权局(UK-IPO)、美国专利&商标局(USPTO)、世界知识产权组织(WIPO))且符合 CAS 选入标准的所有专利记录在专利发布后 2 天内即可通过网络在 CAplus 中检索,并在专利发布之日起不到 27 天的时间内编制好完整的索引。CAplus 数据库的每日更新每天可增加 3 000 多条记录,目前的总数已超过 3 000 万条。1 500 多种核心期刊中所有论文的目录信息和摘要在 7 天内即可添加至 CAplus。网络版 Sci Finder 的使用者可以查询到当天的最新纪录。CA 的联机数据库可以为读者提供机检手段进行检索,大大提高了检索效率。

4. 索引完备、检索途径多

CA 的检索途径非常多,共有十多种索引内容,可以根据手头已有的线索尽快查找到所需的资料。索引是文摘类刊物质量高低的标志,CA 不但有期索引(Keyword Index,Author Index,Patent Index)、卷索引,还有累积索引(同卷索引)。累积索引大大方便了系统的回溯检索,有效地缩短检索的时间,这是 CA 与其他化学文摘相比特有的优势。

二、CA 的大类类目和部分子目

随着科学的不断发展,学科间的划分越为细致,多学科交叉融合逐渐增强,CA 的内容编排分类也在不断变化,逐步完善。1907~1910 年不分类;1911~1944 年分成 30 类;1945~1961 年(第 39~55 卷)分为 31 类;1962 年(第 56~57 卷)增加到 73 类;1963~1966 年(第 58~65 卷)分为 74 类;1967~1981 年(第 66~95 卷)分为 80 类。1982 年以后即从第 96 卷开始对先前的 80 个类目中部分内容、名称和顺序进行调整。1997 年以前的 CA 对收录的内容 80 大类基本上分属五大部:生物化学,有机化学,大分子化学,应用化学与化学工程,物理化学、无机化学与分析化学,按照单双号分别出版。从 1997 年 126 卷开始,为了方便读者查阅,每期都包含 80 个大类的全部内容。

1. 生物化学部分(Biochemistry Sections)

(1) 药理学   Pharmacology

(2) 哺乳动物激素   Mammlian Hormones

(3) 生化遗传学   Biochemical Genetics

(4) 毒物学   Toxicology

(5) 农用化学生物调节剂   Agrochemical Bioregulators

(6) 普通生物化学   General Biochemistry

(7) 酶   Enzymes

(8) 放射性生物化学   Radiation Biochemistry

(9) 生物化学方法   Biochemical Methods

(10) 微生物、藻类和真菌生物化学   Microbial, Algal, and Fungal Biochemistry

（11）植物生物化学　Plant Biochemistry
（12）非哺乳动物生物化学　Nonmammalian Biochemistry
（13）哺乳动物生物化学　Mammalian Biochemistry
（14）哺乳动物病理生物化学　Mammalian Pathological Biochemistry
（15）免疫化学　Immunochemistry
（16）发酵与生物工业化学　Fermentation and Bioindustrial Chemistry
（17）食品与饲料化学　Food and Feed Chemistry
（18）动物营养　Animal Nutrition
（19）肥料、土壤和植物营养　Fertilizers, Soils, and Plant Nutrition
（20）历史、教育和文献工作　History, Education, and Documentation

2. 有机化学部分 Organic Chemistry Sections

（21）普通有机化学　General Organic Chemistry
（22）物理有机化学　Physical Organic Chemistry
（23）脂肪族化合物　Aliphatic Compounds
（24）脂环族化合物　Alicyclic Compounds
（25）苯、苯的衍生物与稠苯化合物　Benzene, Its Derivatives, and Condensed Benzenoid Compound
（26）生物分子及其合成类似物　Biomolecules and Their Synthetic Analogs
（27）单杂原子杂环化合物　Heterocyclic Compounds (One Hetero Atom)
（28）多杂原子杂环化合物　Heterocyclic Compounds (More Than One Hetero Atom)
（29）有机金属与有机准金属杂环化合物　Organometallic and Organometalloidal Compounds
（30）萜与萜烯类　Terpenes and Terpenoids
（31）生物碱　Alkaloids
（32）甾族化合物　Steroids
（33）碳水化合物　Carbohydrates
（34）氨基酸,肽与蛋白质　Amino Acids, Peptides, and Proteins

3. 大分子化学部分 Macromolecular Chemistry Sections

（35）合成高聚物化学　Chemistry of Synthetic High Polymers
（36）合成高聚物的物理性质　Physical Properties of Synthetic High Polymers
（37）塑料制造及加工　Plastics Manufacture and Processing
（38）塑料制造与用途　Plastics Fabrication and Uses
（39）合成弹性体与天然橡胶　Synthetic Elastomers and Natural Rubber
（40）纺织品与纤维　Textiles and Fibers
（41）染料、有机颜料、荧光增亮与光敏剂　Dyes, Organic Pigments, Fluorescent Brighteners, and Photographic Sensitizers
（42）涂料、油墨及相关产品　Coatings, Inks, and Related Products
（43）纤维素、木质素、纸张及其他木材制品　Cellulose, Lignin, Paper, and Other Wood Products
（44）工业碳水化合物　Industrial Carbohydrates

(45) 工业有机化学制品、皮革、脂肪与蜡　Industrial Organic chemicals, Leather, Fats, and Waxes

(46) 表面活性剂与去垢剂　Surface-Active Agents and Detergents

4. 应用化学与化学工程部分 Applied chemistry and Chemical Engineering Sections

(47) 实验室装置与工厂设备　Apparatus and Plant Equipment

(48) 单元操作与过程　Unit Operations and Processes

(49) 工业无机化学品　Industrial Inorganic Chemicals

(50) 推进剂与炸药　Propellants and Explosives

(51) 矿物燃料及其衍生物与有关产品　Fossil Fuels, Derivatives, and Related Products

(52) 电化学能、辐射能与热能技术　Electrochemical, Radiational, and Thermal energy Technology

(53) 矿物化学与地质化学　Mineralogical and Geological Chemistry

(54) 萃取冶金学　Extractive Metallurgy

(55) 黑色金属与合金　Ferrous Metals and Alloys

(56) 有色金属与合金　Nonferrous Metals and Alloys

(57) 陶瓷　Ceramics

(58) 水泥、混凝土与有关建筑材料　Cement, Concrete, and Related Building Materials

(59) 空气污染与工业卫生　Air Pollution and Industrial Hygiene

(60) 废物治理与排放　Waste Treatment and Disposal

(61) 水　Water

(62) 香精油与化妆品　Essential Oils and Cosmetics

(63) 药物　Pharmaceuticals

(64) 药物分析　Pharmaceutical Analysis

5. 物理化学、无机化学与分析化学部分 Physical, Inorganic, and Analytical Chemistry Sections

(65) 普通物理化学　General Physical Chemistry

(66) 表面化学与胶体　Surface Chemistry and Colloids

(67) 催化、反应动力学与无机反应机理　Catalysis, Reaction Kinetics, and Inorganic Reaction Mechanisms

(68) 相平衡,化学平衡与溶液　Phase Equilibriums, Chemical Equilibriums, and Solutions

(69) 热力学、热化学与热性质　Thermodynamics, Thermochemistry, and thermal Properties

(70) 核现象　Nuclear Phenomena

(71) 核技术　Nuclear Technology

(72) 电化学　Electrochemistry

(73) 光谱、电子能谱、质谱及其他有关性质　Optical, Electron, Mass Spectroscopy, and Other Related Properties

(74) 辐射化学、光化学、照相及其他复印术　Radiation Chemistry, Photochemistry, Photographic, and Other Reprographic Processes

（75）结晶学与液晶　Crystallography and Liquid Crystals
（76）电现象　Electric Phenomena
（77）磁现象　Magnetic Phenomena
（78）无机化学品及反应　Inorganic Chemicals and Reaction
（79）无机分析化学　Inorganic Analytical Chemistry
（80）有机分析化学　Organic Analytical Chemistry

三、CA出版类型

目前CA通过书本式检索工具、联机检索数据库、WEB数据库和光盘数据库对外服务。CA自1907年创刊以来，从没间断过，创刊初期为半月刊，每年出一卷，1961年起改为双周刊，每卷26期，1967年起改为周刊，每年出版两卷，每卷26期。另外，每十卷还出版累积索引，现已出版到15次累积索引。

为了应对飞速增长的文献信息，借助计算机和数据库技术的不断成熟，美国化学会自1969年开始将CA编制成磁带发行。通过计算机实现对化学文献的自动、高效率检索，推动了文献按学科和专业进行分类整理。用光盘作为存储介质更经济、更方便，自1987年CA出版了其光盘版，称为CA on CD。

随着互联网技术的进步，1995年起，CA网络版产品SciFinder应运而生。在纸质版和光盘版的基础上，融入新的机检技术，极大提高了化学化工文献的可检性和速检性，内容上也作了较全面的补充。CAS出版的CA在线文献数据库摘录了包括从1967年至今的化学、生物化学、化学工程以及相关学科的所有领域的国际性期刊、专利、专利族、技术报告、图书、会议录、学位论文。数据库记录中含有文献信息、物质索引和主题索引、CAS物质登记号(R)、文献报道的简明摘要。CA文献数据库中约含16%的专利摘要。

CAplus是CAS出版的另一种比CA更全面的化学文献数据库。CAplus不仅含有CA数据库的所有记录，还含有最近没有被CA编入索引的引文文献。它记录了从1994年10月以来1 350种主要化学期刊的所有文章，此外还包括例如Letters to the Editor和News Announcements。CAplus每天更新引文（New Citations），每周更新索引信息（Indexing Information）。

四、CA出版物

1. 文摘本
① 文摘部分；　② Keyword Index；　③ Author Index；　④ Patent Index。

2. 卷索引
General Subject Index(普通主题)
Chemical Substance Index(化学物质)
Author Index(作者)
Patent Index(专利)
Formula Index(分子式)
Index of Ring System(环系)

3. 累积索引
1907~1956年每10年出一次。

1957年至今每5年出一次,目前出到第15次。其索引种类与卷索引相同。

4. 其他出版物

Index Guide(索引指南);

Registry Number Handbook(登记号手册);

Source Index(来源索引)。

第二节 CA文摘的著录格式及示例

CA的文摘本周刊,是CA的基础,每年52本。按内容分成五大部分,80类。每个类目中的文摘分为四个部分进行编排,先排期刊论文(综述在最前面)、会议录、技术报告和学位论文,其次排新书和视听资料通告,再是专利,最后为参见目录。各部分之间用破折号隔开。每大类前面有该大类的内容范围介绍,最后有参照。

CA每卷第一期前面(Introduction部分)有著录格式范例,CA文摘的著录一般有以下几部分组成:标题(Title)、作者、(作者单位)、文献来源(Source)、文种、文摘正文(Abs)。文献的类型不同,著录的形式也略有区别。

一、期刊论文文摘题录形式

SERIAL-PUBLICATIONS ABSTRACT HEADING

① 136:**8098k** ② **Ultra-low interfacial tension in oil-water-mixed surfactants systems.** ③ Hou, Zhenshan; Li, Zhiping; Wang, Hanqing (④ Xinjiang Institute of Chemistry, The Chinese Academy of Sciences, Xinjiang, Peop. Rep. China 830011). ⑤ *Journal of Dispersion Science and Technology* ⑥ **2001**, ⑦ 22(2&3), ⑧ 255-259 (⑨ Eng), ⑩ Marcel Dekker, Inc.

① 卷号和文摘号。② 论文标题:黑体字,一律用英文。③ 著者姓名全称:姓在前,名在后,最多可列出9个著者,超过的用"et. al"表示,日文和中文著者用字母拼写,不同作者之间用";"④ 第一作者单位及地址:置于圆括号内。⑤ 期刊名称缩写(斜体)。⑥ 出版年份:用黑体字。⑦ 出版卷期号:括号内为期号。⑧ 起止页码。⑨ 原文语种,在括号内,用缩写形式。⑩ 出版机构。

二、专业会议记录与文集题录形式

PROCEEDINGS AND EDITED-COLLECTIONS ABSTRACT HEADING

① 138:**313486m** ② **Study on the superplastic deformation mechanism using magnesium-based materials.** ③ Watanabe, Hiroyuki; Mukai, Toshiji; Hijas shi, Kenji (④ Osaka Municipal Technical Research Institute, Osaka, Japan 536-8553). ⑤ *Creep Deformation: Fundamentals and Applications, Proceedings of a Symposium held during the TMS Annual Meeting, Seattle, WA, United States,* ⑥ Feb. 17-21, 2002(2002), ⑦ 147-156. (⑧ Eng). Edited by ⑨ Mishra, Rajiv S.; Earthman, James C. Minerals, ⑩ Metals & Materials Society. ⑪ Warrendale, Pa ISBN: 0-87339-515-8.

①~④与期刊的著录格式相同。⑤ 会议出版物名称或会议名称 SYMP(会议汇编)。⑥ 会议召开届次和时间,括号内为资料出版时间。⑦ 原文所在会议录的页码。⑧ 原文文种。⑨ 资料编辑者姓名,一般所列为总编或主编,最多只列3名。多卷时,只著录该卷编者。⑩ 出版社、城市、国别或州名。⑪ 国际标准书号。

会议文献的著录形式与期刊文献比较相似,只是在文献的出处上有会议文献的标志,如 proc(会议录 proceeding)、conf(会议 conference)、symp(会议汇编 symposium)等。

三、技术报告

TECHNICAL REPORT ABSTRACT HEADING

① 138：**316044b** ② **Environmentally-assisted cracking of low-alloy reactor pressure vessel steels under boiling water reactor conditions.** ③ Seifert, H. P.; Ritter, S. (④ Nuclear Energy and Safety Division, Laboratory for Materials Behaviour, Structural Integrity Group, Paul Scherrer Institut, CH 5232 Villigan, Switz). ⑤ *PSI-Bericht* ⑥ **2002**, (⑦ 02-05), ⑧ 1-119 (⑨ Eng).

①~④与期刊的著录格式相同。⑤ 技术报告识别标志。若单独出版,则以斜体字"*Report*"加以标志。若以连续出版物的一部分形式出版,则与期刊论文的著录格式相同。⑥ 出版年份。⑦ 技术报告类型、编号和/或报告顺序号。⑧ 报告页数。⑨ 原文文种。

四、学位论文

① 127：**155848x** ② **Iron and copper complexes of a binucleating pyrazole ligand：biologically relevant models for the diiron centers in metallopropeins** ③ Hahn, Carl William ④ (Princeton Univ., Princeton, NJ USA). ⑤ **1997**. ⑥ 244pp. ⑦ (Eng). ⑧ Avail. UMI, ⑨ Order No. DA9721541. ⑩ From Diss. Abstr. Int., B ⑪1997, 58(2), 692.

①~④与期刊的著录格式相同。⑤ 论文完成日期。⑥ 论文总页数。⑦ 文种。⑧ 学位论文来源。⑨ 编号,采用DA+年份+顺序号的方式。⑩ 刊载本学位论文摘要的刊名缩写(本例为国际学位论文摘要B辑)。⑪ 出版年、卷、期及所在页码。

学位论文一般是从学位论文文摘上转摘的,主要的识别标志是 diss(dissertation 的缩写)。

五、新书及视听资料

① 130：**98537f** ② **Molecular Genetics.** (Bunshi Idengaku) ③ Momose, Haruo; ④ Editor(Maruzen. Tokoyo, Japan). ⑤ 1997. ⑥ 179pp. ⑦ (Japan) ⑧ ￥3 400.

① 文摘号。② 书名,一律用英文,每个首字母都大写。③ 本书著者或编者。④ 出版社、城市、国别或州名。⑤ 出版年。⑥ 全书总页数。⑦ 原书文种。⑧ 价格。

六、专利文献文摘的题录形式

PATENT DOCUMENT ABSTRACT HEADING

① 130：**250629x** ② **Photographic print material containing cubical-grain silver iodochloride emulsion.** ③ Chen, Benjamin The-kung; Edwards, James lawrence; Lok, Roger; Ehrlich, Sanford Howard (④ Eastman Kodak Co., USA) ⑤ **U. S. US 5,726,005** ⑥ (Cl. 430-

567；G03C1/035)，⑦ 10 Mar 1998，⑧ US Appl. ⑨ 362,283,22 ⑩ Dec 1994；⑪ 38 pp. ⑫ Cont.-in-part of U. S. Ser. No. 362.283, abandoned. ⑬ (Eng).

①卷号、文摘号。②专利标题，CA中的专利标题一般是经过加工的，与原标题不完全相同。③专利发明人（个人或者机构）。④专利权人姓名（个人或机构，在括号内）。⑤专利号。包括专利国（组织）缩写代码，其缩写与全称对照可参照期索引前的《专利国家代码与专利类型对照表》。⑥国际专利分类号（如果是美国专利尚包括美国专利分类号）。⑦专利公布日（获准日）。⑧专利优先国，如果无此项，优先权属于专利所在国。⑨专利的申请号，前以缩写"Appl."标识。⑩专利申请日期。⑪专利说明书的总页数。⑫相关专利申请号。⑬专利说明书语种。

专利文献的识别标志为Cl.（分类）和Appl.（申请）。

七、互见参照

For papers of related interest see also Section：

① 2 529**g** New approaches to ovarian stimulation.
② **534e** ③ Novel therapeutic approaches beyond the serotonin receptor.
① **3 860h** ③ Liver-directed gene transfer vectors.
① **987e** ③ The UGT1A1 * 28 allele is relatively rare in a Japanese population.

CA每一小类的最后都附有互见参照部分，它包括"参见下列与本类内容相关的文献(For papers of related interest see also Section)"和"参见与本类相关的专利文献(For patents of related interest see also Section)"，其目的是为了将与本类内容密切相关而又散见于其他各类中的文摘提供给读者，便于扩大检索范围，提供多方面的参考文献，以避免因疏忽而漏检。

在互见参照中，一般只提供参见文摘的类号、文摘号和文献篇名。若只有类号和类目名称，表示该类目应参见相应的类目，而不是具体的文献。其著录格式如下：
① 参见类号，包括所有80个小类，按类号由小到大排列；
② 参见文摘号；
③ 参见文献题名。

第三节 CA的索引系统

总的来说，CA检索系统由4个部分组成：期索引、卷索引、累积索引（包括卷辅助索引）和指导性索引。CA全面完整的检索体系为用户从不同角度进行检索提供了便利。

期索引：每期后都附有关键词索引（Keyword Index）；作者索引（Author Index）；专利索引（Patent Index）。其发展简明情况如表6.1所示。

表 6.1 CA 期索引变动情况

年份	期索引出版情况
1907~1948 年	无索引
1949~1958 年	作者索引
1959~1963 年	作者索引、专利号索引
1964~1980 年	作者索引、专利号索引、关键词索引、专利号对照索引
1981 年至今	作者索引、关键词索引、专利索引(专利号索引和专利号对照索引合并为专利索引)

卷索引、累积索引:化学物质索引(Chemical Substance Index,简称 CS);普通主体索引(General Subject Index,简称 GS);分子式索引(Formula Index,简称 F);作者索引(Author Index,简称 A);专利索引(Patent Index,简称 P)。卷辅助索引:环系索引(Index of Ring Systems);杂原子索引(Hetero-Atom-in-context Index)。CA 卷索引变动情况如表 6.2 所示,CA 累积索引情况如表 6.3 所示。

表 6.2 CA 卷索引变动情况

卷号(年份)	卷索引增加和变动情况
1~13 卷(1907~1919 年)	作者索引、主题索引(6~8 卷有专利号索引)
14~28 卷(1920~1934 年)	增加分子式索引
29~50 卷(1935~1956 年)	增加专利号索引
51~61 卷(1957~1962 年)	增加环系索引
62~66 卷(1963~1966 年)	增加专利号对照索引
67~75 卷(1967~1971 年)	增加杂原子索引(1972 年后停刊)、登记号索引、索引指南
76~93 卷(1972~1980 年)	原主题索引分为普通主题索引和化学物质索引,分别出版
94 卷至今(1981 年到至今)	专利号索引和专利对照号索引合并为专利索引

表 6.3 CA 累积索引情况

累积索引次序	年份和卷数	索引名称
1	1907~1916 年(1~10 卷)	作者索引、主题索引
2	1917~1926 年(11~20 卷)	作者索引、主题索引
3	1927~1936 年(21~30 卷)	作者索引、主题索引、专利号索引
4	1937~1946 年(31~40 卷)	作者索引、主题索引、分子式索引
5	1947~1956 年(41~50 卷)	作者索引、主题索引
6	1957~1961 年(51~55 卷)	作者索引、主题索引、专利号对照索引
7	1962~1966 年(56~65 卷)	作者索引、主题索引
8	1967~1971 年(66~75 卷)	作者索引、主题索引、环系索引、登录号索引

续表

累积索引次序	年份和卷数	索引名称
9	1972～1976 年(76～85 卷)	作者索引、普通主题索引、化学物质索引
10	1977～1981 年(86～95 卷)	作者索引、主题索引
11	1982～1986 年(96～105 卷)	作者索引、主题索引
12	1987～1991 年(106～115 卷)	作者索引、主题索引
13	1992～1996 年(116～125 卷)	作者索引、主题索引
14	1997～2001 年(126～135 卷)	作者索引、主题索引
15	2002～2006 年(136～145 卷)	作者索引、主题索引

指导性索引：索引指南(Index Guide)；登记号索引(Registry Number Index)；CAS 来源索引(CAS Source Index，简称 CAASI)。

一、关键词索引 (Keyword Index)

关键词索引是 1963 年(第 58 卷)开始增设的。它是 CA 各索引中使用最方便、最广泛的一种索引。关键词索引是附在每期文摘后的主要索引，是 CA 各种索引中使用频率较高的一种。关键词索引在选词标准和索引条目结构上区别于主题索引，它是选取文献篇名中或文摘中能表示文献实质内容的原文词汇作为关键词。关键词的选取比较自由，它不受检索名词规范化的约束，词与词之间无任何语法关系，而仅仅是将数个词简单地组合在一起。关键词下列有文摘号，供查阅当期文摘使用，文摘号前冠有 P,B 或 R,分别表示为专利文献、图书或综述。该索引每条款目由关键词、说明语和文摘号组成。关键词一般有 3～5 个，当一个关键词作检索标志时，其他关键词低一行并缩后一格作说明语。各关键词按字顺进行排列，其著录格式如下：

关键词索引的格式如下：

Actinide
　　Organo chem. review 111662w
Rabbit
　　muscle actinic cDNA sequence 105460n　缩两格排列
Computer(主关键词)
　　control system water treatment(其他关键词)

使用关键词索引时关键词的选择需要注意以下几点：

(1) 名称复杂的化学物质一般采用商品名、习惯名、俗名等，如 Vitamin C,PVC 等；

(2) 同类化学物质用单数词表示(最简单形式)，如 Phenol 表示苯酚或含酚类物质，Thiophene 表示噻吩或噻吩类化合物等；

(3) 同义词一般任选其中一个作关键词，如：乙烯(Ethene 或 Ethylene)，丙烯(Propene 或 Propylene)等；

(4) 化合物分子式、元素符号不作为关键词；

(5) 取代基位置及立体构象的表示符号均省略,如:o.,m.,p.;

(6) 关键词索引采用大量缩写词,且尾部圆点省略,如 Sepn(separation),Purifn(Purification)等,每卷第一期卷首有缩略词表可供查阅。

二、主题索引(Subject Index)

主题索引是 CA 最古老的索引之一,从第 1 卷开始就有。随着化合物数量的急剧增加,讨论化合物的化学文献迅速增加,从 1972 年 76 卷起,分为化学物质索引和普通主题索引。1969 年 CAS 将分散在主题索引中的参照、标题注释、同义词、结构式图解等内容抽出,编制了索引指南。

1. 化学物质索引(Chemical Substance Index,CSI)

凡是化学成分确定、结构明确、价键清楚的化学物质或组成明确、可以用分子式表示的化合物,均可作为化学物质索引的主题词。凡登记号索引中有的物质均列入本索引,即凡是检索具体的化学物质如甲苯、聚氯乙烯等,必须使用化学物质索引。其基本著录格式如下:

① 索引标题,表示母体化合物,其下可有取代基,也可没有取代基;② 化学物质登记号;③ 普通副标题;④ 说明语,位于标题之下,对标题和副标题起一个说明解释作用,使之能表达一个完整的具体内容;⑤ 文摘号;⑥ 化学功能基副标题;⑦ 横线代表上行母体化合物(此例为 Benzoic acid);⑧ 取代基副标题。示例如下:

① **Benzoic acid** ② *[65-85-0]*, ③ **analysis**　　　　① 主题词,按字排,黑体
　　④ Chromatog. of benzoic acid,7544t　　　　　② 化学物质登记号
　　Detn. of org. acids in food,41804d　　　　　　③ 副主题词
Benzoic acid *[65-85-0]*, **biological studies**　　　　④ 说明语
　　Catalase inhibition by org. acids of soils,129546y
　　Formation of benzoic acid from toluene by
　　　Micrococcus　　Rhodochrous,⑤ pr 83710j　　⑤ 文摘号
Citric acid
　　⑥ See *1,2,3-propanetricarboxylic acid*,*2-hydroxy-*　⑥ 参照
　　[77-92-9]
① **Lewisite(mineral)** [1306-02-1]
　　Fluorescent indicators for detection of,3352h
　　1-Naphthalenol⑦ *(1-naphthol)[90-15-3]*　　　　⑦ 主题词同义词

化学物质索引(CS)=主标题词+登记号+副标题词+说明语+文摘号组成。

使用化学物质索引时应注意:在同一标题下,有多个副标题时,先排普通副标题,后排化学功能基副标题。

化学物质索引有四种副标题:① 普通副标题;② 化学功能基副标题;③ 射线副标题;④ 合金副标题。

化学物质索引中包含的物质:

① 已知的元素、化合物及衍生物;

② 各种金属的合金、各种矿物(不同于岩石);

③ 各种化合物的混合物、聚合物；
④ 各种抗生素、酶、激素、蛋白质及多糖；
⑤ 基本粒子；
⑥ 用代号或商品名称定名的物质。

文摘号：文摘号前大写字母。

B(Books)代表专著、教科书和大全；

P(Patents)代表专利；

R(Reviews)代表综述；

Pr(Preparation)代表与化学物质制备有关。

文摘号后的小写字母表示计算机核对号。

2. 普通主题索引(General Subject Index GSI)

收录除具体化学物质名之外的其他有关化学化工主题，大致包括化学物质大类名、成分未确定的化合物，有关物化概念和现象、化学反应名称及化工过程和设备、生物化学和生物学主题，是 CA 最主要的索引之一。

① **Amines**，② analysis　　　　　　　　　　　① 主标题，按字排，黑体
　　③ planar chromatog. for anal. of, ④ R 47900h　② 副主题词
　　　sepn. And detn. of amines by reverse-phase　③ 说明语
　　　HPLC, 19169h　　　　　　　　　　　　　④ 文摘号

① **Joint(anatomical)**
　　wrist; penicillin for treatment of erysipeloid in
　　　wrist, p 37071v

　Joints(mechanical)
　　Ceramic-metal; joining of ceramics to metals using
　　　interlayers Prepared by thermal spraying
　　　　from mixed powders, 175158j

　Journals
　　⑤ *see periodical*　　　　　　　　　　　　　⑤ 交叉参照

主题词，简单地说，这里是指除具体化学物质之外的概念性名称和非特定化学物质名。

① 化学物质的类(Class of Chemical Substance)

未列入 CS 中的广泛性的、非特定性的物质。如羧酸，无机酸盐，氨基酸（GS），petroleum, Gasoline, Polymers, Air, Peanut Oil, Steam 等。

② 成分未确定的化合物(Incompletely defined material)

Planets。

③ 岩石(Rocks)

Zeolites(沸石), Clays(黏土), Kaolin(高岭土)。

④ 物化概念或现象(Physicochemical Concepts and Phenomena)

Phase(相), Kinetics(动力学)。

⑤ 化学反应名称(Reactions)

Reaction, Reduction, Oxidation。

⑥ 化工过程和设备(Engineering Industrial Apparatus and Process)

Petroleum refining, Distillation, Reactors。

⑦ 生物化学和生物学主题(Biochemical and Biological Subjects)

Gene and genetic element 遗传、基因。

⑧ 动植物俗名和学名(Common and Scientific Names of Animals and Plants)

Forest, Animal, Heart, Abdomen。

总之，CS 中没有查到的，可转查 GS。

普通主题索引和化学物质索引既有区别又有联系，在检索文献时，应把二者结合使用。例如检索"壳聚糖在药物控释中的作用"的文献，可用"壳聚糖"作标题词查化学物质索引，也可用"药物控释"做标题词查普通主题索引。

三、分子式索引(Formula Index, FI)

分子式索引从 1920 年开始编制，能单独使用，也可与化学物质索引配合使用。

用 CSI 时，必须用 CA 规定的名称检索，因此给检索带来了一定的困难，尤其对一些结构复杂、异构体少的化合物，用 FI 检索较为方便。

$C_9H_8O_4$ ①

 Benzoic acid②, 3-acetyl-4-hydroxy-③ [16357-40-7] ④, 20710v⑤.

  For general derives. See Chemical Substance Index⑥

——⑦, 2-(acetyloxy)-[50-78-2]. See Chemical Substance index⑧

 sodium salt[493-53-8]⑨, P33874g

  $C_{11}H_{18}N_2$

   Compd., b1292-3 o⑩, 1520p

说明：① 分子式，按 Hill 系统排列；② 母体化合物名称；③ 取代基；④ 化学物质登记号；⑤ 文摘号；⑥ 普通衍生物参见，分子式索引不收录普通衍生物，应查化学物质索引；⑦ 横线代表母体化合物；⑧ 常见化合物应查化学物质索引，本例为"乙酰水杨酸"(常见的药物成分)；⑨ 上面化合物的盐类(本例为乙酰水杨酸的钠盐)；⑩ 名称不确定的化合物分子式下用"Compd.""Acid""Ester"等表示，并给出物理性质数据，如沸点、熔点、折光率等。

分子式标题：分子式内各元素符号按 Hill 系统规则排列。

① 无机物。如：H_2SO_4——H_2O_4S。

② 有机物。碳在前、氢在后，其他按字顺排列。

如：CH_3COOH——$C_2H_4O_2$。

③ 结晶水不列入分子式中，只在分子式后注出。

④ 酸、醇、有机胺的金属盐，均不列入分子式索引(按母体排列，金属离子不计入分子式)。

例如：$CuSO_4$，H_2SO_4。查：H_2O_4S, Cu Salt (Sulfuric acid, Copper salt)。

某些化合物所含的元素完全一样，但因分子结构不同，性质也不同，因而是不同的化合物，称之为同分异构体。因此在查分子式索引时，找到分子式后，须进一步辨别是否为所查化合物。

四、环系索引(Index of Ring System)

有机化合物中,环状化合物的比例很大,而环状化合物的命名较复杂。CAS 为了解决此问题,CA 从 1957 年第 51 卷开始出版环系索引,根据环状化合物中环的大小和数目依次排列而编成的索引,环系索引不提供文摘号,必须与化学物质索引或主题索引配合使用。它属于主题索引的一种辅助索引。

著录格式:按环数多少排列,相同环数再按环的大小和环上元素成分排列,其下列出环状化合物的母体名称。

① **3-Ring systems**

② 5, 6, 6

③ C_4N-C_6-C_6

④ 14-Azadispiro [5,1,5,2] pentadecane

说明:① 表示化合物中环的数目,属于 3 环系;② 表示每个环的大小及环上的原子数目分别为 5,6,6;③ 表示每个环所含的原子种类和数目;④ 表示化合物的名称。

五、作者索引(Author Index)

CA 从创刊起就编制了作者索引,其作者包括:个人、专利发明人,专利权人、公司及单位名,按字顺混合排列。

其著录格式:

① **Smith, Abraham**　　　　　　　　　　　①著者姓名
　　Determination of purity by thermal analysis, 7950t
　　Smith, Author B

② —; Thomas, F.; Nimitz, W. A.　　　　②第一著者相同的用"—"代替

③ Binding energies and the bach, 82415a　　③文献篇名
　　Beta emission and the bach, 92029s

④ Smith, A. C. See Shimmins, J.　　　　④非第一著者参见第一著者

⑤ **Smith Kline and French Laboratories**　　⑤团体著者
　　Hypotensive composition, ⑥ P 17985x　⑥文摘号,前面的字母表示文献类型

说明:① 个人著者姓名,姓在前,名在后。若无全名即用首字母代替。② 原始文献的标题,每个题目单列一行,按文摘号由小到大排列。③ "—"表示省略第一作者,后跟合著者,按原文顺序排列。④ 非第一著者姓名,不著录文献标题及文摘号,只引见到第一著者姓名。⑤ 团体名称,包括工业公司、专业学会、委员会、政府部门、教育机构、科研组织、专利受让者;团体名称与个人著者按字顺混排。

六、专利索引(Patent Index)

根据已知专利号,查找某件专利在 CA 上的摘要,并可查找它的等同专利和相关专利;CA 专利索引的另一个作用是将一件发明有关的所有专利文献集中起来,组成一族专利文献,利用相关专利可以看出该项技术的发展过程,利用等同专利则可选择其中熟悉的文种和

调剂馆藏；也可借此了解某一发明专利在国际上的专利使用范围，评价它的使用价值。CA 从 94 卷开始用 Patent Index 代替以前的专利号索引（Numerical Patent Index）和专利对照索引（Patent Concordance Index）。CA 的专利索引从 1981 年第 94 卷开始，合并了过去的"专利号索引"和"专利对照索引"而成。

专利索引反映了同一发明，在不同国家申请的专利及相关专利组成的所有同族专利，包括：原始专利、相同专利、相关专利、无优先权专利。

原始专利：是在同族专利中最早申请获准，又为美国化学文摘社最先收到并作为文摘报道的专利。所以又称基本专利。同一原始专利继续在其他国家重复申请获准，其专利号是不同的，但内容是相同的，此类专利称为相同专利。内容或有改进，或有相同，或有发展的一组专利，称为相关（同族）专利，标有"Related"字样。无优先权专利是指与同族专利具有相同的发明内容，但不具有优先权的专利文献，标有"Nonpriority"字样。

若已知某篇与课题有关的专利，利用专利索引就能查到全部同族专利，即与发明内容基本相同的所有专利文献。其著录格式为：

① EP(European Patent Organization)   ① 国家和组织代码，黑体字
② 169016 A2（A3,B1）(Designated States：   ② 专利号，黑体字为原始专利
   AT,BE,CH,DE,FR,GB,IT
   LI,LU,NL,Se），③ 105:1283656b   ③ 专利在 CA 上登载的卷号和文摘号
  AT 128715 E
  CA1261549 A1
④ JP 61/036223 A2（07/094474 B4）   ④ 等同专利
⑤ US 34090 E（Reissue；Related）   ⑤ 相关专利
  US 4774228 A（Division；Related）
  US 4843063 A（Continuation；Related）
  JP(Japan)
② 05/259487 A2（2645953 B2）[93259487],
   120:81565j
  09/302169 A2；see ⑥ EP 806440 A2   ⑥ 原始专利（CAS 最先收到的专利）

CA 一般只对原始专利刊出文摘，对相同内容的专利只报道一次。对相关专利，CAS 根据其增加新技术内容的情况，决定是否另作文摘报道。

在同族专利的著录中，用"Division""Continuation-in-part""Addition""Reissue"等表示该项专利为原始专利的一个"分支""续篇""增补""再版"等。对两个专利组织（WO 和 EP）审批的专利还注明该专利的适用国家和地区，用"Elected Regional States""Designated States""Designated Regional States"等字样表示。

七、CA 的指导性索引

1. 索引指南（Index Guide）

索引指南从 1968 年 69 卷开始出版，是查找 CS 和 GS 必不可少的辅助索引，不提供文摘号，仅起参考、引导、说明解释作用。

索引指南的作用为：

(1) 通过"参照"商品名和俗名，找出 CA 所用的化学物质名称；

(2) 通过"注解"启发和引导读者寻找 CS、GS 的主题词；

(3) 从环系索引中提供的命名了解其结构图；

(4) 由"对照参考"(see also)扩大检索面。

内容包括：

(1) 见(See)—

化合物的其他名称如习惯名、商品名等通过索引指南引见到 CA 选用名，如：

PVC

See Ethene, chloro, polymers, hompolymer [9002-86-2];

Vitamin C

See L-Ascorbic acid[50-81-7].

(2) 注释(Heading notes)

① 内容注释，如：Chromatography。

② 假设注释。

Aluminum fluoride [7748-18-1]

The formula AlF_3 has been assumed unless otherwise stated in the original document

③ 命名注释。

(3) 参照系统(See also)

See 参照，如：

Stacking fault see crystal defects（CA 采用的正规词）。

See also 参照，如：

Petroleum gases, liquefied

See also natural gas, liquefied。

(4) 结构式图解(Illustrative structural diagrams)

如：① 2,4 -D;

②see Acetic acid,(2,4-dichlorophenoxy)-[94-75-7];

③ Disinfection;

④ see Sterilization and Disinfection;

⑤ Genetics;

⑥ Heredity in also indexed at this heading;

⑤ Rice ⑦ (*Oryza sation*);

① Plant nutrition;

see also;

⑧ Fertilizers;

Leaf absorption。

说明：① 非化学物质标准名；② 引见化学物质标准名；③ 非规范主题词；④ 引见规范主题词正式主题词；⑤ 主题词；⑥ 主题词(标目)注释；⑦ 同义词(斜体,置于括号内) ;⑧ 参见

第六章 美国《化学文摘》   131

主题词。

2. 登记号手册（Registry Number Handbook）

登记号手册原名为登记号索引，是按 CAS 所给的每一种确定化合物的登记号的数字顺序编排，主要用作计算机检索化学物质的存取标志。本索引在每一登记号下给出化合物名称和分子式，而无具体的文摘号，故应配合化学物质索引或分子式索引使用。1969 年起叫"登记号索引"(Registry Number Index)，1974 年起改为"登记号手册"(Registry Number Handbook)单独出版。

CAS 给化学成分明确、结构及化学键清楚的每一种化学物质编一个登记号，即每一个号码代表一种物质。登记号由三部分组成，断线连接，第一部分最多六位数，第二部分两位数，第三部分为一位数。如：65-85-0 Benzoic acid $C_7H_6O_2$。

著录内容：

① 登记号，三组，按由小到大排列，登记号之间有时不连续；② 化学物质系统名称；③ 分子式。

用途：① 通过登记号，查该物质的系统名称，再利用化学物质索引查找文摘号；② 通过登记号，查该物质的分子式，再利用分子式索引查找文摘号。

3. 资料来源索引（CAS Source Index，CASSI）

CASSI 由美国化学文摘社出版，是 CA 资料来源及其变更等情况的一览表。CASSI 的作用在于帮助读者将 CA 文摘中查到的刊名缩写、意译的刊名转化为全称、原文名称，并可获得与之相关的其他情况。CAS 每隔几年编写一册从 1907 年创刊至编写年所摘用过的出版物来源索引的几十年累积本，另外还单独出版有 CAS 来源索引的季度补编，以反映发展变化的情况。

查阅方法：将 CA 文摘中提供的刊名缩写看成一个整体，按字顺查来源索引中的黑体部分，就能找到刊名全称及有关内容。如：

J. Am. Chem. Soc. → Journal of American Chemical Society

第四节 SciFinder Scholar 数据库

一、SciFinder Scholar 简介

SciFinder Scholar 是美国化学文摘（CA）的网络版，主要包含如下数据库：

(1) CAplus (Chemical Abstracts Plus Database，1907 创立)；

(2) CAS Registry (1957 创立)；

(3) CASREACT (Chemical Reactions Database，1907 创立)；

(4) CHEMCATS (Commercial Sources for Chemicals)；

(5) CHEMLIST (Regulated Chemicals Listing Database，1979 创立)；

(6) MEDLINE(Biomedical Literature，1958 创立)。

SciFinder 是美国化学文摘社 CAS 在原有书本 CA 精华的基础上，自行设计开发的最先

进的科技文献检索和研究工具软件,SciFinder Scholar 是 SciFinder 的大学版本,收录内容比 CA 更广泛,功能更强大。收录了全世界近万种主要期刊和 50 多家合法专利发行机构的专利文献中公布的研究成果,近乎涵盖了自 20 世纪以来所有与化学相关的资料,以及大量生命科学及其他科学学科方面的信息。涉及的学科领域覆盖面广,包括:普通化学、农业科学、医学科学、物理学、地质科学、生物和生命科学、工程科学、材料科学、聚合物科学和食品科学等。

CAS 各数据库简介如下:

1. Patent and Journal References — CAplusSM

大于 2 900 万条文章记录,包含 CA 纸本的所有内容,同时还收录 1907 年以前的上万条记录;1907 年以来的世界上 50 多个专利发行机构的专利(含专利族)文献,9 000 多种期刊论文、会议录、技术报告、图书、学位论文、评论、会议摘要、电子期刊、网络预印本。内容基本同印刷版 CA 和光盘 CA on CD。

数据每日更新,每日约增加 3 000 条记录。对于 7 个主要专利机构发行的专利说明书,保证在 2 天之内收入数据库。

可以用研究主题、著者姓名、机构名称、文献标志号进行检索。

2. Substance Information — CAS Registry SM

3 900 多万个有机无机物质,包括合金、络合物、矿物、混合物、聚合物、盐和序列,此外还有相关的计算性质和实验数据,6 000 多万生物序列,是世界上最大的物质数据库,每天更新约 40 000 条,每种化学物质有唯一对应的 CAS 注册号,始自 1900 年;查找结构图示、CAS 化学物质登记号和特定化学物质名称的工具。数据每日更新,每日约新增 12 000 个新物质记录。可以用化学名称、CAS 化学物质登记号或结构式检索。

3. Chemical Reactions — CASReact ®

帮助用户了解反应是如何进行的。包含 1840 年以来的 8 万多个单步或多步反应,是世界上最大的反应数据库,每周更新约 700~1300 条;可以用结构式、CAS 化学物质登记号、化学名称(包括商品名、俗名等同义词)和分子式进行检索。

4. Chemical Supplier Information — Chemcat ®

帮助用户查询化学品提供商的联系信息、产品价格、运送方式,或了解物质的安全和操作注意事项等信息,记录内容还包括目录名称、定购号、化学名称和商品名、化学物质登记号、结构式、质量等级等。包含 2 500 多万商业化学物质记录。

用户可以用结构式、CAS 化学物质登记号、化学名称(包括商品名、俗名等同义词)和分子式进行检索。

5. Regulated Chemicals — Chemlist ®

查询备案/被管控化学品信息的工具。用户可以利用这个数据库了解某化学品是否被管控,以及被哪个机构管控。包含近 24 万多种备案/被管控物质。数据库每周更新,每周约新增 50 种物质或添加物。可以用结构式、CAS 化学物质登记号、化学名称(包括商品名、俗名等同义词)和分子式进行检索。

6. MEDLINE

大于 1 700 万条文章记录;美国国立医学图书馆(National Library of Medicine)的数据

库,来自 4 800 多种期刊,每周更新 4 次。是美国国家医学图书馆出品的书目型数据库,主要收录 1951 年以来与生物医学相关的期刊文献。免费数据库,每日更新。

到目前为止,SciFinder 已收文献量占全世界化工化学总文献量的 98%。

二、数据库客户端软件(检索软件)安装指南

安装客户端软件:

第一步:下载客户端程序 SciFinder2006.rar 。将文件下载后解压缩,然后双击 图标安装 SciFinder2006 客户端程序,双击 安装用于观看三维化学结构式的 3D 视图程序。

安装 SciFinder 时请注意:

(1) 记下客户端软件的安装目录,以备第二步时使用。系统默认为 C:\SFSCHLR,如图 6.2 所示。

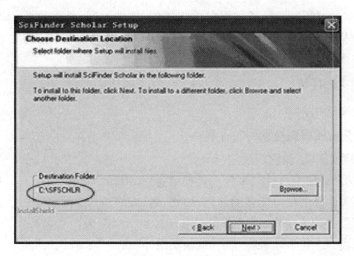

图 6.2

(2) 当安装程序询问:"Do you have a disk labeled custom site files?"时,请选择"否",如图 6.3 所示。

图 6.3

第二步:SciFinder 和 ViewerLite 均安装完毕后,将文件 site 下载后,拷入客户端软件的安装目录下。(注意:这一步很重要。否则,将无法启动客户端软件进行检索。)

第三步:双击桌面上的快捷方式 ;或者从"开始"菜单中进入"程序组",再单击 ,即可启动 SciFinder Scholar 程序,开始检索。

三、数据库检索指南

1. 检索(Explore)

(1) 检索文献(Explore Literature)

① Research Topic(按研究主题搜索)

在 Describe your topic using a phrase 检索框中输入关键词、短语或句子搜索研究领域。运用关键词之间的关系迅速检索相关的结果。

(a) 使用简易英语指定 2~3 个概念。
(b) 包括连接概念所需的介词和冠词。
(c) 在同义概念后用括号标明首字母缩写词或同义词。
(d) 使用逻辑算符排除特殊术语。

注:SciFinder 自动搜索相关的术语,并在检索结果时,会考虑各种拼写方式、简写、缩写及相关短语。

通过 Filters(过滤器)选项,通过限定出版年份、文档类型、语言种类、作者姓名、公司名称等筛选检索结果数量。单击"Get References",可以根据记录内术语的关系选择相关候选参考资料。单击 Back 以返回至原始答案集。

▲:请参阅文档详情。

▤:查看全文选项。

Analyze/Refine:分析或提炼检索到的答案。

Get Related...:检索引文、物质或反应。

② 根据科学家或研究员姓名来查找科技信息(Author Name)

(a) 输入有关此姓名尽可能多的信息,如姓、名(或缩写)、中间名等。
(b) 请根据需要输入空格、连字符和省略符。
(c) 使用相当的字符来代替特殊字符,如使用"a"或"ae"来替代"?"。
(d) 选择"查找"以了解姓氏的其他拼写方式,从而应对姓名的变更及印刷上的区别。
(e) 对于复杂的姓名,请使用多种搜寻方法并选择可提供最佳结果的方法。

SciFinder 会检索以下相关信息:

(a) 姓氏的其他拼写方式及语音上的变动。
(b) 名字和中间名的普通变动及昵称。
(c) 姓名的国际变更。
(d) 有和无中间名或姓氏的候选者。
(e) 名字/姓氏的所有可能组合。

要筛选特定合著者参考文献的答案集时:

(a) 单击分析/精化。
(b) 单击精化。
(c) 单击作者姓名。
(d) 输入合著者姓名。

③ 按公司名称/组织搜索(Company Name/Organization)

查找与特定公司、学术机构或政府组织相关的信息:

(a) 一次仅输入一个组织。

(b) 通常情况下,要扩大答案集,请使用较少的短语。要缩小答案集,请使用较多的短语。输入的短语越多,查询越详细。

(c) SciFinder 在检索结果时,会考虑各种拼写方式、简写、缩写及相关短语,但不会涉及合并与收购。

(d) SciFinder 自动搜索相关短语组。例如,输入"company"和"co."将返回相同的结果。

(2) 检索物质(Explore Substances)

① 化学结构(Chemical Structure)检索

通过 SciFinder 的结构绘图工具,可绘制化学结构,然后找出与此结构相匹配的特殊物质或物质组。

实际搜索结果可能包括:已绘制的结构;立体异构术;互变体(包括酮烯醇);配位化合物;带电荷化合物;自由基或基离子;同位素;聚合体、混合物和盐。

在"结构绘图"窗口中,使用工具从左下边至底部绘制的结构。单击"Get Substances(获取物质)"。

(a) 将鼠标移至工具按钮上方,查看工具的名称或描述。

(b) 选择工具后,信息会显示于绘图区的上方。

(c) 参阅 SciFinder"帮助"文件可以了解有关结构绘图和每一工具使用的详情。

(d) 工具栏中显示的一些工具仅用于亚结构或反应搜索。

要进行结果筛选时选择精确搜索,指定想要应用于搜索中的任何 Filter(过滤器)。单击确定。

查看答案集时,可使用下列按钮:

:参阅有关物质详情。

:检索特定物质的参考文献、3D 模型、化学物质供应商、管制化学物质列表或反应。

:检索所选答案或整个答案集的参考文献。

:检索所选答案或整个答案集的反应。

:分析或提炼检索到的答案。

② 分子式检索(Molecular Formular)

输入分子式检索相匹配的文献和物质信息。

③ 反应检索(Explore Reactions)

通过 SciFinder 的结构绘图工具绘制化学反应式,然后找出与此反应相关的文献和物质信息。

2. 查找(Locate)

(1) 查找特定参考文献(Locate Literature)

① 根据书目信息查找文献(Bibliographic Information)

通过输入所需的书目信息,SciFinder 可帮助我们查找特定的期刊或专利参考文献。

查找期刊文献时,选择 Journal Reference,输入相关的期刊参考文献信息。单击确定。见表 6.4。

表 6.4

输入项	大范围上指定此信息	或更明确指定 More ▶
作者姓名	仅姓氏	姓氏、首字母、中间名
期刊名称	仅期刊名称（全名、简写或首字母缩写词）	期刊名称、卷期、期数
文章篇名	几个词	全名

注：首字母缩写词适用于大多数但不是全部期刊。

查找专利参考文献时，选择 Patent Reference，输入相关的专利参考文献信息如专利号、专利应用号、优先顺序应用号等，还可选择高级选项 More ▶ 输入发明家或专利权人，单击确定。见表 6.5。

表 6.5

此字段	可能按以下格式输入	实例
专利号	此文档的正确格式	CA 2107100 或 CA2107100 JP 1992-502228 IT 1998-BO661
专利权人	公司全名 公司名缩写 发明家姓名	SmithKline Beecham 公司 SmithKline Walker, Alexander Marriott
出版年份	一年，年份范围	•2005•，2000～2005，2000～，～2005

② 根据文献标志符查找文献（Document Identifier）

键入专利号或 CAS 物质登记号进行查找。每行输入一个标志符，一次可搜索 25 个标志符。或者单击从文件中读取可以导入标志符列表。

（2）查找物质（Locate Substances）

使用"物质标志符"及化学名称或 CAS 登记号查找特定物质或物质组。

① 查找和验证化学名称、CAS 登记号、分子式和其他物质信息；
② 获取计算和实验属性数据；
③ 识别商业来源；
④ 检索法规遵循信息；
⑤ 获取讨论物质的文章和专利。

键入化学名称、商标名称或 CAS 登记号进行查找。每行输入一个标志符，一次可搜索 25 个标志符。或者单击从文件中读取可以导入标志符列表。单击确定。要查看答案中的属性数据，请单击显微镜图标以显示物质详情。如果属性信息可用，则提供链接。属性值来源显示于右侧列和脚注区域中。

3. 打印和保存结果

SciFinder Scholar 允许打印参考文献、物质和反应的结果，以及把结果保存至计算机上的文件中。

（1）打印

选择想要打印的结果，选中对应条目前的方框。然后选择文件（File）＞打印（Print）。

如未选择特定的答案,SciFinder 将打印所有的答案。选择打印格式,指明是否包含任务历史。还可以输入打印标题。然后单击确定进行打印。

(2) 保存答案

选择想要保存的答案,然后选择文件(File)＞另存为(Save As)。如未选择特定的答案,SciFinder 将保存所有的答案。选择或创建一个文件夹,并输入文件名。单击选项按钮,能够访问可选择的文件类型的所有选项。用.rtf 或.txt 格式至多可保存 500 个答案。单击保存,把结果保存至计算机上的文件中。

第七章 化工企业信息的收集

第一节 化工企业信息概述

世界上已知化合物达上千万种,实现工业化生产的化合物6万余种,其中大部分是为国民经济各部门提供的原料和中间体,少部分是直接投放消费市场的商品。在数量浩大,瞬息万变的化工产品和行业中,化工企业不但要及时掌握国内外产品行业信息,还要把握国民经济各部门对化工产品的需求信息。因此,化工生产信息、科技信息、经济信息和市场信息,已成为化工企业在激烈的国际市场和国内市场竞争中不可缺少的重要资源。

目前,我国许多化工企业在化工信息收集方面存在许多问题。例如在市场信息收集方面,一些企业缺乏对市场信息的有效管理,有的企业只是要求员工掌握市场信息,而没有对所取得的信息进行筛选和分析,或者是对取得的信息置若罔闻。其次,许多企业对自己的市场定位不明确,只追求短期经济行为的效益,没有长远的营销战略。最后,收集市场信息的手段方法过时。许多企业只要提到收集市场信息就只会说做过产品的问卷调查,事实上,问卷调查的确可以了解部分市场信息,但只是一种短暂的信息收集,对市场信息的了解仍需进一步深入,这样才可减少企业在生产过程中决策的盲目性,促进企业的健康发展。

一、化工企业信息的种类

一个企业的经营活动,除了需要具备人、物资、设备、资金等生产要素外,还需要掌握大量的信息。及时有效的信息是企业的灵魂,只有充分依靠信息、利用信息才是企业致富之源。就化工企业而言,信息存在于企业的整个经营活动中。根据信息存在和作用的方式,可以将其分为以下几种:

(1)市场动态信息:涉及化工产品市场动态、价格、货源、用户以及需求情况;

(2)技术动向信息:主要包括化工技术的成熟程度、先进程度和发展方向以及化工开发技术、管理技术的特点等;

(3)企业竞争信息:主要有企业各项技术经济指标;有竞争力的企业的数量、类型以及发展的动向;

(4)企业管理信息:包括化工企业的组织和管理方面的信息;

(5)经济、政治动向信息:主要包括工农业发展水平、科技发展水平、自然资源与能源状况;有关的经济、外贸、市场管理、税收等各项政策。

二、化工企业信息的特点

1. 系统性

化工企业信息彼此之间联系密切、并相互制约。因此在搜集化工企业信息时,应尽可能地使之完整、系统。

2. 时效性

随着市场行情,供求关系的迅速变化,化工企业信息会不断地产生和老化,因此要善于获取最新情报信息。

3. 广泛性

化工企业信息应用于一个企业的整体,它涉及的范围比较广泛,既包括科技信息、经济信息、管理信息,又涉及法规信息、政治状况信息、社会状况信息等。因此,要获取比较全面的情报信息,就要广为利用各种有关的检索工具、书刊及各种信息源。

三、化工企业信息的作用

化工企业信息是一切工作的基础,是化工企业决策者开展工作的向导。对化工企业信息的收集与整理,成为化工企业把握企业脉络,在不确定环境下稳步前进的关键。可以说,通过收集整理行业发展变化的最新动向信息,能够帮助化工企业及时调整企业策略和战略部署;通过收集了解竞争对手的相关资讯,能够帮助化工企业做好相关的保护和规避;通过收集整理竞争对手在产品及市场策略的创新及调整动向的信息,可以帮助化工企业做好应对策略,适应市场变化。

简言之,有效的化工企业信息收集与整理能帮助化工企业制定正确的经营发展策略;能够帮助化工企业细分市场领域,找到适合自己的市场机会;能够帮助化工企业在竞争中占领制高点,赢得主动权。

因此,化工企业信息收集与整理对于当前化工企业的发展有着至关重要的作用。

第二节 化工企业信息的来源及搜集方法

一、化工企业信息来源

化工企业信息来源主要包括:

1. 技术信息

包括技术的成熟程度、先进程度以及发展方向,新技术的前景预测,替代技术的预测,专利动向等。

2. 市场信息

包括市场动态、价格、货源以及企业产品的市场占有率、市场的寿命周期、产品的主要用户等。

3. 财政信息

包括财政收入和支出、财政预算、货币投向,银行储蓄和利率方向的信息,国际金融、外资利用以及信贷等方面的信息。

4. 企业竞争信息

包括国内外同行企业的产品规格、品质、质量、价格,经营管理措施和策略,有竞争力的企业数量、类型、动向等。

5. 企业管理信息

包括企业管理体制以及机构设置,企业劳动组织与定员定额,企业质量管理、设备管理,企业财务管理和信息资料管理等。

6. 企业法律法规信息

包括能源、环保、安全、卫生、财政、金融、劳备、税收、进出口贸易、企业租赁等方向的法律法规。

7. 社会、经济、政治动向信息

包括社会变化动向、经济发展动向、政治动向、国际关系变化动向、国家有关方针政策及其变化的趋势、社会风俗、宗教信仰、生活习惯、审美观念等。

8. 企业的内部信息

包括本企业的技术力量、资金力量、经营管理能力、销售能力、职工的各种信息等。

二、化工企业信息源

一般可以通过以下几个方面获取各种化学化工信息:

(1) 图书、杂志以及相关出版物。

(2) 数据库检索。查询各种商业性或专业性数据库,如《化学文摘》网络版、Dialog 等。

(3) 电子邮件服务。包括许多与化学化工有关的通信讨论组、新闻组的名称、地址、加入方法等。

(4) 企业网页/网站。通过搜索企业的各种网页,不难发现一些非常有价值的竞争情报线索。如设备说明书、新设备、企业间的兼并与联盟、市场策略、研究与开发活动、扩张计划、合作方式、客户名单、技术实施等。

(5) WWW 资源。通过 World Wide Web 服务器查阅在世界各地与化工有关的会议信息、学术与研究机构、分析方法与产品服务,化学品生产商等信息。

(6) 教学资源。包括化学化工教学软件以及一些化学化工领域数据库软件等。

第三节　中国化工网络信息系统

一、网络系统介绍

中国化工信息网络系统是由中国化工信息中心建立的一个化工行业综合信息网络服务系统,它是由国家计划发展委员会、科技部和国家石油以及化学工业局支持的。中国化工信息中心是全国化工行业综合性信息研究、信息服务和计算机应用开发中心,隶属于国家石油和化学工业局。

"中国化工信息网络系统"拥有国内化工系统最完整、最丰富的化工数据库群,并与国际互联网 Internet 连接,提供国际联机检索和咨询服务。该系统由以下三部分组成:

1. 中国化工信息网——面向企业和市场,提供各种信息服务

中国化工信息网是目前国内唯一具有权威性的化工信息资源网络,是在"化工综合信息网"的基础上发展起来的,经过几年的开发、运行和服务,已成为集化工市场信息、经济信息、科技信息于一体的多方位综合信息服务体系,用户已有数千家企业,已取得了较好的效益。该信息网以中国化工信息中心掌握的大量权威、翔实的技术、市场、政务、经济、统计信息以及中央各部委、新华社信息等为依托,面向整个化工行业开展各类化工信息的采集、加工、存储、发布业务,采取信息浏览、数据库联机查询、电子邮件、电子论坛等方式向用户传播信息,并通过 Internet 互联网沟通中国化工信息中心与用户间、用户与国内外信息系统间的双向联系。

2. 中国万维化工城——为企业提供网上交易的电子商务中心

中国万维化工城是建立在国际互联网上的一个可以进行网上交易的电子商务中心,它既是全国化工产品供求信息的咨询中心;又是一个在互联网上展示企业形象的窗口,同时还是网上化工商品交易的集散地。

3. 中国石油和化工网——为政府部门提供宏观决策信息服务

二、网络系统的信息分类

网络系统的信息组织与服务项目中国化工信息网现共有近 60 个信息文档和数据库,信息分类有如下几种:

(1) 中国化工:介绍中国化学化工发展现状及各地、各专业概况。

(2) 化工时讯:发布每日最新化工行业及其相关领域的动态信息。

(3) 科技文献:检索各种化工科技文献,获取最新科技信息。

(4) 市场经济:查询各种化工产品的生产、价格、供求、进出口情况和相关数据库,以多种形式反映化工产品市场动向。

(5) 期刊:浏览各种化工科技期刊、综合市场与杂志的电子版。

(6) 专题信息:报道无机、有机、精细化工、农用化学品、化肥、橡胶及塑料等化工专业信息。

(7) 网上导航:导航化工企业站点、企业之窗、网上期刊和国内外著名站点。

(8) 交流园地:网上聊天室、电子论坛、自由软件。

(9) 生活休闲:商务信息、政府机构、通信交通和公共服务。

(10) 服务中心:信息定购、咨询服务和网上导游。

其中,中国化工信息网根据用户和市场的需要,组织、开发了一批如:"中国化工产品及生产厂家数据库""中国化学化工文摘""全国化工产品供求信息数据库""化工要闻"等化工信息资源上网。另外,在信息资源开发利用方面,中国化工信息中心与各地区、各专业信息站开展广泛合作,组建了"供求信息大世界""橡胶机械产品与相关企业数据库",并且在中国化工信息网中开设了"橡胶技术与装备""橡胶动态信息"栏目,《橡胶技术与装备》期刊也已上网。为满足不同用户的需要,在化工信息网中设置有国际知名检索系统导航,用户可以通过系统引导检索到美国 Dialog 系统、EI 美国工程信息检索系统、Derwent 专利全文检索系统和 STN(The Scientific and Technical Information Network)联机检索系统。

其中,中国万维化工城就是建立在国际互联网上的一个虚拟电子商务中心,所谓电子商务,就是在网上开展商务活动。当企业将它的主要业务通过网络与企业的职工、客户、供销商以及合作直接相连时,其中发生的一切就是电子商务。中国万维化工城设有:

(1) 企业之窗:发布化工企业名称及网址,展现企业标志。
(2) 精品长廊:发布企业化工产品,并引导到企业网址。
(3) 咨询中心:在网络上提供全年50万条化工供求信息,辅助企业进行网上交易。
(4) 商务中心:通过网络电子邮件、交谈等方式直接与客户建立联系,或委托商务中心服务人员帮助企业与客户联系,商讨有关合作事宜。
(5) 交流中心:为用户提供一个自由论坛园地。
(6) 化工书店:提供各类化工期刊、图书和其他出版物,并可通过网络进行订购交易。

中国万维化工城现已汇集上百家国内大中型化工企业的信息发布站点,例如,在企业之窗中,可以查看企业简介、法人介绍、产品简介、招商引资项目和产品供求清单。企业通过网络在全球各个角落展示自己的形象,同时可以使客户很方便地进行访问,为传统企业打开了一个新的渠道,进一步扩大了市场范围。

第四节 化工企业信息的收集

一、化工企业信息的收集原则

化工企业信息在收集过程中,要遵循以下几个原则:

1. 针对性

信息的收集必须有明确的目的,必须根据具体任务和实际需要,有的放矢地收集。化工企业信息数量庞大,类型复杂、内容繁多,这就要求情报工作者在纷繁众多的企业信息面前分清主次,明确范围,应紧密结合本企业生产和技术发展的需要,有针对性地选择。

2. 预见性

在收集化工企业信息过程中,既要考虑到目前企业任务的需要,也要考虑到生产发展以及社会进步的需要。要密切关注企业产品的国内外技术发展动向,产品的市场行情等。有预见的研究企业在未来阶段的生产动向和技术创新。

3. 时效性

信息的一个重要属性即时效性。信息如果过时,它的使用价值也就失去或减弱了。保证信息搜集的时效性,就要积极做好信息预测工作,寻找潜在信息,赶在时间前面。

4. 准确性

信息的收集必须准确。不准确的信息既浪费了人力、物力和时间,还会导致决策失误,造成巨大的经济损失。

5. 全面性

信息收集时,必须采取多种方法,多方位搜集,并把收集对象的相关因素联系起来综合考虑,找出其中的共性和规律。这是由于地区不同,部门不同,各种社会或经济活动不同,信息的生成量密度和含量也会不相同。

二、化工企业信息的收集方法

1. 资料法

通过查阅大量的国内外化学化工文献资料、检索相关数据库和网络信息获取信息。

2. 现场调查法

通过搜集化工产品的样品、样机等实物获取信息的方法,以及通过实际现场考察、收集有关信息。

3. 实验调研法

采取细致调研的方法,选定实验对象、设定对照标准、控制和排除干扰因素。

4. 询问法

通过询问获得信息的方法,包括面谈、电话询问、邮询三种。

5. 利用信息采集软件收集信息。

信息采集软件的使用可以大大地节省人工收集信息的时间,同时用采集软件可以自动地判断信息的发布时间,保证了信息的时效性。

第八章 Dialog 数据库联机检索系统

第一节 Dialog 系统概况及有关数据库

一、Dialog 联机检索系统发展概况

Dialog 联机检索系统是世界上规模最大、检索最完善的联机检索系统,也是最早的计算机联机检索系统,在我国科技界广泛使用。从 20 世纪 50 年代起,人们就开始研究如何利用计算机储存和查找数据。刚开始时,计算机数据处理和储存能力非常有限,人们主要利用磁带储存数据,然后根据用户的需要,以脱机批处理的方式检索数据。1966 年,美国洛克希德导弹和宇航公司下属的一个情报科学实验室,成功研制出一套人机对话式的情报检索软件,叫作 Dialog,这就是 Dialog 系统的前身。利用这套系统,人们可以通过电话线,对计算机数据库进行实时的对话式的检索。1972 年正式对外提供商业服务,成为互联网之前首款提供国际联机检索的商业系统。以后,这套系统在美国各个部门使用,取得很好的效果。1981 年,由于这些商业服务的成效很显著,因此正式成立了 Dialog 情报服务公司,作为洛克希德公司的子公司,开始了营业性的服务。1983 年又以 3.5 亿美元出售给 Knight-Ridder 新闻公司,1997 年又被 MAID 公司收购,随后又加入 Thomson 集团。2008 年,ProQuest 收购了 Dialog 系列产品。经过多年的发展,现在已经成为世界上第一个在全球应用的也是最知名的在线信息检索系统。目前它主要提供 Dialog 和 DataStar 联机服务和制作光盘数据库,在全世界 120 个国家有 10 万多个终端用户。Dialog 是一个高精确的、提供独一无二和相关数据库的在线研究工具的组合——专为满足广大用户的个别需要而设计。Dialog 系统的 600 多个知名的数据库每日能够处理达 3 万次以上搜索和提供超过几百万网页浏览,包括化学化工中使用的著名的数据库如:Science Citation Index,CAS,ProQuest,Elsevier,Thomson Reuters,Wiley 等。Dialog 可检索内容包括成千上万的实时新闻、报纸、广播稿和商业杂志中的文章和报告,还包括为金融决策提供支持的市场研究报告和投资分析报告,包括深入和广泛可回溯几十年的科学、技术数据、专利、商标和其他知识产权数据。Dialog 信息还包括政府法规、社会科学、食品和农业、参考资料、能源和环境、化学、制药和医药等各个方面。这些数据库大都保持着时时同步更新。通过精确的指令语言技术,非常方便地完成跨库检索、去重、专项检索等,系统分析等深度信息检索。

二、如何与 Dialog 系统连接

要使用 Dialog 系统首先要申请账号,交纳开户费,以后每年要交年费和数据库使用费。以前主要是通过专线电话,联到北京,然后,在北京通过通信卫星联到美国的 Dialog 公司,通

信费用比较高。自从 Internet 普及以后，现在可以通过 Internet 的远程登录（Telnet）或万维网的方式来检索 Dialog 系统，非常方便。

　　Dialog 主页：http://www.dialog.com，如图 8.1 所示。为用户提供有关 Dialog 系统的全面综合的帮助信息，在这里可以看到公司介绍、最新产品信息与数据库更新、所有产品介绍、技术支持、常见问题解答、世界各地的培训等，还可以下载各个数据库的详细介绍、数据库价格表、培训教材及一些相关应用软件，会使您了解到 Dialog 系统的最新情况并帮助您充分利用系统资源。

图 8.1

三、Dialog 有关数据库简介

　　从 1972 年开始建立第一个商用数据库到现在，Dialog 联机检索系统已拥有近 600 个大型专业数据库系统，专业范围涉及新闻、商业和金融、知识产权、政府和法规、科学技术、能源和环境、医药、药品、化学化工、食品和农业、社会科学以及参考信息源等等，涵盖了全球大多数学术和商用数据库资源，是专业化信息查询的主要工具。据称它所拥有的文字信息量是目前万维网上的信息量的 50 倍。现略举几个与我们有关的数据库文档。

1. SciSearch 数据库

　　综合性科技文献检索数据库，也是所谓的科学引文数据库，这是美国费城科学信息研究所创办的检索工具。这个数据库有两大特点：一是根据一些原则，精心挑选了 3 800 种有代表性的权威的科技期刊作为数据源，这些数据源包括了世界上几乎所有重要的科技文献，所以被它收录的论文都有较高的质量,代表了当时有关领域的先进水平;二是它不但收入每篇论文的作者姓名、单位、篇名,内容摘要以及出版信息等,而且还收录了每篇论文引用文献的信息,这样就建立了引文索引。这种引文索引的方法就是费城科学情报所的所长加菲尔德发明的。Dialog 将该数据库按年代划分为两个文档:34 和 434 文档。434 文档从 1974 年至 1989 年;34 文档从 1990 年至今,每周都更新,总共约有数亿条记录。

2. EICompendex 数据库

综合性科技检索数据库,简写为 EI(Engineering Index,工程索引),这是由美国工程信息公司出版的著名检索工具,它从大约 40 个国家 26 种语言 5 600 种文献源中,包括期刊,科技报告,会议录,专著等,精选出高质量的科技文摘,其专业覆盖面几乎包含工程学科所有领域,如能源、环境科学、地理学、生物学、电子学、自动控制、原子技术、航天航空技术、计算机技术,工业机器人以及土木工程技术等。该数据库的文字出版物即为《工程索引》。它收录论文的题录、摘要、标引主题词和分类号等;有没有主题词和分类号是判断论文是否被 EI 正式收录的唯一标志,目前共计约有超过数千万条记录。

3. Derwent World Patents Index (DII) 数据库

这是查找专利的权威数据库,收录来自全球 40 多个专利机构(涵盖 100 多个国家)的一千多万条基本发明专利,2 千多万条专利情报,资料回溯至 1963 年。DII 提供 Derwent 专业的专利情报加工技术,协助研究人员简捷有效地检索和利用专利情报,全面掌握工程技术领域创新科技的动向与发展。DII 还同时提供了直接到专利全文电子版的连接,用户只需点击记录中"Original Document"就可以立刻连接到 Thomson Patent Store,获取专利申请书的全文电子版。

4. National Technical Informtion Services(NTIS) 数据库

这是由美国国家技术情报处出版的关于美国政府报告和科技报告的索引工具,包括 AD,PB,DOE,NASA 等报告。还收入美国以外的其他国家的政府报告或科技报告,包括日本、英国、法国、德国等。学科范围包括航天航空、生物医药、工业农业、天文地理、信息技术等,几乎无所不包,共约 200 万条记录。

5. CASearch 数据库

这个数据库对应与书本式的 Camical Abstracts,收入了大约 1 200 万条化学及相干学科方面的文献记录,每年增加 50 万条新纪录。

6. INSPEC 数据库

对应于书本式的 ScienceAbstracts,本来科学文摘有三个分册,即《物理学文摘》、《电气与电子学文摘》和《计算机与控制文摘》,而计算机文档把他们合在一起,使得查询更加方便,这套检索工具是由英国电气工程师学会出版的,是检索这些学科领域信息的最权威的工具。

7. BioSysPreviews 数据库

包含书本式的 Biological Abstarcts,以及其他生物学方面的研究报告、评论、会议论文、专著、专利等。收录了近 9 000 种与生物学或生物科技有关期刊的论文。范围包括了与生物学有关的几乎所有领域,有 1 150 万条以上的记录。

8. BioBusiness 数据库

提供有关生物学和生物医学研究成果产品化及市场信息的检索。有 100 万条以上的记录。

9. BioCommerce Abstracts and Directory 全文数据库

提供有关生物技术和生物科学商业应用方面的国际性的信息数据库。它提供两类信息：一类是关于有关文章、图书、事实数据的摘要；另一类是有关公司、研究机构和政府实体的指南，共计有 16 万多条记录。

10. MedLine 数据库

这一数据库是由美国国家医学图书馆提供的，是查找生物医学方面文献资料的主要工具。共有 1 000 万条记录。

11. SportDiscus 数据库

覆盖有关体育运动几乎所有方面的信息检索工具。从大约 2 000 种有关体育的国际性期刊、专著、图书等中摘录信息。涉及领域包括个人与集体项目的体育、教练与管理、体育教育、生物力学、体育医学、锻炼生理学、体育史、体育社会学等。

12. GeoRef 数据库

这是由美国地理学学会提供的检索世界范围内地理学文献资料的检索工具。它收罗了 1785 年以来的地理学文献资料，共有 200 多万条记录。

13. EnviroLine 数据库

由美国国会信息服务公司提供。它从 5 000 多中出版物中挑选出有关环境方面的科学技术，社会经济和政策方面的文献，予以收录，共有 20 多万条记录。

14. GeoArchive 数据库

覆盖地球科学、水科学和环境科学几乎所有信息源的综合性数据库。信息源包括 5 000 种刊物、图书和博士论文等。

15. Pollution Abstracts 数据库

提供有关环境污染及其根源和控制研究的信息的主要数据库。信息来源包括 2 500 种杂志、会议录、研究报告等，共计约 24 万条记录。

16. Environmental Bibliography 数据库

由加拿大和美国的环境研究学会提供的。收罗环境研究方面的文献。包括人类生态平衡，大气研究，能源，土地，水，空气，土壤和噪声污染，以及营养和健康等研究课题。1973 年至今有 60 万条记录。

Dialog 全球新闻来源超过 10 000 个，可以提供回溯 30 年的深度历史存档。它的新闻 24 小时即时更新 3 000 多个指定内容，如直接收录《纽约时报》和《华盛顿邮报》全文库等。

第二节 Dialog 常用检索界面简介

一、Dialog 系统中的检索界面 DialogWeb

DialogWeb：http://www.dialogweb.com，如图 8.2 所示。它一般分为指令检索方式（Command Search）和引导检索方式（Guided Search）两种。

它为全世界用户提供通过 Internet 界面访问 Dialog 全部数据库的全功能检索途径，该界面为情报专业人员设有精确、高效和全功能的 Dialog 指令检索语言。专业人员通过菜单可以获取蓝页检索指南、收费、数据库索引字段和格式资料。DialogWeb 也设有图形引导性检索界面,用户无需了解 Dialog 指令语言,只需点击数据库选项就可进行高层次检索,特别适合非专业的检索人员或初学者。

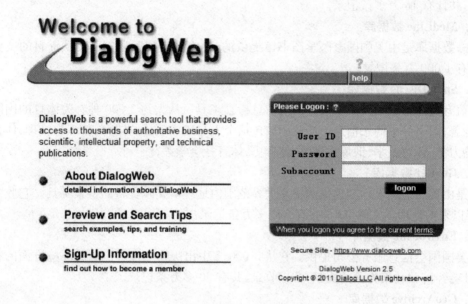

图 8.2　Dialog 系统中的检索界面 DialogWeb

二、Dialog 系统中的非指令检索界面 DialogSelect

DialogSelect:http://www.dialogselect.com,如图 8.3 所示。

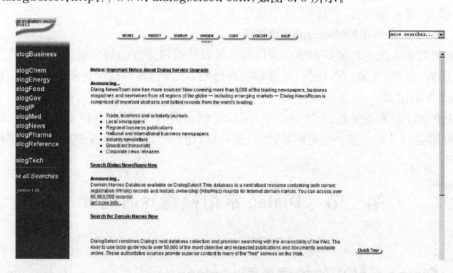

图 8.3　Dialog 系统中的非指令检索界面 DialogSelect

这是一套简易的网上信息查询界面,使从未使用过 Dialog 的用户也可以容易地检索到专业的特定信息资料。此界面提供十分便利的指导性检索服务,信息来自 Dialog 精选数据库,所涉及的主要领域包括商业、新闻和媒体、政府、医学、知识产权、技术、药学、化学、能源及农业。用户可以轻松地获得金融报告、经纪业分析员报告、企业兼并和收购报告、产品/技术发布、研究开发计划、医学研究发现、医学药物报告、物理电子学文摘、科学技术报告、政府合同、商标和专利(带有图形)、各类新闻等。此界面的检索可以免去检索过程中的联机费用,只需交付检索结果的输出费用。

三、Dialog 系统高效指令检索界面 DialogClassic

DialogClassic:http://www.dialogclassic.com,如图 8.4 所示。

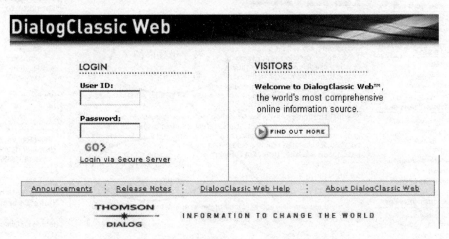

图 8.4 Dialog 系统高效指令检索界面 DialogClassic

通过图 8.4 左边的密码和用户名登录以后,可以进入一个纯文本的界面,如图 8.5 所示。其左下角有一个指令输入框,这样就通过 Internet 浏览器为专业检索人员提供一个使用 Dialog 指令检索的网络界面,可直接访问 Dialog 的所有数据库内容和使用各指令功能。

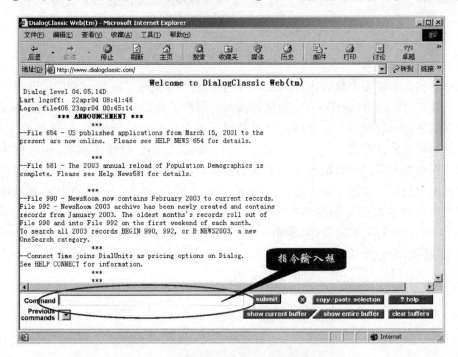

图 8.5 DialogClass 登陆后的纯文本界面

网页上的 DialogClassic 为用户提供了一个反应更快的纯文字的指令检索界面;也可高速下载专利商标数据库中的高质量图像。

四、Dialog 系统中的数据库蓝页

数据库蓝页:http://library.dialog.com/bluesheets/,如图 8.6 所示。

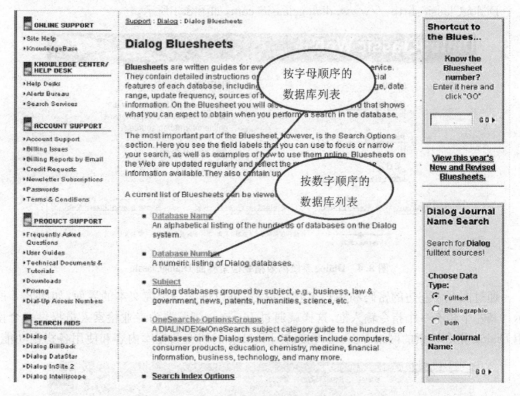

图 8.6　Dialog 系统中的数据库蓝页

Dialog 包含 600 多个数据库,Dialog 给每个数据库都编写了一份详细的说明书,这就是 Dialog 的蓝页(Dialog Bluesheet)。数据库蓝页为用户了解每一种数据库的特征、收录范围、可供检索的字段、输出格式、记录样式及收费情况等内容提供检索指南,是进行检索前一定要了解并对检索非常有帮助的一个工具。因其印刷品是蓝色纸张印刷的,所以称为蓝页。在实际检索中如果遇到新数据库或指令检索中出现困难,最好的方法就是查看该数据库的蓝页。可以通过如下的路径进入蓝页:打开 Dialog 主页,选择 Support,再点击 Bluesheets。

蓝页中介绍各数据库的内容主要有:文档介绍(File Description)、文献包含学科领域(Subject Coverage)、文献源介绍(Sources)、学科种列表(DIALINDEX/OneSearch Categories)、记录样例(Sample Record)、基本索引(Basic Index)和辅助索引(Additional Indexes)、附加限定(Limit)等。每一项均给出操作实例。

第三节 Dialog 基本指令及使用方法

6个检索指令:b 开库、s 检索、sf 设置范围、rd 去重、t 输出结果和 logoff。
7个指令算符:3 逻辑算符(and,or,not)、1个通配符(?)和 3 个位置算符(w,n 和 s)。
2个索引方法:基本索引(/ti.ab...)和附加索引(LA=、PY>和 PN=)。

一、Dialog 基本指令

1. 开库指令 begin(或 b)

代表开启特定的数据库(数据库在 Dialog 中也称为文档,File),可以用 B 或 Begin,指令格式为:b [数据库库号/组库名称]。

该指令可以打开一个数据库,也可以同时打开一组数据库,但一次打开的数据库的数目不可以超过 60 个。当打开一个或几个单独的数据库时,b 后输入各个数据库的 Dialog 文档代码,中间用逗号隔开;当打开一组同类的数据库时,b 后输入 Dialog 数据库目录中组库的名称。例如:

b 399(399 是 CA 数据库的文档号)表示打开了 CA 数据库。

b 4、6、8 表示同时打开了 4、6 和 8 号数据库,多库之间用逗号。

b chemeng,8 表示打开了所有化学工程数据库及 8 号库,组库与库号之间用逗号。

在检索过程中,每打开一个新的数据库,则原先打开的数据库就被关闭,转入新的数据库开始检索。打开一组数据库时,若其中的某一个或几个数据库不想再检索,也可以排除。

例如:b chemeng not 399 表示打开了所有化学工程数据库但不包括 399 号 CA 库。

打开数据库时,若只想检索最近几年的数据,可以在后面加 Current 做限定。

例如:b 16 current2(检索范围为今年加上过去两年的数据,2 可以是 1~5 的数字。)

2. 检索指令 select(或 s)

s 是 select 的缩写,代表执行检索,是 dialog 检索时使用频率最高的指令,其指令格式为:s[检索式]。

其中检索式是提请查询的词、词组或用逻辑组配结合成的搜索策略,但下列虚词为禁用词(stop word):a,an,by,for,from,of,the,to,with,而 and,or,not 则是逻辑算符专用词。例如:

  s electrochemistry   检索一个单词
  s electrochemistry and water   检索 electrochemistry 和 water
  s hydrogen( )bond   检索短语 hydrogen bond

与 s 密切相关的是 f 命令。f 是 find 的缩写,它是 1996 年发布的一个新命令,其功能与 select 完全相同,使用区别仅仅在于用 s 进行词组检索时在各词之间要加( )即 W 位置算符,而用 f 则不加,例如下列查询式等价:

  s underground( )water
  f underground water

与 s 相关的另外一个命令是 ss。ss 是 select steps 的缩写,当检索式是一个词时,ss 与 s

结果一样；但当检索式为多词逻辑组合时，ss 将产生每一步查询结果并依次用集号 S1，S2，S3，…标志来反馈给检索者，而 s 只产生一个结果和一个集号。

3. 检索指令 sf

sf 是 set files 的缩写，代表设置数据库扫描范围，只用于 411 文档查询，指令格式为：sf［数据库范围］。其中数据库范围可以是多个库号，或者是组库，或组库与库号的组合。

例如：b411 必须先打开 411 号文档；

sf 2,4 表示同时扫描 2 号库和 4 号库；

sf patents 表示扫描 Dialog 中所有专利数据库。

以上命令对字符数的限制为：每一命令后最多可跟 240 个字符，包括空格和指令算符；每一词或词组最多可以用 49 个字符，包括前缀代码在内；对同一查询词最多可加 7 个前缀；对同一查询词最多可跟 40 个字符长的后缀代码；而对逻辑算符的限定是：每一命令最多可用 49 个逻辑算符。实际上一般都不会超过限制。

4. 检索指令 t

t 是 type 的缩写，用于显示输出检索结果，指令格式为：t s♯/输出格式或字段名称/输出条数。

其中 s♯ 是集号，系 s 命令所产生。

输出格式即为显示格式，每个数据库略有不同，在数据库蓝页中有 Format List，可以查阅，一般情形如表 8.1 所示。

表 8.1

格式	含 义
1	Dialog Accession No.
2	Full Record except Abstract
3	Bibliographic Citation
4	Full Record with Tagged Field
5	Full Record
6	Title
7	Full Record except Indexing
8	Title and Indexing

也可以直接用 ab,au,so,ti 等指定显示文摘，作者，来源，题目等信息。输出条数是指查询结果的记录序号，3 代表第三篇，1-6 代表第一至第六篇，all 代表所有记录。例如：

t s1/5/all 表示用 5 号格式显示第一次所有查询结果；

t s3/ab,au,ti,so/1-5 表示显示第三次查询结果前五篇的文摘，作者，来源和题目；

t s2/4,ab/4 表示用 4 号格式加上文摘显示第二次查询结果第四篇。

根据实用经验，t s♯/5/all 式较适合用于期刊论文查询结果的输出，而 t s♯/3,ab/all 式则特别适合各类文献尤其是专利查询结果的输出。

与 t 命令功能类似的是 d 命令，是 display 的缩写，其使用格式与 t 相同，唯一的区别是：t 命令是连续显示查询结果，而 d 命令则是逐屏显示查出结果。t 命令和 d 命令对字符数的限制为：每一命令后最多可跟 240 个字符；每一命令可显示 39 个字段。

5. 检索指令 rd

rd 是 remove duplicates 的缩写，用在多库检索时对来自不同数据库的重复记录进行"去重"，使同一篇文献只出现一次（同一篇文献可能被同时收入多个数据库），指令格式为：rd [s#]。

例如：rd s1 表示对检索结果 s1 进行去重。

S# 缺省时约定为前一查询。rd 命令对避免重复输出、节省查询费用具有重要意义。rd 命令每次操作不超过 5 000 个记录。

6. 检索指令 logoff

logoff 指令是用户与 Dialog 系统脱机的命令。

因为 Dialog 指令检索同时要计收流量费用，执行 logoff 后，系统就断开用户与主机的连接，并显示检索时间和费用。logoff 的姐妹命令是 logoff hold，指暂时脱机，输入 logoff hold 后系统保留上次操作打开的数据库和查过的检索集号，用户可以在 30 分钟内重新联机继续操作（不再用 b 命令）。类似的脱机命令还有：bye，disc，log，logout，off，quit，stop。功能与 logoff 一样。

以上是几乎每次查询必用的 Dialog 命令，还有不少在特定场合完成专门功能的命令，如表 8.2 所示。

表 8.2

命令代号	作　　用
add <files>：	添加查询文档
Cost：	显示联机费用
ds(display sets)：	显示查询过的集号
e(expand)<xx>：	扩展查询项目（xx 系字段，包括 au,ti 等）
edit email address：	编辑脱机打印送达电子邮件地址，与 pr 命令配套；
exs(execute steps)<stg>：	用于执行存贮下来的搜索策略
idpat <si>：	专利分组排序专用命令，有专利去重功能
map <xx>[<temp><steps>]<si>：	按字段和查询步骤存储搜索策略
pr(print) <si/fo/no><addr/via emailaddr.>：	脱机打印查询结果
print cancel：	取消打印
rank <xx>：	将查询结果按字段频次统计排序
repeat：	与 add 配对的命令，对新增文档重复已作过的查询
report <si/xx/all>：	报告查询结果
save <file>：	存储全部搜索策略
sort <si/all/xx>：	将查询结果按指定范围分类排序
set...：	set 命令系列主要用于设置屏显格式，如 set select short 等

二、常用检索技术

1. 逻辑算符

对话系统所用的布尔逻辑算符与通用的布尔逻辑算符一样，主要包括使用"and""or""not"三种基本逻辑算符。其优先级依次为 not,and,or,改变优先级的方法是使用()。如表 8.3 所示。

表 8.3

逻辑算符	说明	应用举例	检索结果说明
and	与	S cotton and silk	记录中既包含 cotton 一词，又包含 silk 一词
		S S1 and py＞1998	检索结果集合 S1 中 1998 年后的记录
or	或	S cotton or silk	记录中至少包含 cotton 或 silk 一词
		S S1 or S2	将检索结果集合 S1 和集合 S2 合并
not	非	S cotton not silk	记录中只能包含 cotton 一词，不能包含 silk 一词
		S S3 not LA＝chinese	检索结果集合 S3 中的非中文文献

2. 通配符技术

Dialog 系统所有平台的通配符都是问号"?"，通过问号的位置和个数变化进行截词。在英语等西方语言中，词根相同、含义相近而词尾变化的词很多，如复数加 s, 现在分词和动名词加 ing, 过去分词加 ed 等等，为使查询时不遗漏相关词，很多查询系统都发展了截词技术。各个查询系统使用各自规定的截词符号，在 Dialog 系统中，用"?"作为截词符，而且包括后截、中截、前截等。主要情形如表 8.4 所示。

表 8.4

符号	意义	实例
?	后截断或中截一字符	system?; wom? n
? ?	后截一字符	system? ?
??	后、中截二字符	act??; encyclop?? dia
???	后、中截三字符	computat???

(1) 无限截词

一个问号放在词尾代表任意长度的字符数或没有字符。如 S deform? 检索出以 deform 为词干的所有记录，包括 deforming,deformed,deformation,deform 等。

(2) 中间截词

一个问号放在中间代表一个字符数，如 S wom? n,代表检索出 woman,women 等词。

(3) 有限截词

n 个问号放在词尾代表 0 到 n 个字符数，而问号空格问号放在词尾代表 0 至一个字符数。

3. 限定技术

Dialog 系统提供的限定技术包括词与词之间的位置限定算符、前缀代码、后缀代码和关系算符。

位置限定算符(Proximity Operators)如表 8.5 所示。

表 8.5

算符	用法	意 义
w	A(nw)B	A,B 两词相隔 n 词且前后次序不变符合查询要求;n=1 时即 A()B
n	A(nn)B	A,B 两词相隔 n 词且前后次序不限符合查询要求;n=1 时即 A(n)B
l	A(l)B	A,B 两词若出现在同一主题词字段(DE)中则符合查询要求
s	A(s)B	A,B 两词若出现在用逗号连接的子字段中则符合查询要求
f	A(f)B	A,B 两词出现在同一字段中就符合查询要求

从限制的严格性看,f,s,l,n,w 依次渐严,而且都比 and 严。在执行优先级上,f,s,l,n,w 比 not,and,or 优先。

前缀代码(Prefix Code)主要有:① AU=限查特定作者;② JN=限查特定刊名;③ LA=限查特定语种;④ PN=限查特定专利号;⑤ PY=限查特定年代。

后缀代码(Suffix Code)主要有:/TI 限在题目字段中查;/AB 限在文摘字段中查;/DE 限在主题字段中查;

关系算符(Relational Operators)有:①:包含范围,如出版年 PY=1990:1998;② >大于;③ <小于;④ >=大于等于;⑤ <=小于等于。

4. 索引

(1) 基本索引

基本索引是对文献中的标题、摘要、主题词或者自由词等字段做索引,把被索引的字段以后缀的形式附加在检索范围后,从而限制所检索的内容范围。指令格式:s 检索词(式)/字段名。例如:

s train/ti   在标题中检索"火车"
s train()control? /ti   在标题中检索"火车控制"
s (train and control?)/ab   在文摘中检索含有单词"火车"和"控制"的记录

(2) 附加索引

附加索引是对文献中的编号、时间、数量、名称等信息做索引,附加索引字段与前缀的形式限制检索范围,命中记录与检索式精确匹配。指令格式:s 字段名=检索词。例如:

s PN=us 20070208405   检索专利号为 us 20070208405 的专利
s S2 and PY>1998   检索结果集合 S2 中出版时间在 1998 年之后的记录
s S1 not la=chinese   检索结果集合 S1 中的非中文文献

有了以上检索技术,Dialog 系统就能处理较复杂的查询提问,这种处理能力一般远比万维网搜索引擎和元搜索引擎强,它通过特定的搜索策略实现。

第四节 Dialog Web 用法

为了跟上查询系统发展潮流,Dialog 于 1997 年开发出了 WWW 型搜索引擎,叫作

DialogWeb,随后又推出了 DialogSelect 和 DataStar Web,这些产品极大地推进了 Dialog 与 Internet 的结合,也促进了 Dialog 的网上应用。

在图 8.4 中输入用户号和密码(Dialog 用户号和密码需要专门向 Dialog 公司申请,必须预交开户费用),可得到如图 8.7 所示 DialogWeb Command Search 页面。

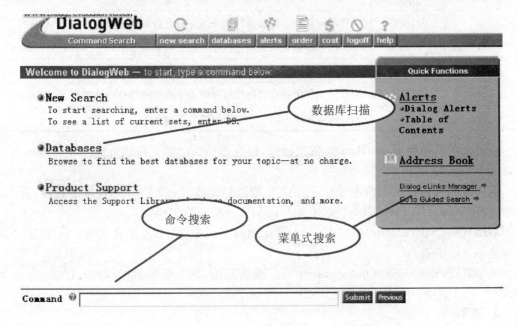

图 8.7　Dialog Web Command Search 页面

从这些页面可以看出 DialogWeb 提供三项主要功能:Database,Command Search 和 Guided Search,下面分别说明。

一、Commamd Search(命令搜索)

Command Search 是 DialogWeb 收费查询界面,在各图中选击 Command Search 即可进入。

在命令搜索界面键入打开数据库并提取文献信息的命令集如下:

b6,8,32,347,348,654;

s(silicon()single()crystal+single()crystal()silicon+monocrystal()silicon)*(doped+dopant? ?)*(antimony+stibium+Sb)/ti; rd; t s2/3,ab/all

系统会按照用户要求输出文献信息,此时要记住及时存盘,存盘完成后立即输入 logoff hold 或点击 logoff 按钮,结果存盘后可用任何编辑器调出阅读,上例前二条结果如图 8.8 所示。

其每条信息中依次列出的是 Dialog 输出格式、存取号码、文献题目、作者及作者单位、原始出处、摘要等文献信息,可以根据原始出处信息到图书馆等文献收藏机构查找全文。现在还没有通过网络进一步获取全文的一般方法,但某些文献也可能直接通过 Internet 付费提取,并已有少数免费全文数据库可用,如对于美国专利,URL 为 http://patent.womplex.ibm.com。

第八章 Dialog 数据库联机检索系统

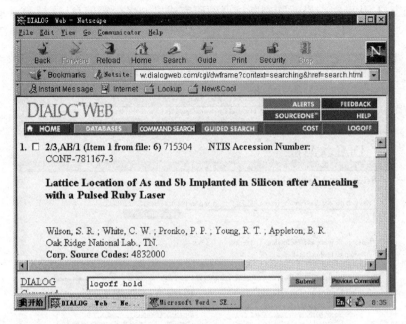

图 8.8

二、Database(数据库扫描)

它是专门为扫描数据库设计的免费搜索引擎,点击图 8.6 上的 Database 进入,如图 8.9 所示。

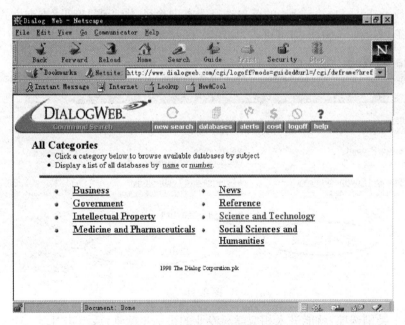

图 8.9 免费搜索引擎

必须选择一个具体学科范畴才能进入实质性搜索界面,例如,选择查 Science and Technology(科技类)后得到图 8.10,或选择 Social Sciences and Humanities(社科类)。

要了解世界上是否发表过研究某课题的论著,可以把该研究课题编成搜索策略形式输入以上查询窗口,从反馈结果就能判断该课题研究成果的多少等信息,这是 DialogWeb 的主要用途。

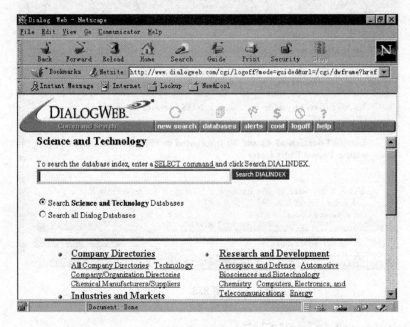

图 8.10

三、Guided Search(菜单式搜索)

Guide Search 是 Dialog 设计的菜单选择式查询途径,即所谓"傻瓜"查询方式,在图 8.7 中选击 Go To Guide Search 即可进入,如图 8.11 所示。

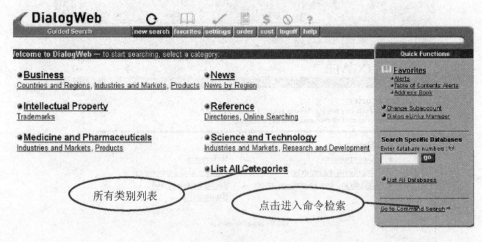

图 8.11

选击某一类别选项,就能进入相应学科专业的进一步搜索,或点击"List All Categories"进入所有类别细分列表,如图 8.12 所示。在"Medicine and Pharmaceuticals"类目下的"Research and Development"类目下点击"Medicine"选项,就进入医学研究方面的搜索。

进入医学方面的搜索页面后,系统进一步分类,因此只要点击想要搜索的类别,就可以继续往下搜索。例如点击 Medicine Research:Any Topic(任何医学研究课题),系统就转入

第八章 Dialog 数据库联机检索系统

图 8.13 带有对话框的页面。在搜索对话框内输入要查的词,如 immunology(免疫学),指定查某年的文献后点击 Search 按钮,系统就进行搜索。

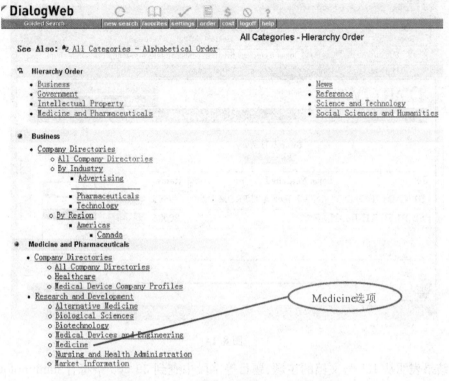

图 8.12

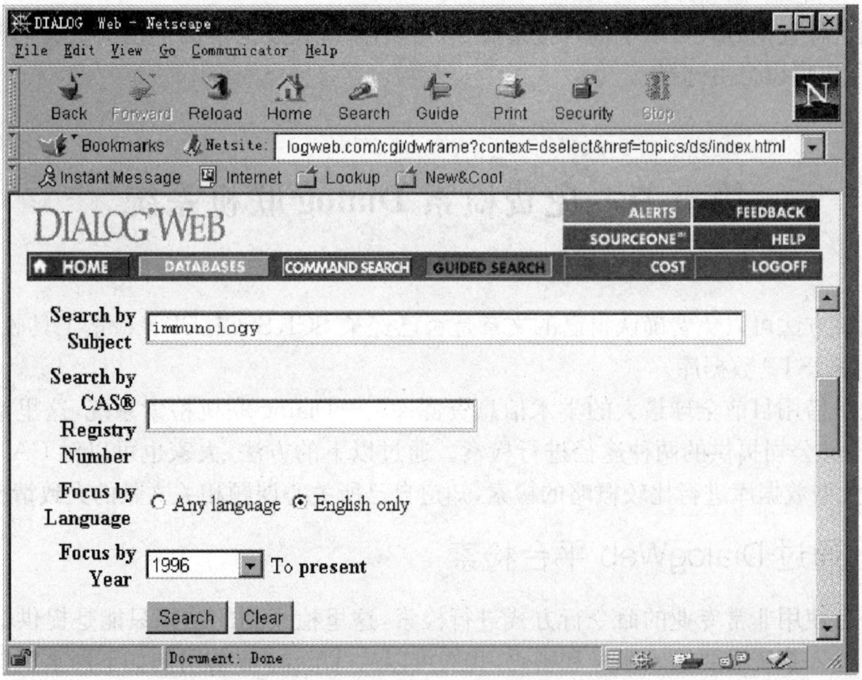

图 8.13

运行搜索后,返回信息如图 8.14 所示。

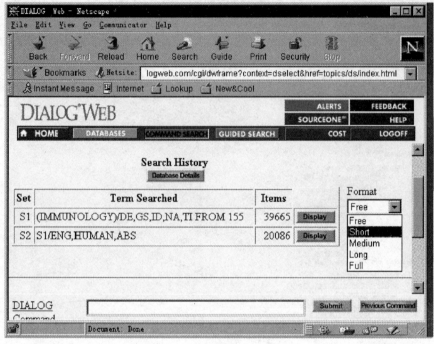

图 8.14

该结果表明从 155 号文档的主题、题目等字段中查到 39 665 条符合 immunology 的文献,其中进一步限定后有 20 086 条,可以选择 Short(短)、Medium(中)、Long(长)、Full(完全)或 Free(自由)格式显示这些结果。

采用这种查询方式可以不输入搜索命令,当然,系统在以上页面中也提供输入搜索命令的窗口,用户可以自由选择。

第五节 免费检索 Dialog 联机系统

使用该方法可以免费确认自己的文章是否已经被 SCI,SSCI,EI 等检索工具收录,目前还不能检索 ISTP 数据库。

方法是借用目前全球最大的学术信息资源库——Dialog 联机检索系统,这里给大家介绍 Thomson 公司提供的两种途径进行检索。通过以下的方法,大家也可以对 CA,BA,IN-SPEC 等大型数据库进行比较概略的检索,知道自己所关心课题相关文献的大致情况。

一、通过 DialogWeb 平台检索

该平台使用非常专业的命令行方式进行检索,这里检索到的结果只能是提供命中记录的数量。进入系统需要输入账号和密码,我们可以从 Thomson 公司的如下网页上找到免费的培训账号:training.dialog.com/sem_info/ontap_pw.html。这里的账号通常是 300404 至

300409,密码则 3 个月左右变化一次,请注意及时更新,如图 8.15 所示。

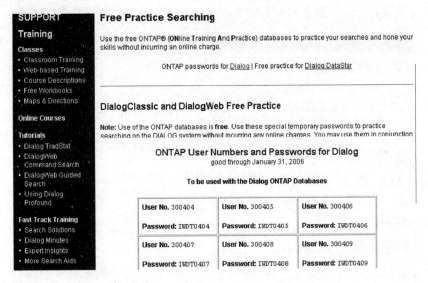

图 8.15　Training.dialog.com 的网页

用查到的用户名和密码在 Dialog Web 页登录可进入数据库选择页,单击"Databases"按钮,在大类选择页中选"Reference"大类,然后在页面左上方的文本框中输入检索提问式,再点击"Search"按钮,即可输出 SCI 数据库中满足该提问式的文献数量。例如要查找宁波大学郑岳青 2003 年度发表的论文"Synthesis and crystal structure of [Ni(H$_2$O)(6)][Ni(H$_2$O)(2)(C$_4$H$_2$O$_4$)]) center dot 4H(2)O"是否被 SCI 收录,检索提问式可写成:AU=ZHENG YQ AND PY=2003 AND CS=(NINGBO( )UNIV?) AND CRYSTAL(W)STRUCTURE/TI AND CENTER(W)DOT/TI。其中使用的任何字母和标点符号都是在英文状态下输入的半角符号。具体的检索规则可以通过点击具体的数据库进行查阅。但如果所要打开的不是免费数据库,则必须交付检索结果的输出费用。

二、通过 DialogSelect 平台下的 OpenAccess 检索

该平台不需要账号和密码,检索结果包括文章的题目及发表年份,也提供命中的记录数量。它使用的是我们通常所见的基于 Web 的数据库检索方式,易用性较 DialogWeb 较强。网页上也提供了简单的检索帮助(Tips),点击页面最上页的"Help"图标您还可以得到更详细的检索帮助。此处可以检索 DialogSelect 平台下 11 个主题中的 8 个主要主题,即商业(DialogBusiness)、化学(DialogChem)、环境与能源(DialogEnergy)、政府信息(DialogGov)、知识产权(DialogIP)、医学(DialogMed)、药品(DialogPharma)、工程技术(DialogTech)。

使用说明:

直接从 http://www.dialog.com/products/dialogselect/,或主页 http://www.dialog.com 进去,点击页面上部 products 下拉菜单,选择 Dialog 进入新页面,在此页面中下部选 DialogSelect 点击进入 DialogSelect 页面,在中间找到 Open Access,打开下拉菜单 select a category,选择任一类别,进行检索,如图 8.16 所示。

1. 各学科最新研究动态

我们以环境科学检索为例,在下拉菜单 select a category 中选择 Environment,可得到

图 8.17。从中我们可以选择各个分支选项或者进入 see all searches 界面,就可以继续得到图 8.18。这样我们可以了解这些最新的文献的题目和来自于什么数据库等信息。

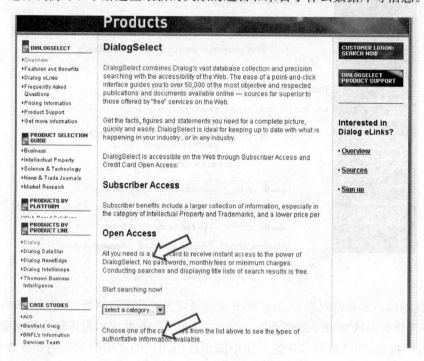

图 8.16　Dialogselect 页面

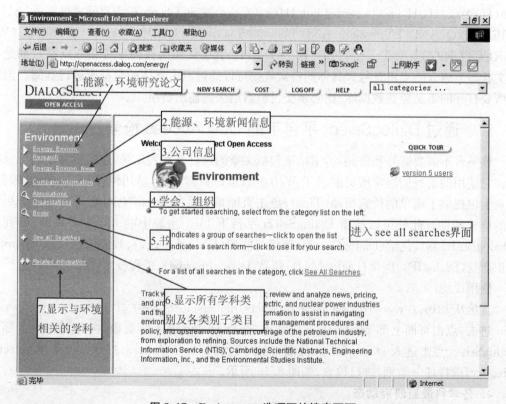

图 8.17　Environment 选项下的搜索页面

第八章　Dialog 数据库联机检索系统　　　　　　　　　　　　　　　　　　　　　163

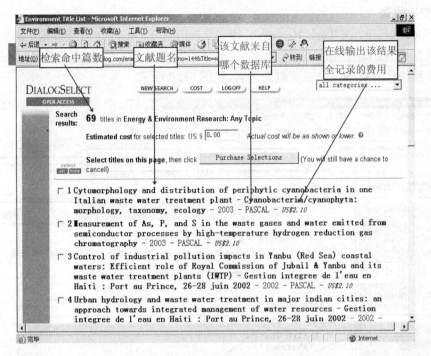

图 8.18　具体的环境科学文献详情

2. 查被引用

选 Engineering，选 Reference Information，选 Cited reference，选择 SciSearch，在 Last Name 输入姓，Initials 输入名的首字母，或者该文章的具体的卷页，点击 Search，就可以查到作者被引用文献的题名和具体的被引次数，如图 8.19 所示。

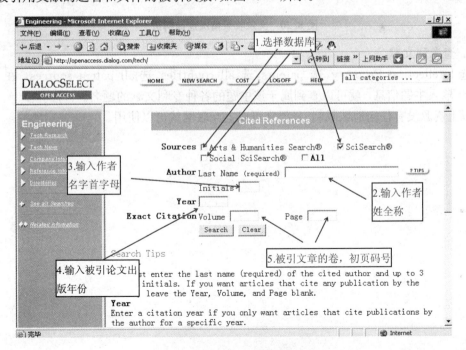

图 8.19　文章被引用情况查询网页

3. 查被收录

选 Engineering，选 Tech Research，选 Biotech，选 Bioscience & Biotech Reasearch，选择 SCI 数据库，在 Last Name 输入姓，在 First Initial 输入第一个名的首字母，点击 Search，就可以查到该作者被 SCI 收录文献的题名，如图 8.20 所示。

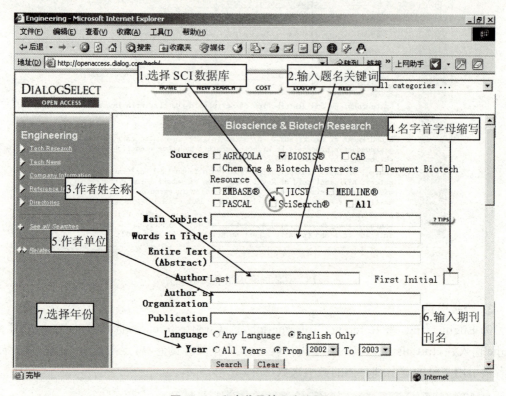

图 8.20　文章收录情况查询网页

4. 查专利文献

选 Intellectical Property，选 patents，选 all countries，选 all patent sources，在 Main Subject 输入主题信息，就可以查到属于该主题的各种专利文献的题名。

以上资源没有任何地域限制，只要您可以上互联网就可以使用。

第九章 信息检索与科学研究

第一节 科学研究的方法

一、科研课题的选题

科研工作是一个不断提出新的问题和解决新的问题的过程,而科研的选题是科研工作的起点。选择什么课题和如何选择课题是整个科研工作的第一步,选择恰当的课题,对日后的科研工作具有重要的指导意义。它决定着科研工作的研究方向、最终目标,决定着应采取的方法和途径。

1. 什么是科研课题

所谓科研课题是把学科中的问题,用科学的方法对其进行研究,最后得出正确的结论。一般科研课题的研究有以下五个主要步骤:① 科研课题的立项;② 成立相关的科研课题组;③ 制定可执行的课题研究方法;④ 课题论证评价;⑤ 有关部门的结题验收。

2. 怎样选好科研课题

(1) 科研课题必须具有实用性;
(2) 科研课题必须具有科学性;
(3) 科研课题必须具体明确,具有可操作性;
(4) 科研课题要有独创性。

二、科研实验中的基本步骤

(1) 选题,即提出问题和确立研究问题。
(2) 查阅文献。
(3) 确认研究的变量。

变量是指研究对象所具备的特性或属性,是研究所要解释、探讨、描述或检验的因素。因此也称为研究因素。

(4) 假设形成。
(5) 原始资料的收集。
(6) 科研资料的整理和分析。
(7) 撰写论文。

纵观科学研究的总体过程,要开展各领域的科学研究工作,首先必须做好文献检索准备,全面掌握相关研究领域的文献信息,及时了解该方向存在的亟待解决的难题、出现的新问题、提出的新观点,并由此总结归纳自己的研究方向,确立自己的研究目标。从原始资料的收集整理到最终成果的总结分享,无论哪个阶段,文献检索均有着极为重要的意义和价值。

第二节 信息检索推动科研创新

创新是知识时代的主旋律。创新是一个民族、一个国家发展的不竭动力。随着信息时代的来临,科研创新环境也发生着日新月异的变化。作为科研创新环境重要组成部分的信息检索技术理当为增强自主创新能力、促进科技事业的大发展提供保障。

科学的发展来源于科学知识的不断积累和对科学技术的继承与创新。新的科技进步来源于持续的科技论文的发表。这些科技论文进一步催生大量的技术专利。科技信息是报道新技术最快的信息源。通过查阅检索这些科技信息专利,发明家和科研人员可以在现有技术的基础上不断创新,推动科研技术的发展。据世界知识产权组织(WIPO)的统计,世界上90%~95%的发明创造都能在专利文献中找到,其中70%没有在其他文献中发表过。充分利用信息检索进行技术创新,可以节约经费40%,缩短时间60%。专利文献在技术创新中的作用主要表现在:① 立项查新时。检索是否具有新颖性和创造性。科研文献是展示世界现有技术、科学观念的窗口,在科研和技术创新或确定立项之前,应进行信息检索。立项查新是为了在前人已有的科学观念、技术基础上再进行新的科研技术创新,目的是提高科研起点,争取最具先进水平的技术成果。② 技术引进前。检索技术的先进程度,是否申请了专利和了解专利的有效期等。直接引进已有专利可以走捷径,避免重复研究,节约人力、物力和财力,在别人取得的成果基础上,迅速开发出更新的成果,提高技术创新的速度或调整研究方向。③ 科技攻关或技术革新时。检索到与项目技术相关的科研论文、专利内容,了解现有科研和技术状况,从中获取有关实验、技术方案的详细说明,对启发新思路、确定攻关重点,找准课题,解决现有技术难题,加快产品开发或技术革新进程,以及降低研究开发费用,将产生积极的借鉴和启迪作用。科研论文和专利文献是进行技术革新、技术改造和设计新产品的思维养料,是发明的向导。④ 科研和技术评价与预测。利用文献检索某一课题,可以了解国内外该课题的技术现状水平与发展动向,预测国外技术竞争对手的科学研究和技术发展趋势,以便制定规划与开发技术选题,或为成果鉴定提供较为翔实的依据。⑤ 追踪同行科学水平和技术动向。通过分析历年申请发表科学论文和专利数量的变化情况,可了解该课题科研水平和技术发展的全过程和发展动向;了解同行科研和专利活动发生、发展的过程以及发展趋势,从而找出其技术特色及开发重点。专利文献检索与分析有助于了解该专利的成熟程度、潜在市场和技术输出的重点领域;了解同行的新情况、新动向,找出技术间的差距,寻求科研和技术创新,或再申请专利,获得自主的知识产权。也可在有效仿制的基础上进行技术创新,形成后发优势。

第三节　知识发现与科研创新

1985年,美国芝加哥大学信息科学荣誉教授Swanson提出了"知识发现"的概念。从公开发表的非相关文献中发现某些知识片段间的隐含联系,并在此基础上提出科学假设或猜想,引导科研人员进行攻关或实验,从而发现新知识,进行科研创新。

一、基于相关信息检索的知识发现与创新

1. 什么是知识发现与创新

本书将知识发现定义为:从公开发表的文献之间的关系中,发现某些知识片段之间的隐含联系,这种联系可以是相似或同一学科之间的联系,也可以是看似不相关文献之间的联系,可以是横向的联系,也可以是纵向的联系。通过这些联系,可以发现科学发展的脉络或者引导人们提出科学假设或猜想,引导科研人员进行攻关或实验,从而发现新的知识。

2. 基于相关文献的知识发现

什么相关文献?相关文献间存在着下列一种或几种关系:引用与被引用;同被同一篇或几篇文献所引用;共同引用了其他文献;研究内容上明显属于同一领域的研究。对于相关文献的研究主要基于以下几种方法:

(1) 文献计量法

文献计量学是借助文献的各种特征的数量,采用数学与统计学方法来描述、评价和预测科学技术的现状与发展趋势的图书情报学分支学科。

目前常用的文献计量学方法是引文分析和H指数方法。

引文分析法的概念:利用各种数学及统计方法和比较、归纳、抽象、概括等逻辑方法,对科学期刊、论文、著者、研究机构等各种分析对象的引用和被引用现象进行分析,以揭示其数量特征和内在规律的一种文献分析研究方法。利用不同角度的引文分析可以达到不同的目的,例如,用以评价学者、机构的科研水平,分析科学的发展脉络、研究学科文献分布、确定核心期刊、研究文献用户的需求特点等等。这些工作建立在对大量文献之间关系的研究之上,这就是知识发现与普通文献检索之间的根本不同,也就是前者研究文献之间的关系,而后者只关注文献本身。

H指数法:2005年由美国加利福尼亚大学圣地亚哥分校的物理学家乔治·希尔施(Jorge Hirsch)提出。H指数法同时考虑某研究者的论文数量及其论文被引用的次数,用于评估研究人员的学术产出数量与学术产出水平。例如普林斯顿高等研究院,研究弦理论的粒子物理学家Edward Witten的H指数是110,这表明他发表的论文中有110篇论文至少被他人引用过110次。

(2) 内容分析法

对各种信息载体上的内容进行客观地、系统地描述和分析,将文字表示的资料转换为数量表示的资料的形式化方法。通过对同一研究领域大量文献的对比分析,寻找他们之间的联系和共同之处,从而得出一个综合的全面客观的结论,完成知识发现过程。

内容分析有三个基本环节:① 抽取文献样本;② 确定分析单位;③ 文献内容数量化。

例如:20世纪60年代对美国来说是一个骚乱的年代。方克豪瑟通过对期刊内容分析,来研究这一时期美国社会所面临的重大问题。他从美国1960年至1970年的期刊中,选出三种最著名的周刊,把这三种期刊在十年出版的全部论文作为他分析的样本,根据论文研究内容对社会问题的重要性排序,结果与盖洛普民意调查的结果有较大的一致性。

(3) 聚类分析法

又称群、集分析。以大量对象的测量或计量为基础,把具有相似性的一些数据组合为同一类的研究方法称为聚类分析法,是定量研究样品或指标分类问题的一种多元统计方法。

除聚类分析方法外,分类标引也是一种根据论文内容进行分类的分析方法。但两者存在不同点,聚类分析的类别是未知的,通过一定的统计分析(如词频统计等)确定类别,而分类标引是先有确定的类别,然后再归类。聚类分析的目的在于挖掘隐含的内容类别,而分类标引的目的在于将论文归入给定的某个分类。

如专利技术分析的作用是提高科研效率,规避侵权风险,了解某一领域的技术分布情况和发展趋势。专利技术分析作为一种知识发现方法,更关注的是专利文献之间的横向和纵向的关系,从而发现专利文献之间隐含的知识。

(4) 专利地图

专利地图在专利技术分析中具有非常重要的地位。专利地图就是由各种与专利相关的资料信息或者专利公开出版物,以统计分析方法,加以缜密及精细剖析整理制成各种可分析解读的图表信息,使其具有类似地图指向功能。如图9.1、图9.2、图9.3、图9.4所示。已经有不少企业通过制作行业的专利地图作为指引自己研发和竞争方向的依据和研究对手的工具。

图 9.1

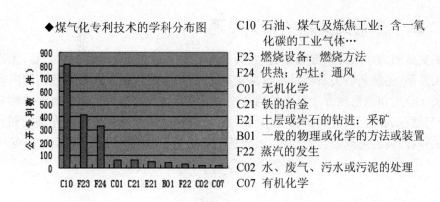

图 9.2

图 9.3

华东理工大学煤气化研究所的一段介绍：

煤气化技术最初都是由国外引进，但是存在着成本高，技术依赖性强的弊端，因此我国开始自主开发有关的煤气化技术，而 2006 年开始逐渐收到成效并开始产业化。华东理工大学的煤气化技术 2005 年就开始产业化了，之后几年的科研成果越来越多，技术日臻全面和成熟，2008 年 7 月 31 日，华东理工大学与美国 Valero 能源公司签订实施许可合同，将多喷嘴对置式气化技术应用于 Valero 公司石油焦气化制氢项目，实施费超过 1 亿元人民币。美国 Valero 能源公司是美国最大的炼油企业，所建设的石油焦气化制氢项目投资高达 30 亿美元，该项目采用了众多国际先进能源转化技术，而核心的气化技术选择了中国技术。这是中国首次向美国出口成套大型化工技术。

二、基于非相关文献的知识发现

相关文献间的关系是非常明显的,尤其是有了专门的引文检索数据库之后,无论是引用与被引用关系,还是共引关系都是很容易发现的,只需要顺着引文这条线或使用内容分析等基于相关文献的知识发现方法总能找到这些关系中所隐含的知识。但是对于非相关文献之间,由于文献在表面上没有反映出有任何联系,所以通过知识发现方法首先是找到它们之间隐含的关系,然后再发现隐含的知识,因此基于非相关文献的知识发现就更加困难一些。

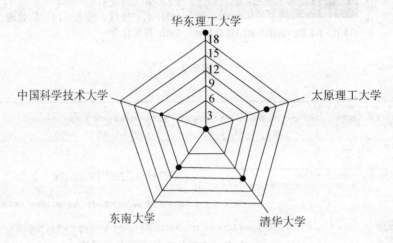

图 9.4　专利申请人的分布图

第四节　科技论文的写作

科技论文是科技工作者在科学研究(或试验)的基础上,对研究过程中出现的各种现象和问题的本质进行进一步的挖掘和分析,总结或创新得到的结果和观点,以书面的形式表达传递出来,为相关的科研工作者提供借鉴并广泛交流的重要形式。

一、科技论文的概念和分类

1. 定义

简单地说,科技论文是对创造性的科研成果进行理论分析和总结的科技写作文体。具体说来,科技论文是报道自然科学研究和技术开发创新工作成果的论说文章,它是通过运用概念、判断、推理、证明或反驳等逻辑思维手段,来分析表达自然科学理论和技术开发研究成果的。

2. 分类

科技论文的分类有很多种,以下是从两个不同的角度对科技论文进行分类,并说明各类论文的概念及写作要求。

从其发挥的作用来看可分为三类:一是学术性论文,二是技术性论文,三是学位论文。

(1) 学术性论文

指研究人员提供给学术性期刊发表或向学术会议提交的论文,它以报道学术研究成果为主要内容。学术性论文反映了该学科领域最新的、最前沿的科学水平和发展动向,对科学技术事业的发展起着重要的推动作用。这类论文应具有新的观点、新的分析方法和新的数据或结论,并具有科学性。

(2) 技术性论文

指工程技术人员为报道工程技术研究成果而提交的论文,这种研究成果主要是应用已有的理论来解决设计、技术、工艺、设备、材料等具体技术问题而取得的。技术性论文对技术进步和提高生产力起着直接的推动作用。这类论文应具有技术的先进性、实用性和科学性。

(3) 学位论文

指学位申请者提交的论文。这类论文依学位的高低又分为以下三种:① 学士论文;② 硕士论文;③ 博士论文。

学位论文是高等学校研究生、毕业生为获得学位进行科学研究而写出的学术型论文。中国科技信息中心所藏有部分复制品。《中国化工文摘》辟有"学位论文"栏目。学位论文的质量参差不齐,所探讨的内容比较专,有时在某些方面有独到见解,对研究工作有一定的参考价值。

从研究的方式和论述的内容可对科技论文作如下分类:① 实(试)验研究报告;② 理论推导;③ 理论分析;④ 设计计算;⑤ 专题论述;⑥ 综合论述。

二、科技论文的特点和写作要求

科技论文同一般的科技文章有共同之处,具有准确、鲜明、生动的特点,但作为科技论文,它又有自身的特殊属性。

一篇科技论文必须同时具有下述特点:

(1) 创新性或独创性。体现在研究方法、理论体系或实践上有新的突破,重在思维上的独创、方法上的改进和成果的新颖性。

(2) 理论性或学术性。体现在基于自身的研究或试验的前提下,得到的结论或提出的见解能揭示事物发展、变化的客观规律,能阐释科技领域中客观真理,从而推动科研进步。

(3) 科学性和准确性。体现在研究过程中实事求是,真实客观,定性和定量的准确,不虚假,要能经得起重复和检验。

(4) 规范性和可读性。体现在科技论文的写作要按照特定的格式进行,文字表达应准确规范,应采用国际或本国专用的名词术语、数字、符号、计量单位等。语言表达要严谨,逻辑要合理,思路要清晰。

三、科技论文的撰写格式

为了便于论文所报道的科学技术研究成果这一信息系统的收集、储存、处理、加工、检索、利用、交流和传播,1988年1月1日起实施的国家标准《科学技术报告、学位论文和学术论文的编写格式》(GB7713—1987)对科技论文的撰写和编排格式作了规定。

一般说,科技论文的组成部分和排列次序为:题名、作者署名、摘要、关键词、引言、正文、结论(和建议)、致谢、参考文献和附录。

1. 题名

(1) 题名的概念

题名,是论文的总纲,是能反映论文最重要的特定内容的最恰当、最简明的词语的逻辑组合。
(2) 题名的一般要求
① 准确得体。
② 简短精练。
GB7713—1987 规定,题名"一般不宜超过 20 字"。
③ 便于检索。
④ 容易认读。
(3) 题名的文字要求
题名一定要符合现代汉语的语法、修辞和逻辑规则,决不能出现语病,同时还要尽量做到给人以美感。具体有:结构应合理、选词应准确、详略应得当、语序应正确。

2. 署名

(1) 署名的意义
① 署名作为拥有著作权的声明。
② 署名表示文责自负的承诺。
③ 署名便于读者同作者联系。
(2) 署名对象
个人的研究成果,个人署名;集体的研究成果,集体署名(一般应署作者姓名,不宜只署课题组名称)。
(3) 署名的位置与格式
习惯上,学术性期刊中将署名置于题名下方,一般采用如下格式:
作者姓名(作者工作单位名称及地址)。

3. 摘要

(1) 摘要的概念和作用
摘要是对"论文的内容不加注释和评论的简短陈述"。
对一篇完整的论文都要求撰写随文摘要。其作用有二:
① 让读者尽快了解论文的主要内容,以补充题名的不足。
② 为科技情报人员和计算机检索提供方便。
(2) 摘要的分类
① 报道性摘要
报道性摘要即资料性摘要或情报性摘要。篇幅以 200～300 字为宜。
② 指示性摘要
指示性摘要即概述性摘要或简介性摘要。篇幅以 50～100 字为宜。
③ 报道—指示性摘要
报道—指示性摘要是以报道性摘要的形式表述论文中价值最高的那部分内容,其余部分则以指示性摘要形式表达。篇幅以 100～200 字为宜。
实际上,摘要的形式及其字数的多少不能依随文不随文而定,即使是随文摘要,也应根据论文价值的大小、刊发刊物的类型和论文中有用信息的多少来决定,否则摘要就可能失去应有的作用。
(3) 摘要段的内容
摘要中应写的内容一般包括研究工作的目的、方法、结果和结论,而重点是结果和结论。

(4) 摘要的写作要求

根据有关规定,可以把摘要的写作要求归纳成如下几点:

① 用第三人称;

② 简短精练,明确具体;

③ 格式要规范。尽可能用规范术语,不用非共知共用的符号和术语;

④ 文字表达上应符合"语言通顺,结构严谨,标点符号准确"的要求。

4. 关键词

关键词是为了满足文献标引或检索工作的需要而从论文中选取出的词或词组。每篇论文中应专门列出 3~8 个关键词,它们应能反映论文的主题内容。

5. 引言

(1) 引言的概念和内容

论文的引言又叫绪论。

引言主要包括:

① 研究的理由、目的和背景。

② 理论依据、实验基础和研究方法。

③ 预期的结果及其地位、作用和意义。

(2) 引言的写作要求

① 言简意赅,突出重点。

② 开门见山,不绕圈子。

③ 尊重科学,不落俗套。

6. 正文

正文即论证部分,是论文的核心部分。论文的论点、论据和论证都在这里阐述,因此它要占主要篇幅。

正文的内容应包括:理论分析、实验材料和方法、实验结果及其分析、结果的讨论等部分。

7. 结论

结论又称结束语、结语。它是在理论分析和实验验证的基础上,通过严密的逻辑推理而得出的富有创造性、指导性、经验性的结果描述。它又以自身的条理性、明确性、客观性反映了论文或研究成果的价值。结论与引言相呼应,同摘要一样,其作用是便于读者阅读和为二次文献作者提供依据。

8. 致谢

现代科学技术研究往往不是一个人能单独完成的,而需要他人的合作与帮助,因此,当研究成果以论文形式发表时,作者应当对他人的劳动给以充分肯定,并对他们表示感谢。

致谢的对象,是对本研究直接提供过资金、设备、人力以及文献资料等支持和帮助的团体和个人。

9. 参考文献

所谓"参考文献",是指"文后参考文献"。其概念是为撰写或编辑论著而引用的有关图书资料。

按规定,在科技论文中,凡是引用前人(包括作者自己过去)已发表的文献中的观点、数据和材料等,都要对它们在文中出现的地方予以标明,并在文末(致谢段之后)列出参考文献表。这项工作叫做参考文献著录。

(1) 参考文献著录的目的与作用

对于一篇完整的论文,参考文献著录是不可缺少的。归纳起来,参考文献著录的目的与作用主要体现在以下 5 个方面。

① 著录参考文献可以反映论文作者的科学态度和论文具有真实、广泛的科学依据,也反映出该论文的起点和深度。

② 著录参考文献能方便地把论文作者的成果与前人的成果区别开来。

③ 著录参考文献能起索引作用。读者通过著录的参考文献,可方便地检索和查找有关图书资料,以对该论文中的引文有更详尽的了解。

④ 著录参考文献有利于节省论文篇幅。

⑤ 著录参考文献有助于科技情报人员进行情报研究和文献计量学研究。

(2) 参考文献著录的原则

① 著录最必要、最新的文献。

② 著录公开发表的文献。

③ 采用标准化的著录格式。

(3) 参考文献著录的方法和要求

论文中参考文献的著录方法,我国国家标准《文后参考文献著录规则》(GB7714—1987)中规定采用"顺序编码制"和"著者-出版年制"这 2 种。其中,顺序编码制为我国科学技术期刊所普遍采用,在这里只介绍这一种。

① 文内标注格式

采用顺序编码制时,在引文处,按它们出现的先后用阿拉伯数字连续编码,并将序码置于方括号内,视具体情况把序码作为上角标,或者作为语句的组成部分。

采用顺序编码制时,在文后参考文献表中,各条文献按在论文中的文献序号顺序排列,项目应完整,内容应准确,各个项目的次序和著录符号应符合规定(请注意:参考文献表中各著录项之间的符号是"著录符号",而不是书面汉语或其他语言的"标点符号",所以不要用标点符号的概念去理解)。

论文中参考文献表置于"致谢"段之后,"附录"段之前。

② 各类文献著录的通用格式

(a) 专著

序号　著者. 书名. 版本. 出版地:出版者,出版年. 文献数量(选择项).

例如:

1　许家琪,等. 化学化工情报检索. 武汉:华中师范大学出版社,1986.

(b) 专著中析出的文献

序号　作者. 题名. 见(In):原文献责任者. 书名. 版本. 出版地:出版者,出版年. 在原文献中的位置数量.

示例:

2　黄蕴慧. 国际矿物学研究的动向. 见:程裕淇编. 世界地质科技发展动向. 北京:地质出版社,1982.38-39.

(c) 论文集中析出的文献

序号　作者. 题名. 见(In):编者. 文集名. 出版地:出版者,出版年. 在原文献中的位置.

示例：

3　赵秀珍.关于计算机学科中几个量和单位用法的建议.见：中国高等学校自然科学学报研究会编,科技编辑学论文集.北京：北京师范大学出版社,1997.125-129.

（d）期刊中析出的文献

序号　作者.题名.其他责任者.刊名,年,卷（期）：在原文献中的位置.

示例：

4　姚振兴,郑天愉,曹柏如,等.用P波波形资料测定中强地震震源过程和方法.地球物理学进展,1991,6(4)：34-36.

（e）报纸中析出的文献

序号　作者.题名.报纸名,年-月-日(版次).

示例：

5　国务院新闻办公室.中国的粮食问题.人民日报,1996-10-25(2).

（f）专利文献

序号　专利申请者.专利 题名.专利国别,专利文献种类,专利号.出版日期.

示例：

6　陈子康,温宏彦,成莹.桃潜蛾性信息素合成方法.中国专利,89106425.7.1991-07-06.

（g）技术标准

序号　起草责任者.标准代号 标准顺序号－发布年 标准名称.出版地：出版者,出版年（也可略去起草责任者、出版地、出版者和出版年）.

示例：

7　全国量和单位标准化技术委员会.GB3100-3102-93 量和单位.北京：中国标准出版社,1994.

（h）学位论文

序号　作者.题名：[学位论文].保存地：保存者,年份.

示例：

8　陶建人.动接触减振法及其应用[D].大连：大连理工大学,1988.

（i）会议论文

序号　作者.题名.会议名称,会址,会议年份.

示例：

9　惠梦君,吴德海,柳葆凯,等.奥氏体-贝氏体球铁的发展.全国铸造学会奥氏林-贝氏体球铁专业学术会议,武汉,1986.

10．附录

附属于正文,对正文起补充说明作用的信息材料,可以是文字、表格、图形等形式,也可以没有.

第十章 科学研究中的文献检索策略分析

第一节 什么是检索策略

计算机信息检索,实质上是计算机将输入的检索策略与系统中存储的文献特征标志及其逻辑组配关系进行类比、匹配的过程。由于信息需求本身具有不确定性,加之对数据库中的文献特征标志不能充分了解,以及系统功能的某些限制,都会不同程度地影响检索效果。但是,只要按照一定的检索步骤,制定良好的检索策略,便可以减少各种不利因素的影响,从而在系统中检索出满足用户需求的信息。

检索策略,就是在分析课题内容具有哪些概念单元的基础上,确定检索系统、检索文档、检索途径和检索词,并科学安排各检索词之间的位置关系、逻辑关系以及查找步骤等。检索策略是为实现检索目标而制订的计划或方案,指导整个检索过程,因此,检索策略几乎包括了与检索有关的基本知识的应用。检索策略考虑得是否周全,直接影响文献的查全率和查准率。

第二节 制定检索策略的一般步骤

一、分析信息需求,明确检索目的

信息需求是人们客观上或主观上对各种情报信息的一种需要。这种需求是人们索取情报信息的出发点,也是联机信息检索时选择数据库、确定检索策略以及评价检索效果的依据。不同类型的课题,其信息需求的范围和程度也不尽相同。例如,申请发明、申报成果奖励、鉴定及立项类的查新课题,往往需要全面地收集某一主题范围的文献信息,这类课题需要普查、追溯,应着眼于查全;而对于科研、生产中为解决某一特定问题的攻关课题,往往只要求检出的信息对自己的研究有所帮助,而对查找的文献范围不需要很广。因此,这类课题则要求查准。如何对信息需求进行正确的分析呢?不妨从信息需求的形式和内容两方面来分析。有关信息的形式需求要明确的问题有:

(1) 检索目的。检索是为了申报成果,还是为了了解学科的最新进展等,据此以制定出符合查全或查准要求的检索策略。

(2) 所需的文献量。规定所需文献数量的上限,对以后确定检索策略和控制检索费用是一个很重要的参数。

(3) 明确所需文献的语种、年代范围、类型、作者或其他形式特征,这对限定检索范围也很重要。

关于信息的内容需求要明确的问题主要有:

(1) 明确检索课题内容涉及的主要学科范围,这对以后选择合适的数据库很重要。

(2) 分析检索课题的主要内容,用自然语言来表达这些内容要求,这是联机检索中较为重要的环节。

举例分析:有关 Ionic Liquids(离子液体)课题研究:

(1) 检索目的:了解有关 Ionic Liquids 的研究进展和找出主要研究机构。

(2) 完成这项任务所需的信息:有关 Ionic Liquids 的高质量的期刊文献、会议文献以及专利文献,相关的综述论文等。

二、选择数据库,确定检索途径

分析了信息需求后,可根据已知的条件来选择合适的数据库,这一步隐含了检索系统的选择。如欲检索国外专利文献,则可以检索国内的 BDSIRS 系统的 GWZL 库。但其提供的检索途径及报道最新专利文献方面不及美国的 Dialog 系统的 WPI 库,当检索要求较高时,仍常选用美国的 Dialog 系统。

选择数据库时,首先应了解:

(1) 数据库收录的信息所涉及的学科领域;

(2) 收录的文献类型,最好能进一步了解文献的主要来源;

(3) 收录的时间范围;

(4) 数据库的基本索引及辅助索引,它们提供的检索途径及检索标志的特点;

(5) 数据库的检索费用,包括机时费和每篇记录的打印费。

数据库选定之后,其提供的检索途径也随之确定,并可根据已知的条件来确定某一个或几个检索途径。由于计算机存储容量大,运算速度快,又对比较多的字段建立了索引,它不仅可以帮助人们从手检中常用的主题词、分类号及作者等途径检索,而且可以从篇名、文摘的自由词、文献类型、期刊名称等途径进行检索,并且还能利用各种途径的组配进行交叉检索,这些都是手工检索所不及的。

应该首先选择重要的文摘型检索工具,如 SCI 数据库和 ISI Proceedings 数据库。一般来说,对于查全率要求较高的信息问题,可先用文摘型检索工具,找到线索后,循线索利用全文型检索工具查找原始文献。

三、确定课题的概念组面和检索标志

弄清信息需求,了解了检索课题的主要内容后,确定其概念组面和检索标志是重要的一步。当检索课题包含较复杂的主题内容时,应明确组成课题内容的几个概念组面,并通过一定的逻辑组配形成一定的复合概念或概念关系来表达用户的信息需求。

确定了课题的概念组面,还须将概念组面转换成相应的为系统所识别的检索标志,检索标志的表示应符合两方面的要求,一是切题性,即检索标志反映信息需求;二是匹配性,即检索标志和检索系统的存贮特征标志相一致。

检索标志一般有如下三种形式:

1. 规范词

从待检数据库的叙词表或主题词表中选取规范化的词或词组,因为词表是数据库标引和检索必须共同遵循使用的检索语言。为了使检索提问标志与文献特征标志相一致,获得最佳的检索效果,应优先选用规范词。

2. 规范化的代码

索引代码是数据库系统为某些主题范畴或主题概念规定的索引单元。这类单元有很好的专指性,是一种有较好检索效果的文献特征标志。如国际专利分类号 IC=,PTS 数据库的产品代码 PC=,标准工业代码 SC=等。

3. 自由词

使用自由词检索能够充分利用系统的全文查找功能。规范词或代码的选择需利用词表或分类表等进行自然语言到规范语言的转换,而标引人员和检索人员的思路不一致时也会影响检索效果。此时,用自由词在篇名、文摘甚至全文中查找显露出一定优越性,自由词直接、简明是科技人员易为接受、较为常用的一种方法。

四、拟定检索提问式,确定具体的查找程序

检索提问式,是指计算机信息检索中用来表达用户检索提问的逻辑表达式,由检索词和各种布尔逻辑算符、位置算符以及系统规定的其他组配连接符号组成。从某种意义上讲,检索式是检索策略的具体体现,它的质量好坏,将关系到检索策略的成败。

检索标志确定后,接下来就是用一定的组配关系把各个检索标志连接起来组成检索提问式,并表达各种复杂的概念关系,以准确地表达信息需求。要注意各种逻辑运算符、位置算符、截词符等的使用方法,如位置算符的数量及先后次序,还要考虑各个检索项的限定要求及输入的次序,以及根据反馈信息对检索式进行调整等,参见检索策略部分。

五、定位和获取资料

找到所选定的文献检索工具,进行信息检索后,我们还要对其分析,确定是不是我们要找的信息,有没有什么问题。

举例分析:catalyst(催化剂)的研究。

在 SCI 数据库中检索时,使用主题语言,以"catalyst"为检索词实施检索,命中文献量太多,利用文献内容类型和研究机构的分类检索语言,可以很方便地发现综述文献和主要研究机构。

六、整理信息

我们可以利用资料卡片摘录相关信息,或用 Word 或 Excel 文档编辑信息,也可以用文献管理工具如 EndNote 等管理软件对文献信息进行整理运用。

七、文献信息检索的效果评价

评价检索效果,主要是为了分析影响检索效果的因素,调整检索策略,改进检索系统的性能,提高检索效果,满足用户检索信息的需求。判定检索效果的主要标准可从查准率和查全率来衡量。

查准率(Precision),即检出的相关文献与检出的全部文献的百分比。普遍表示为:查准

率=(检索出的相关信息量/检索出的信息总量)×100%。

查全率(Recall),是衡量某一检索系统从文献集合中检出相关文献成功度的一项指标,即检出的相关文献与全部相关文献的百分比。普遍表示为:查全率=(检索出的相关信息量/系统中的相关信息总量)×100%。

查准率和查全率结合起来,描述了系统的检索成功率、查全率和查准率之间有着互逆的关系,就是说查全率提高,查准率就下降,反之亦然。在计算机检索中,一般认为查准率为60%~70%,查全率为40%~60%是较为理想的。

第三节 提高检索效率的措施

一、准确地进行信息需求分析

信息检索的过程就是信息集合与信息需求的一个匹配过程。在实施检索之前,用户必须对信息需求进行细致分析,明确检索目的;明确课题的主要内容以及所涉及的知识点;明确需要的文献类型、年代范围;明确查询的侧重点,对查新、查准、查全的指标要求等,并用描述文献特征和表达信息检索提问的专用语言——检索语言构成信息提问。

二、优化检索策略

选取恰当的检索词,采用相应的逻辑组配,灵活选用各种检索方法和检索技巧,优化检索策略,通过检索结果反馈及信息需求进行检索策略的调整,直到检索出来的文献信息满足检索需求为止。

三、选择功能完善的文献资源系统

选择功能完善的文献资源系统是保证检索效率和检索质量的重要条件。由于文献资源类型多种多样,各种资源系统都有自己的特色,如文献收录的学科范围、文献的类型范围、文献的国别、语种范围等均各有侧重。同时,各种检索系统都有各自的特点,因此,检索人员应根据检索课题的要求和检索系统的特点,以及检索者掌握的知识条件来选择数据库,可考虑以下几个主要依据:

(1) 数据库的类型是否满足检索需要;
(2) 数据库的学科专业范围是否全面、系统;
(3) 数据库收录的文献类型、文献存贮年限、更新周期是否符合检索需求;
(4) 数据库对文献的描述程度、标引深度、专指度是否按标准化著录;
(5) 数据库检索功能是否比较完善。

四、提高检索人员的工作水平和能力

检索人员的综合素质的高低决定了信息检索的效果和效率,比如能否选择合理的检索词,是否了解逻辑组配方式,是否掌握检索技术并能制定和调整相应的检索策略,对提高检索效果至关重要。可以通过技能培训、学术交流、继续教育等方式来提高检索者的知识水平

和专业技能,提升检索人员的综合素质水平。

五、调整查全率和查准率

在不同的情况下,对文献检索效果的查全率和查准率要求也不同。有时,希望收集的文献信息范围更全面,这时就要以提高查全率为重点;有时希望找到的文献相关度更高,就以提高查准率为重点。在实际检索中可根据不同的检索要求,合理地调节查全率和查准率,使检索的结果最大限度地满足信息检索要求,从而达到最佳的检索效果。

第四节 原 文 获 取

各种检索技术帮助我们获得了文献的基本信息,但是对于科学研究来说阅读原文是必不可少的重要环节,原文中有很多重要信息是不一定在文摘中体现出来的,诸如数据、图表等,这些信息都需要阅读全文才能获得。

一、原文的线索

1. 通过著录信息判断原文的文献类型

不同的数据库收录的文献类型不同,只有充分了解所要查找的文献类型,才能有针对性地快速找到相应的文献。不同的文献类型具有不同的典型特征,这里介绍的文献类型是按照文献的出版形式划分的,这也是数据库或其他文献信息源常用的分类方法,根据简单的著录一般能够判断文献的类型。

常见的原文文献类型:

(1) 图书

一般图书包括了书名、作者、出版社以及版次、字数等。其中最重要的是 ISBN 号,每本书都有唯一的 ISBN 号,如果我们知道该书的 ISBN 号,则可以方便地进行检索。如图 10.1 所示。

图 10.1

(2) 学术期刊(连续出版物)

和图书类似,典型的学术期刊中发表的文章起始信息都包含了题目、作者、单位等。其中最重要的是期刊的名字和该文章的卷期号和页码,还有期刊的ISSN号。如果我们知道这些信息就很容易搜索到该期刊文章的信息。如图10.2所示。

题名: 溶氧水平与搅拌转速对发酵生产
　　　透明质酸分子量的影响
作者: 杨利,张旭,谭文松
作者单位: 华东理工大学生物反应器工
　　　程国家重点实验室,上海,200237
刊名: 华东理工大学学报(自然科学版)
年/卷/期: 2008/34/06
ISSN: 1006-3080
分类号: TQ920.6

图 10.2

(3) 报纸(连续出版物)

报纸的信息如图10.3所示那样,时间和报纸名称、文章的题目等都是查询的主要依据。

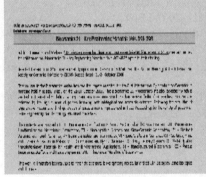

图 10.3

(4) 会议文献

会议文献的明显标志是著录信息中含有conference、meeting或proceedings等字样,同时包含会议的时间、地点、会议名称等,显示的论文来源为某会议论文集。如图10.4所示。

(5) 专利文献

如图10.5所示。

(6) 学位论文

如图10.6所示。

(7) 技术标准

如图10.7所示。

(8) 研究报告

研究取得成果以后撰写的正式报告,或者是在研究过程中每个阶段进展情况的实际记录。

题目：木质素降解模式菌Phanerochaete
　　　chrysosporium分子生物学研究进展
作者：马星霞　蒋明亮　段新芳
会议名称：第一届全国生物质材料科学与
　　　　　技术学术研讨会
会议时间：2007-08-19
会议地点：北京
主办单位：中国林学会
母体文献：第一届全国生物质材料科学与
　　　　　技术学术研讨会论文集
出版时间：2007-08-19　页码：271~275

图 10.4

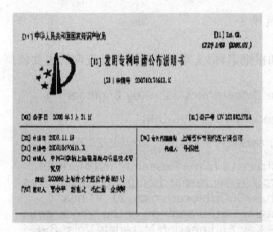

名称：基于纳米金探针的基因芯片的DNA
　　　的检测方法
公开（公告）号：CN101182578
主分类号：C12Q1/68(2006.01) I
申请日：2007-11-09
申请（专利权）人：中国科学院上海微系统
　　　　　　　　　与信息技术研究所
发明（设计）人：贾春平；赵建龙；毛红菊；
　　　　　　　　金庆辉
专利代理机构：上海智信专利代理有限公司
代理人：潘振甦

图 10.5

基因芯片分析比较
作者：单文娟
作者专业：林木基因组与生物信息学
导师姓名：童春发
授予学位：硕士
授予单位：南京林业大学
授予学位时间：2008-06-01

图 10.6

（9）政府出版物

政府部门及其研究机构出版或发表的文献产品样本（产品目录、说明书和产品资料等）。

水质·微生物学·培养基的质量控制
标准编号： NF T90-461/A1-2005
英文名称： Water quality-Microbiology-Quality control of culture media
正文语种： 其他
发布单位： FR-AFNOR
发布日期： 2005-06-01
实施日期： 2005-06-20
标准状态： ST
中国分类号： X50
中国标准分类号： Z16

图 10.7

2. 信息来源记录

信息来源也就是文献的出处，它标明了文献所在的期刊、图书、论文集、报纸等不同类型的出版物名称，并包括出版的时间和文献的页码等信息。一般来说这样的信息来源记录有两种：

（1）完全信息

完全信息的信息记录很完整，明确说明了文献的出处，期刊名称采用全名，而不是缩写。

（2）缩写信息

很多数据库采用刊名的缩写形式著录，这种情况在某些时候给查找全文造成了一定的不便。

不完全信息情况下期刊全文的查找途径：

第一，利用 ISSN 号。

一般文献的著录项目中，都有 ISSN 号，如果我们不知道期刊刊名的全称，可以使用 ISSN 号检索，由于此号码与期刊的唯一对应性，我们可以顺利地检索到该期刊。

第二，利用某些数据库。

有很多数据库都提供了期刊刊名缩写与全称对照表，如 JCR 数据库。

二、获取全文的途径

获取原文的途径主要有：

1. 图书馆的馆藏

包括印刷版馆藏与电子版馆藏，如图 10.8 所示。

高校图书馆、信息中心、资料室是获取原文的首选，因为用户对自己的馆藏更熟悉、更了解，使用起来更加方便。

2. 馆际互借

馆际互借就是对于本馆没有的文献，在本馆读者需要时，根据馆际互借制度、协议、办法和收费标准，向外馆借入提供给读者使用；反之，当外馆向本馆提出馆际互借请求时，借出本馆所拥有的文献，满足外馆的文献需求。如图 10.9 所示。

通过馆际互借，各个图书馆和其他文献收藏机构之间实现了资源共享，使文献资源能够发挥更大的价值。

3. 网络免费资源及开放获取资源(OA)

因特网上已有相当数目的信息资源，而且有一部分是免费的。

图 10.8

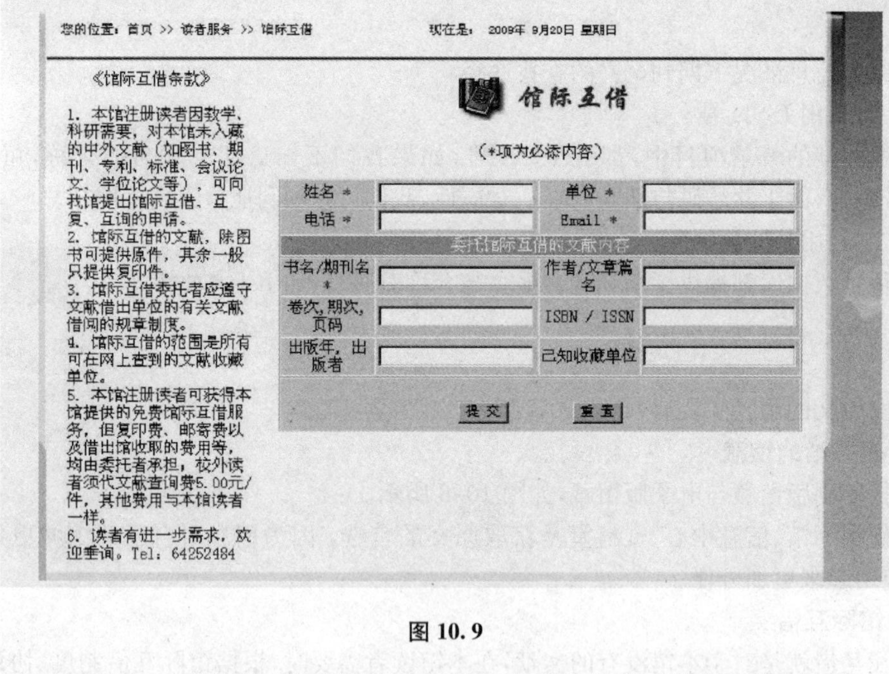

图 10.9

OA(Open Access)资源是指可以通过互联网免费使用的开放获取资源。从文献类型来看,OA 资源包括学术论文、会议录、预印文稿、讲义、学习札记、新闻稿等。

4. 与文章作者联系索取原文

读者可直接与文章作者联系索取原文,不仅比较经济,而且也是进行学术交流的好途径,往往会得到著者的大力支持,他们有时会乐意将其系列研究成果及掌握的一些相关科技前沿信息提供给读者。

5. 文献传递服务

文献传递是将用户所需的文献复制品以有效的方式,直接或间接传递给用户的一种非返还式的文献提供服务,它具有快速、高效、简便的特点。通过开展文献传递服务,不仅缓解了图书馆经费、资源不足与读者日益增长的文献需求之间的矛盾,也对教学科研起到了很好的支撑作用。

6. 其他途径

如利用 Google 学术、百度文库等获取原文信息。

第十一章　参考文献管理软件 EndNote 使用介绍

第一节　参考文献管理软件——EndNote 简介

一、参考文献的意义

在当今数字化的时代，随着论文和期刊数量的激增，各学科的文献总量也在呈现爆炸式增长。这些参考文献对于科技工作者具有重要的意义：

（1）参考文献体现着作者知识面的范围和知识的更新程度。

（2）参考文献是论文中一些论证的证据支持。

（3）SCI 影响因子（IF）是通过分析论文参考文献获得的，是评判一篇论文、一本期刊学术地位的重要依据。

因此，文献调研已经成为科研工作必不可少的部分，据统计花在文献方面的时间甚至会占到整个科研活动的 80%。

二、参考文献管理软件

科研工作是一项严谨的工作，参考文献编排的疏漏自然影响了个人的学术形象，甚至影响到论文能否顺利录用（Accepted）和出版。

科技工作者需要解决两个方面的问题：第一，如何对这些电子文献进行有效的组织和管理，从而提高信息处理和知识吸收的效率；第二，科技论文的撰写，特别是综述文章和专著的撰写，引文的整理、标注和顺序排列的工作量是巨大的，传统的手工录入格式已经远远不能满足写作的要求。

因此，许多文献管理软件由此应运而生。当前常有的几款文献管理工具有：EndNote, NoteExpress, Biblioscape, Reference Manager, ProCite, RefWorks 等。

其中 EndNote 是 Thomson 公司的产品，是目前很受欢迎的一款文献管理软件。

三、使用 EndNote 的理由

EndNote 工具应用广泛，是众多管理工具中的佼佼者，是研究人员、分析人员们进行文献管理的专业助手。使用 EndNote 的理由如下：

（1）EndNote 是 SCI（Thomson Scientific 公司）的官方软件，支持国际期刊的参考文献格式有 3 776 种，写作模板几百种，涵盖各个领域的杂志。我们可以方便地使用这些格式和模板，如果我们准备写 SCI 稿件，更有必要采用此软件。

（2）EndNote 能直接连接上千个数据库，并提供通用的检索方式，大大提高了科技文献的检索效率。

（3）EndNote 能管理的数据库没有上限，至少能管理数十万条参考文献。

（4）EndNote 快捷工具嵌入到 Word 编辑器中，可以很方便地边书写论文边插入参考文献，书写过程中不用担心插入的参考文献会发生格式错误或连接错误。

（5）EndNote 的系统资源占用小，很少发生因 EndNote 数据库过大发生计算机死机现象，这是 EndNote 最重要的特色之一。

（6）国外数据库下载数据时，均支持 EndNote，即使检索的机器上没有安装 EndNote 照样方便使用。

（7）EndNote 有很强的功能扩展，如果默认安装的 EndNote 不能满足要求，还可以很方便地扩展其功能而不需要专业的编程知识。

（8）EndNote 的应用不仅仅局限于投稿论文的写作，对于学生毕业论文的写作也会起到很好的助手作用。

总之，只要写的材料中牵涉到参考文献就有 EndNote 的用武之地。

第二节　EndNote 使用方法

一、EndNote 基本功能简析

EndNote 通过将不同来源的文献信息下载到本地，建立本地数据库，从而实现对文献信息的管理和使用；与 Microsoft Word 相嵌合，为论文、报告中参考文献的引入提供方便。EndNote X4 是该款软件目前最新的一个版本。如图 11.1 所示。

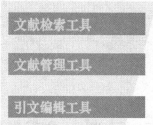

图 11.1

其工作流程图如图 11.2 所示。

通过将不同来源的数据整合到一起，自动剔除重复的信息，从而避免重复阅读来自不同数据库的相同信息。同时可以非常方便地进行数据库检索，进行一定的统计分析等。另一个重要的功能是，在撰写论文、报告或书籍时，EndNote 可以非常方便地编排参考文献格式。

还可以非常方便地做笔记,以及进行某一篇文献相关资料的管理,如网页、全文、图片和表格等。

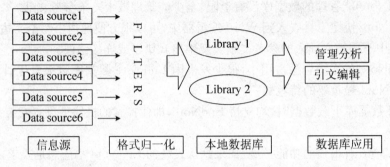

图 11.2

学习并掌握文献管理软件,可以提高我们阅读文献,获取信息的效率,可以省去撰写文稿时手动编排文献的麻烦。同时 EndNote 可以非常方便地做笔记,并对笔记进行管理。为我们撰写综述或阅读大量文献时提供了极大的方便。

二、EndNote 安装

1. 安装的系统要求

计算机系统:Windows XP SP2 以上;
Word 版本:Word 2000 以上;
至少是 Pentium 450 MHz 以上的 CPU;
至少可提供 512 Mb 的 RAM;
至少可提供 180 Mb 硬盘空间。

2. 安装过程

从相关网站上下载 EndNote X4 压缩包。解压缩后出现两个程序:ENX4Inst. msi 和 License. dat,将这两个程序放在同一个文件夹内,按照安装文件提示进行安装。安装完成后,EndNote 工具栏自动出现在 Word 里,如图 11.3 所示。

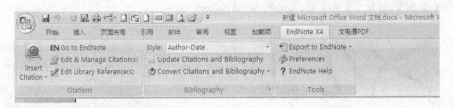

图 11.3

三、EndNote 文献数据库的建立

数据库建立是文献管理及应用的基础,建立数据库就是将不同来源的相关资料放到一个文件中,汇聚成一个数据库文件,同时剔除来源不同的重复文献信息,便于分析、管理和应用。

1. 初识 EndNote

运行 EndNote 后,出现的第一个界面如图 11.4 所示。

第十一章　参考文献管理软件 EndNote 使用介绍

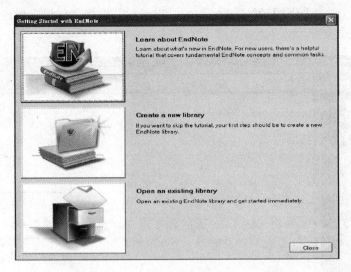

图 11.4

第一种方式，点击图示"Open an existing EndNote library"。可以选择要打开的数据库文件。当打开 Sample Library 时，你会在 EndNote Library 视窗介面，看到视窗包含三个部份，如图 11.5 所示。

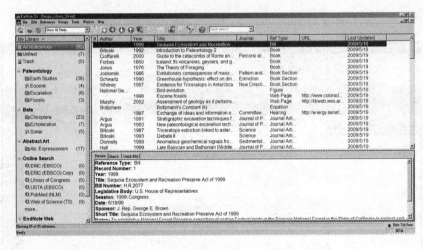

图 11.5

(1) 参考文献清单视图

呈现参考文献清单区域，具多个栏位；预设第一栏以回形针显示该参考文献书目是否有附加档案。接着为第一作者的姓(Author)、年代(Year)、标题(Title)、期刊名称(或第二标题)、参考书目类型(Reference Type)、网址(URL)和最后更新日期(Last Updated)。

(2) 群组视窗

视窗左方呈现参考资料之不同群组分群，以方便直接查找参考文献。

(3) 分页视窗

EndNote Library 右下方的分页视窗可以 Preview 预览每笔书目资料内容和书目格式；点 Search 分页进行 EndNote Library 书目查询或线上资料库之书目查找；Quick Edit 可针对预览的书目资料进行即时的修改编辑。

第二种方式,点击上图图示"Create a new library",选择文件保存地址并输入文件名,如图 11.6 所示。

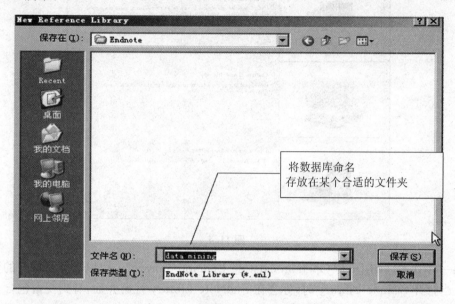

图 11.6

建立的新建空数据库文件如图 11.7 所示。

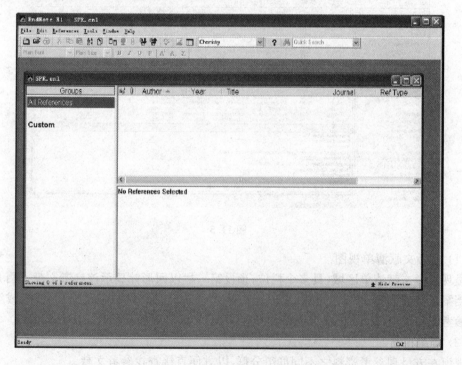

图 11.7

2. EndNote 数据库建立的方式

EndNote 软件中建立数据库的方式有五种:手动输入,直接联网检索,网站输出,格式转换,已有文件导入。

第十一章 参考文献管理软件 EndNote 使用介绍

（1）手动输入建立数据库

手动输入主要针对少数几篇文献,无法直接从网上下载,或者一时的想法等。手动由于工作量较大,无法应付大量的文献工作。

在上图中点击快捷键 New Reference,也可以在 References 菜单下选择 New Reference。New references 的界面如图 11.8 所示。

图 11.8

输入文献的信息窗口如下图所示,每条文献记录有多个字段组成,包括 Author,Year,Title 等。下拉菜单显示的是文献的类型,选择文献类型是期刊论文(Journal Article),或是书(Book),或是专利(Patent),所显示的字段会有所差别。EndNote X1 中提供 39 种文献类型。

手动输入文献信息方式比较简单,首先选择适当的文献类型,按照已经设好的字段填入相应的信息即可。并不是所有的字段都需要填写,可以只填写必要的信息,也可以详细填写。注意:人名的位置必须一个人名填一行,否则软件无法区分是一个人还是多个人名,因为各个国家人名的表示差异较大。关键词的位置也一样,一个关键词一行。如图 11.9 所示。

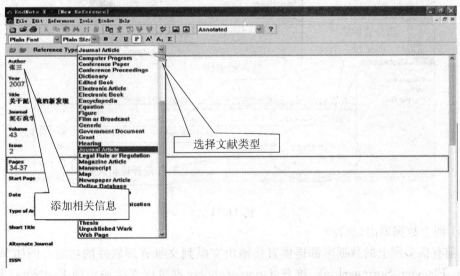

图 11.9

此种方式主要针对少数文献,或无法直接从网上下载的文献。注意:人名、关键词的位置必须一个人名或一个关键词填一行。

(2)用软件直接联网下载

内建 Online Search 工具,利用 Z39.50 协议与数据库联机检索。目前能以这种方式检索的数据库还不多,包括常用的 Web of Knowledge 平台。如图 11.10 和图 11.11 所示。

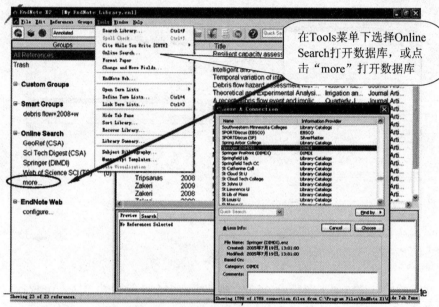

图 11.10

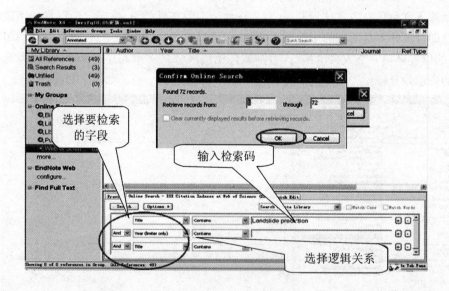

图 11.11

(3)网上数据输出(推荐)

目前有很多网上的数据库都提供直接输出文献到文献管理软件的功能。例如 Web of science、Elsevier、SpringerLink、维普、GoogleScholar 都可以直接输出到 EndNote,下面以这些数据库为例加以说明。

第十一章 参考文献管理软件 EndNote 使用介绍

① 网上数据输出——Web of science

如图 11.12,图 11.13 所示。

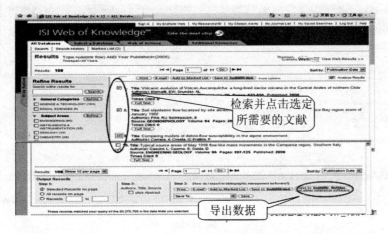

图 11.12

图 11.13

② 网上数据输出—— Elsevier

如图 11.14,图 11.15 所示。

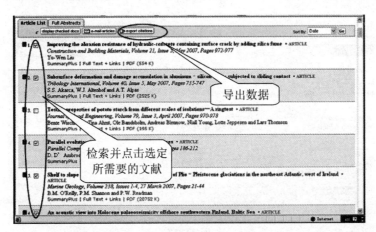

图 11.14

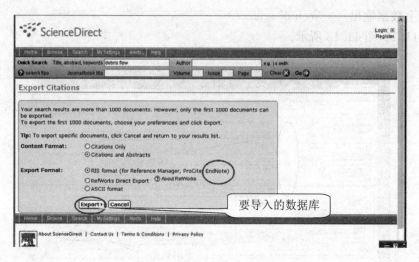

图 11.15

③ 网上数据输出——SpringerLink

如图 11.16、图 11.17、图 11.18 所示。

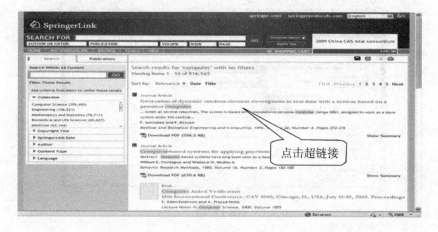

图 11.16

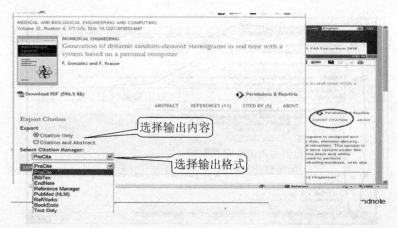

图 11.17

第十一章 参考文献管理软件 EndNote 使用介绍

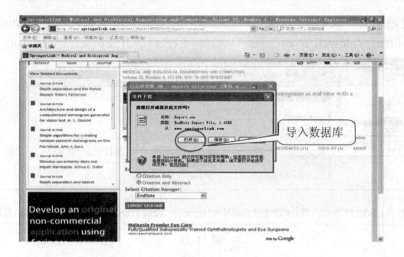

图 11.18

④ 网上数据输出——维普

如图 11.19、图 11.20、图 11.21 所示。

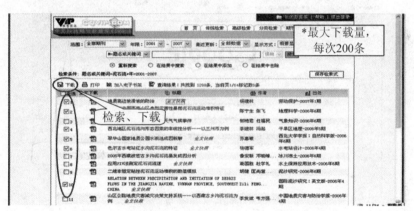

图 11.19

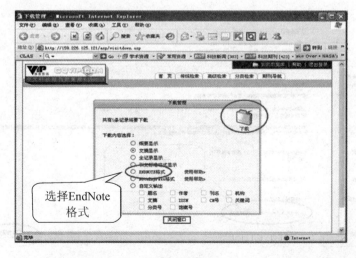

图 11.20

到维普网站上下载 filter 并保存到您电脑中的 EndNote 安装目录下的/filters 文件夹。
下载地址：http://oldweb.cqvip.com/Downloadcenter/VIP-For-EndNote.asp。

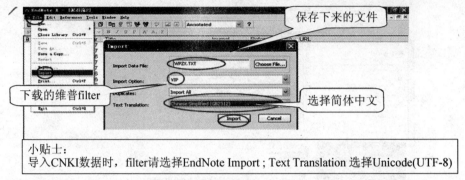

图 11.21

⑤ 网上数据输出——GoogleScholar

如图 11.22、图 11.23、图 11.24、图 11.25 所示。

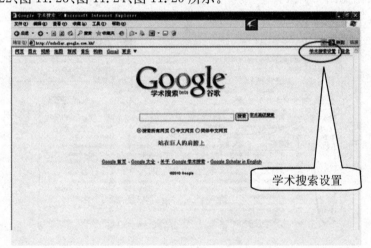

图 11.22

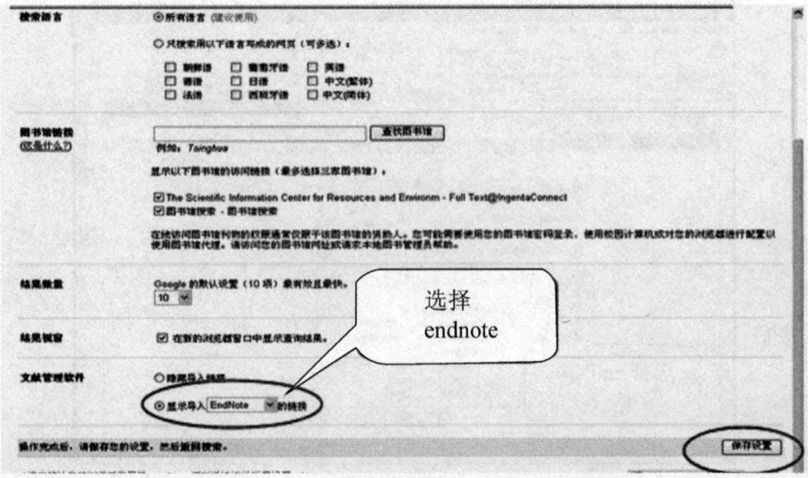

图 11.23

第十一章 参考文献管理软件 EndNote 使用介绍

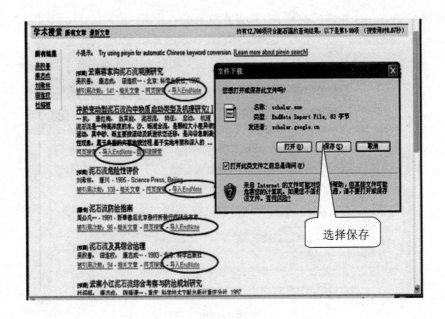

图 11.24

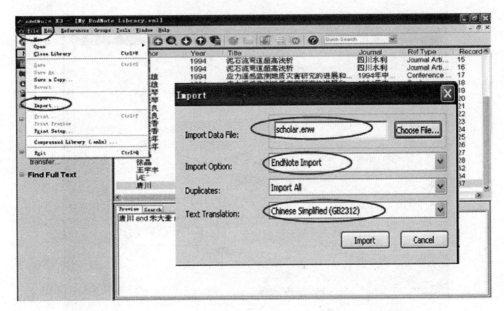

图 11.25

（4）格式转换

通过格式转换相对来说是种比较麻烦的方式，不是迫不得已，一般不会采用的。格式转换一般把资料保存为文本文件，然后导入到 EndNote 中。要选择正确的 filter，否则无法正确转换。对于中文的文献资料信息，可以先保存为文本，按照 EndNote 程序的要求进行一定的替换，然后再导入即可。具体方式请参见英文说明书。也可以利用 ultraedit 来编写宏，实现自动替换。目前需要这样通过文本转换的主要是中文文献。

格式转换——CSA（剑桥科学文摘）为例：

连接到 CSA 网站,并进行检索,检索结果如图 11.26 所示。

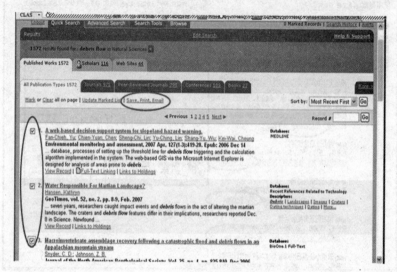

图 11.26

将第二个标记的地方 send to 下拉菜单的地方选择 Text,如图 11.27 所示。

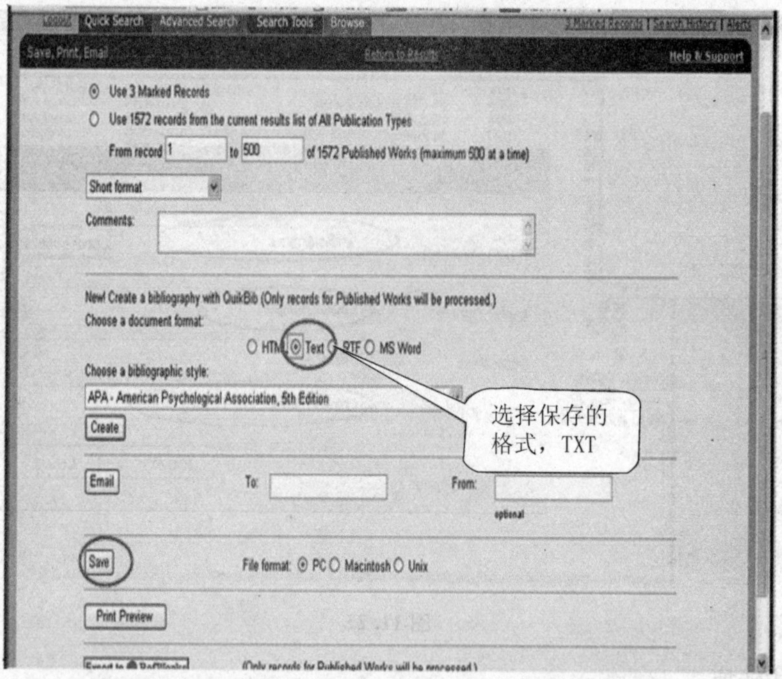

图 11.27

将上述窗口保存为纯文本格式的文件,或者拷贝粘贴到记事本里,保存为纯文本文件。然后通过 EndNote 里的 Import 导入即可。

在 EndNote 主程序界面,选择 File—Import,选择要导入的文件和转换格式,Import 即可。整个过程如图 11.28 所示。

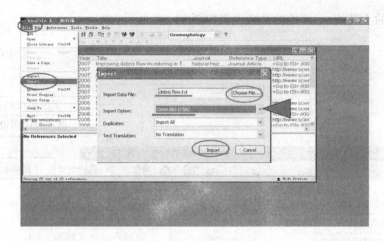

图 11.28

(5) 已有文件导入——PDF 全文

如图 11.29 所示。

图 11.29

第三节　EndNote 在文献管理中的应用

EndNote 一个重要的功能就是协助编写参考文献。目前,EndNote 支持 MicroSoft Word 和 OpenOffice Writer,以所见所得(Cite While You Write)的方式工作,实现一边写作,一边插入引文,同时生成参考文献目录。要完成这项任务,需要你的电脑已经安装 EndNote 和文字处理软件如 Word 等。

一、EndNote X4 软件启用

以 Word 2007 为例,成功安装 EndNote X4 之后,启动 Word,会看到菜单上多出了

EndNote X4 的工具条，工具条的功能说明如图 11.30 所示。

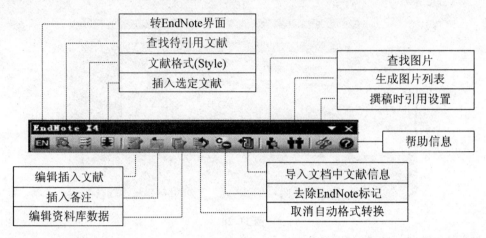

图 11.30

二、EndNote X4 软件的主要应用——参考文献的插入

EndNote X4 在你撰写论文或书籍时，可以自动为你编排文献格式，使用 EndNote 软件插入参考文献的方式如下：

（1）在 Word 中将鼠标指在要插入文献的位置，然后切换到 EndNote 程序中，选择要引用的参考文献，点击工具条上的 Insert Selected Citation(s)，即可将选定的文献插入到该指定位置，如图 11.31 所示。

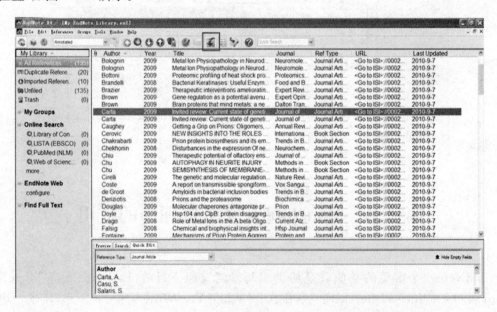

图 11.31

（2）利用 EndNote 中的 CWYW 工具条来实现插入，如图 11.32 所示。

（3）Copy&Paste。在 EndNote 数据库中，选择要插入的文献，右键单击，选择 Copy，回到 Word 中，右键单击要插入文献的位置，然后粘贴即可，如图 11.33 所示。

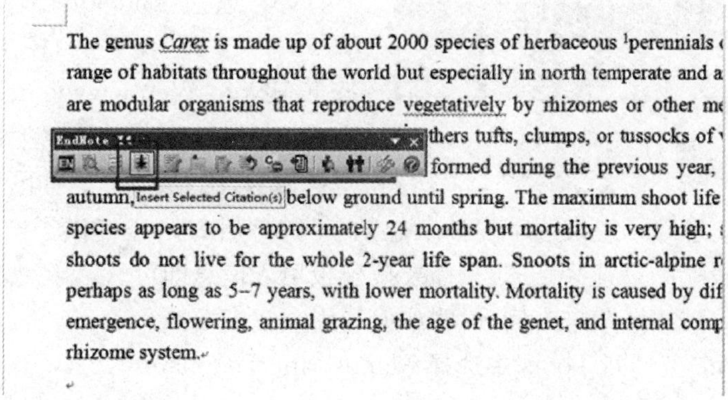

第十一章 参考文献管理软件 EndNote 使用介绍

图 11.32

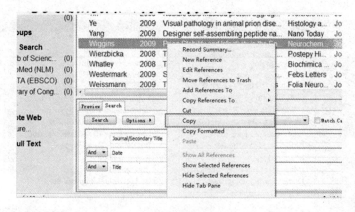

图 11.33

（4）查找方式，利用 Find Citation 功能，只要检索文献信息里包含的词汇就可以找到对应的文献。检索的对象包括自己对文献做的批注（Note），因此可以通过阅读时给文献加上特定的批注来方便调用，如图 11.34 所示。

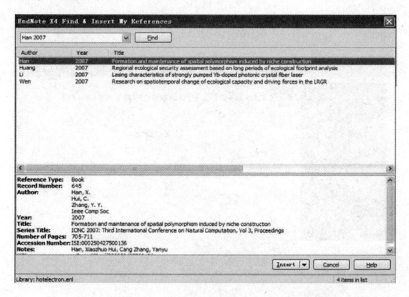

图 11.34

图 11.35

(5) 通过 EndNote Web 插入文献。在 Word 中"工具"项下的"模板和加载项"里勾选 EndNote Web Cwyw. dot,以"启用宏"的方式调出 EndNote Web 工具栏,注意:宏安全性设为"中"或"高"。如图 11.35 所示。

(6) EndNote 中除了提供两千多种杂志的参考文献以外,还提供了两百多种杂志的全文模板。如果你投稿的是这些杂志,只需要按模板填入信息即可。

下面以投稿《Nature》杂志为例,说明如何利用全文模板:

① 从 EndNote 工具列 Tools 中选择 Manuscript Templates。

② 出现 Manuscript Templates 视窗,选择 Nature. dot 范本,点选开启,来套用 Nature 撰写文献的范例框架。如图 11.36 所示。

图 11.36

③ 出现 EndNote Manuscript Template Wizard 视窗,点选"下一步(N)"。如图 11.37 所示。

图 11.37

④ 输入撰写文章的篇名:"Theories About Evolution",点选"下一步(N)"。如图 11.38 所示。

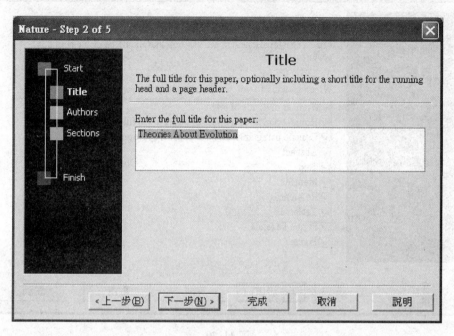

图 11.38

⑤ 输入该篇文章的作者姓名,首先选择 Add Author 进行发表论文者的姓名及相关资料。如图 11.39 所示。

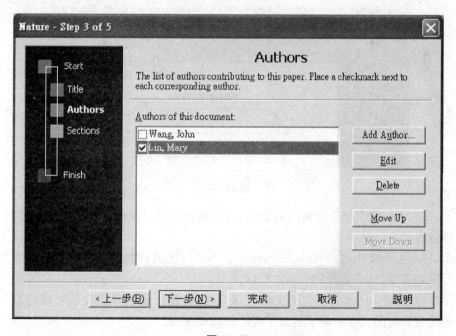

图 11.39

⑥ 勾选这篇文章中所要呈现的资料,如正文、摘要、参考文献、图表等,选择后点击"下一步(N)",之后点击"完成"(Finish)。如图 11.40 所示。

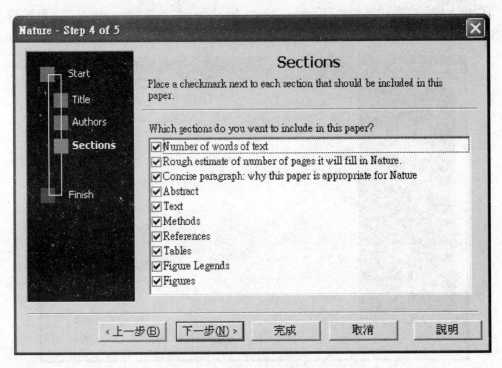

图 11.40

⑦ 点击完成后,系统将开启 Word 档案,以及刚刚所输入的资料和欲呈现的资料(图 11.41),你即可以开始编辑这篇文章。

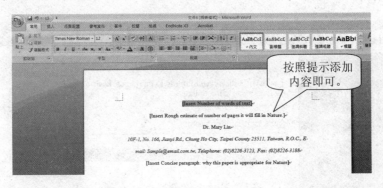

图 11.41

此外,EndNote 还具备一定的统计分析功能,能迅速地对我们所收集的文献进行基于字段的统计分析。

但是,作为一个实用型的软件,EndNote 也不是万能的,例如中英文的混排,人名、期刊名的缩写规则等等,还需要我们手动进行修正。

尽早掌握 EndNote 或者类似的文献管理软件,有助于我们养成文献管理的良好习惯,节约下来的宝贵时间其实就等于延长了我们的科研生命。

第十二章 文献数据库及其应用

第一节 文献数据库概述

数据库(Database)是按照数据结构来组织、存储和管理数据的仓库。美国著名信息检索专家 M·E·威廉姆斯(M. E. Williams)将"数据库"定义为包含书目及与文献有关数据的机读记录(record)的有序集合。

数据库的诞生和发展给计算机信息管理带来了一场巨大的革命。数据库技术最初产生于 20 世纪 60 年代中期,根据数据模型的发展,数据库的发展大致可以分为三个阶段:

第一代网状、层次数据库系统,其代表之一是美国 IBM 公司 1969 年研制的层次模型数据库管理系统 IMS(Information Management System),其数据以一种树型的逻辑拓扑结构进行存储,非常适合支持高性能、高容量、低成本的关键性联机应用程序。1971 年,美国数据系统语言协会 CODASYL (Conference On Data System Language)下属的数据库任务组 DATG(Data Task Group)对数据库方法进行了系统的研究、探讨,提出了网状数据库模型以及数据定义(DDL)和数据操纵语言(DML)规范说明,推出了第一个正式报告——DATG 报告,这两种数据库奠定了现代数据库发展的基础。

第二代关系数据库系统,其主要特征是支持关系数据模型(数据结构、关系操作、数据完整性)。1970 年,IBM 公司的研究员 E. F. Codd 在题为《大型共享数据库数据的关系模型》的论文中提出了数据库的关系模型,开创了关系数据库方法和关系数据库理论。关系方法由于其理论上的完美和结构上的简单,对数据库技术的发展起了至关重要的作用,关系数据库系统从实验室走向了社会。其中,使关系数据库技术实用化的关键人物——加州大学伯克利分校计算机科学博士学位 James Gray,通过"事务处理技术"解决数据库的完整性、安全性、并行性等问题,并且在数据库的故障恢复能力等重大技术问题方面发挥了关键作用。

关系数据库系统的出现,促进了数据库的小型化和普及化,使得在微型机上配置数据库系统成为可能。

第三代非结构化数据库、面向对象的数据库第三代数据库产生于 20 世纪 80 年代,随着科学技术的不断进步,各个行业领域对数据库技术提出了更多的需求,关系型数据库已经不能完全满足需求,于是产生了第三代数据库。其主要特征如下:支持多种数据模型(如关系模型和面向对象的模型);与诸多新技术相结合(如分布处理技术、人工智能技术、多媒体技术、模糊技术);支持数据管理、对象管理和知识管理;支持数据库语言标准;支持标准网络协议;具有有良好的开放性、可移植性、可连接性、可扩展性和互操作性等。第三代数据库被广泛应用于多个领域,由此也衍生出多种新的数据库技术。Internet 的异军突起以及 XML 语言的出现,给数据库系统的发展开辟了一片新天地。

文献数据库起源于二次文献编辑出版的计算机化。20世纪60年代初,各国文摘社为克服因信息爆炸而带来的困难,纷纷引进先进的计算机技术,由计算机编辑、排版、出版文摘刊物和各种索引。同时,将保留在计算机中机器可读的文献信息,作为二次文献编辑出版的副产品,发展成为文献数据库。早期的文献数据库具有代表性的有美国国立医学图书馆的医学文献分析与检索系统MEDLARS(Medical Literature Analysis and Retrieval System)以及美国化学文摘社的《化学文摘数据库》等。

20世纪90年代中期至今,随着文献数量以及海量数据存储技术的发展,全文检索数据库和相应的检索系统得到广泛应用,文献数据库的重要性得到了社会各方面的普遍认同。在文献数据库中,文献信息不再仅仅是传统的文字表现形式,而是按一定的数据结构、有组织地存储在计算机中,被计算机识别和处理,文献数据库进而成为联机信息检索及网络信息检索最早的和主要的检索对象。

经过20多年的发展,文献数据库已从最初的仅20个数据库发展到几千个商用数据库,文献内容几乎覆盖自然科学、社会科学、经济、商业等各个领域。

文献数据库的规模有小、中、大、超大规模之分,小型文献数据库年增长几百条记录,超大规模数据库年增长50万条记录以上。文献数据库的内容也不限于二次文献,已发展成为多种内容、多种语言表达、多种载体形式、多种检索方式、多种输入输出格式的新一代数据库,具有强大的数据组织、数据处理、数据检索、用户管理等功能。

我国文献数据库建设起步较晚(特别是机读文献数据库),从20世纪80年代开始,我国陆续建立起一批文献数据库。公共图书馆、高校图书馆纷纷开始建立各种书目数据库,北京图书馆(现国家图书馆)于1987年开始中国机读目录的开发工作,建立了国家机读目录(CNMARC)数据库;北京大学等29所高校图书馆联合建立中文书目合作回溯数据库(1978～1987);深圳图书馆馆等5个图书馆参加了中文图书回溯转换计划(1985～1989);中科院组建了大型科学文摘数据库(CSDD);中国科技信息研究牵头组织建设了中国科技期刊文摘数据库(英文版)(CSTA)以及国家知识产权局中国专利信息中心的中国专利文摘数据库(英文版)(CNPAT)和中科院上海有机化学研究承担建设的化学文献数据库等。从20世纪80年代初到90年代末,是我国数据库建设的高速发展时期,文献数据库建设也逐步进入成熟、实用阶段,向联合建设、资源共享的开放型、网络化数据库转化,有些数据库已开始投入商业运营。国内出现了一批高质量的、适用性较好、功能较强的文献数据库及检索系统,除了上述数据库,还有CNKI(中国知网)、万方数据资源系统、维普资讯系统、超星数字图书馆、中国高等教育文献保障系统(CALIS)等。随着文献资源数字化进程的加快,人们在文献资源索取和利用上更加快捷和便利。

一、文献数据库结构

文献数据库是以某种方式将众多的文献信息存贮在计算机存贮设备上(如磁盘、光盘等)并按一定方式组织的文献数据集合。通过对文献信息的整序组织,赋予每一篇文献、每一则信息以多维检索标识,系统地提供文献线索,大大减少了人们查找一次文献所花费的时间,便于人们方便而快速地、更具针对性地查找使用文献信息资源。

相对于手工检索工具,文献数据库具有信息存储量大、内容丰富、更新及时、报道迅速、检索途径多、检索方便、更加实用等优异的性能,因而,文献数据库逐渐成为人们系统了解某一领域、某一学科发展现状及发展前景的重要信息源。

文献数据库结构主要包括:

1. 字段(Field)

字段是文献数据库中的基本数据单位,是用来描述某一特定文献的某一种属性的,如文献的篇名、作者、主题词等,分别成为题名字段、作者字段、主题词字、分类号字段、出版国别字段等。每个字段描述文献信息的某一内容或形式特征,并且有唯一的供计算机识别的字段标识符,如篇名字段(TI)、著者字段(AU)、文摘字段(AB)等。通常情况下,检索是从某一个角度(如著者、主题、篇名)着手的,即从相应的著者字段、主题词字段、篇名字段入手查找相关内容。每一个字段不仅是构成记录的基本单元,在数据库检索时,也是一个检索点或检索入口,所以又称之为可检字段,这是检索得以实现的基础。

常用字段缩写:

TI——Title 文章题目

AB——Abstract 文章摘要

KW——Key Word 关键词

AU——Author 作者

AF——Affiliation 作者单位

SO——Source 文章来源(刊名信息等)

SN/ISSN——International Standard Serial Number 国际标准连续出版物编号

IB/ISBN——International Standard Book Number 国际标准书号

PY——Publication Year 出版年

LA——Language 语种

PT——Publication Type 文章类型

2. 记录(Record)

记录是由若干个字段组成的计算机可存取的基本单位。它是对某一文献信息的属性进行描述的结果,是文档的基本组成单位。每条记录描述一种(篇)文献的外表和内容特征,如文献篇名、作者、主题等。记录是构成数据库文档的基本单元。一个数据库往往由几十万条甚至几千万条记录组成。在期刊论文数据库中,每条记录就是指每篇期刊论文;在图书全文数据库中,每条记录就是指每一本完整的图书。

3. 文档(File)

文档是按一定结构组织起来的相关记录的集合,它是书目数据库组织的基本形式。文献记录在文档中的组织排列称为文档结构,文档结构主要分为顺排文档、倒排文档。顺排文档按文献记录的存取号从小到大排列,是数据库的主体内容;倒排文档是将记录中的一切可检字段或属性值提取出来,按某种顺序重新加以组织所得到的文档,将记录的特征标识作为排列依据,其后列出含有此标识的记录号。

数据库可按所属学科专业的不同或按年代时间范围的不同,划分为若干个文档。

二、文献数据库的类型

按不同的划分标准,文献数据库可以分成不同的类型:

(1) 按语种划分,可分为中文数据库、外文(区别于中文的其他语种)数据库。

(2) 按数据库存储方式及数据库的运行方式划分,可分为光盘数据库、联机数据库和网络数据库。

光盘数据库是通过存储在光盘介质上数据信息提供文献信息服务的数据库，如美国《化学文摘》、《工程索引》、ISTP 光盘数据库等。

ISTP 是《科技会议录索引》(Index to Scientific & Technical Proceedings)的简称，ISTP 光盘数据库利用美国科学信息研究所自行研制的基于 DOS 界面的光盘检索系统，收录自 1996 年以来两万八千多个会议录的大约 96 万篇论文。每季度更新一次数据。该数据库可提供会议论文（或会议录）名称、作者姓名、会议主题类目、作者地址等多种检索途径，内容覆盖科学技术各个领域，属题录型检索数据库。

光盘数据库具有存贮容量大、稳定性好、使用方便、成本低廉、节省空间等优点，同时，光盘信息检索操作简便易学、易于携带，适合图文信息或数值信息的检索。

联机数据库是以一定的组织方式将有关的数据集合存储在一起的数据仓库，其优势主要在于覆盖学科专业范围广泛、信息质量较高、内容更新及时，可以通过网络实现地区、国家甚至全世界范围的信息资源共享。

联机检索(Online Retrieval)是指利用计算机终端设备，通过通信设施或网络，对联机检索中心的数据库进行检索并获得信息的过程。国际联机信息检索系统主要由终端设备、通信线路和数据库组成。

联机检索是 20 世纪 60～70 年代数字通讯技术、计算机及信息存储技术发展的产物。最早的联机检索是 1971 年正式投入应用的美国国立医学图书馆(NLM)的 Medline 数据库，它当时使美国各地 90 个医学机构的远程终端通过通讯设施实现对 Medline 数据库的直接检索。

目前，多数大型的国际联机检索服务系统都分布在欧美发达国家，其中最具代表性的是美国 Dialog 系统，自 1972 年开始营运的美国 Dialog 系统是世界最著名的商用联机数据库系统之一，有近 600 个联机数据库，其内容涉及 40 多个语种和占世界发行总量的 60％的 6 万多种期刊，目前正不断推出基于 Internet 平台和 Intranet 网络产品，并在新环境下注入了新的功能，增加新的服务项目。（该数据库使用方法详见第八章。）

网络数据库是指存储在本地或异地磁盘或硬盘上提供网络服务的数据库。目前，无论是联机数据库还是光盘数据库都日益融入网络信息资源之中。

(3) 按数据库记录的内容可分为书目数据库、全文数据库和混合型数据库。

书目数据库是收录有关领域各类文献的书目信息，以二次文献形式提供一次文献线索的数据库。书目数据库包括题录数据库、文摘数据库、引文数据库、期刊目次数据库、图书馆馆藏目录数据库等。

题录数据库主要存储文献的题录信息，如题名数据库、目次数据库等。文摘、索引数据库主要以简要的形式报道有关领域特定时期内发表的文章，供人们查询和检索之用，它不仅可以告知用户其所需文献的线索——题录（包括篇名、著者、出处），更可以提供整篇文献的内容精华及核心内容——文摘。

馆藏书目数据库，又称"馆藏机读目录"，是将图书馆收藏的印刷型及其他各类载体文献以相应的电子化书目信息记录组织成联机的目录数据，它既是读者查找文献的常用工具，又是图书馆的业务管理的重要工具。如馆藏书目信息、中外文期刊联合目录等。

全文数据库是将文献全文的全部内容或其主要部分转化为计算机可以识别、处理的信息单元而形成的数据集合，是主要以一次文献形式直接提供文献信息的源数据库。国内著名的书刊全文数据库如超星数字图书馆、方正阿帕比(Apabi)电子书、CNKI 中国学术期刊网络出版总库、维普中文科技期刊数据库(全文版);国外有 ProQuest 系统、EBSCOhost 系统以及 Elsevier Science、IEEE/IET、Springer 电子书刊等。

混合型数据库是联合一个或更多的数据类型,如书目/全文、书目/目录、目录/全文、全文/声音等,即包含有书目记录又可能包含有全文记录及其他数据类型的数据库。

(4)按数据库收集的文献类型划分,可分为图书数据库、期刊数据库、专利数据库、标准数据库、学位论文数据库、会议论文数据库以及综合型数据库等。

(5)按数据库内容的学科专业范围划分:可分为综合类数据库、多学科数据库、专题性数据库等。

(6)按文献数据库记录信息的媒介划分,可分为文字型数据库、语音型数据库(录音资料数据库)、影像型数据库(缩微资料数据库、录像资料数据库、影片资料数据库)、多媒体数据库以及超媒体数据库。

多媒体数据库是把文字、数值、声音、图像等性质不同的信息存储于同个媒体上,并进行一体化处理和管理的一种新型数据库。

超媒体数据库则是通过外部树形的链接将多种类型的媒体连成一个集合,它不同于传统的数据库,也不同于一般的多媒体数据库,它利用超链接连接了各种信息,使得多媒体信息检索可以用多媒体浏览的方式进行,可以更好地反映出媒体信息之间的内容联系。

第二节 文献数据库检索技术

文献信息检索技术有广义和狭义之分。广义的文献信息检索技术包括信息组织、数据库建设在内的涉及信息科学、情报学、计算机科学等诸多学科领域的技术方法;而狭义仅指从现文献信息资源系统中提取相关文献信息的技术和方法,主要包括检索词的组配技术和检索表达式的构成规则。

检索表达式简称为检索式,是运用各种逻辑运算符号、位置逻辑算符、截词符号等把检索词连接组配起来,确定检索词之间的关系,准确表达检索课题的内容,又能为计算机识别的算式,检索式是进行计算机检索的依据。

常用的文献数据库检索技术和检索方式如下:

一、布尔逻辑检索(Boolean Operators Search)

布尔逻辑检索利用布尔逻辑算符(boolean operator)"与"、"或"、"非"等对检索词进行组配,表达概念间的逻辑关系,限定检索词在记录中必须存在的条件或不能出现的条件。凡符合布尔逻辑所规定条件的文献,即为命中文献,布尔逻辑检索是目前最常用的一种检索技术。

1. 逻辑"或"or

用符号"or"或"+"表示,其逻辑表达式为:A or B 或 A+B。

其意义为:检索记录中凡含有检索词 A 或检索词 B,或同时含有检索词 A 和 B 的,均为命中文献(图中阴影部分)。用于检索词并列关系(同义词、近义词)的组配,实现检索词概念范围的并集,以扩大检索范围,提高查全率。如图 12.1 所示。

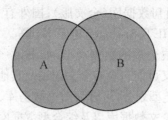

图 12.1

例如：检索有关乙二胺四乙酸方面的文献资料，

检索式：乙二胺四乙酸 or EDTA or Ethylene Diamine Tetraacetic Acid

2. 逻辑"与"and

用符号"and"或"*"表示，其逻辑表达式为：A * B 或 A and B。

其意义为：检索记录中必须同时含有检索词 A 和 B 的文献，才算命中文献（图中阴影部分）。用于交叉概念或限定关系的组配，实现检索词概念范围的交集，以缩小检索范围，提高查准率。如图 12.2 所示

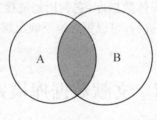

图 12.2

例如：检索"胰岛素（Insulin）治疗糖尿病（diabetes）"方面的文献信息

检索式：胰岛素 and 糖尿病

　　　　Insulin and diabetes

3. 逻辑"非"not

用符号"not"或"-"，其逻辑表达式为：A not B 或 A-B。

其意义为：检索记录中含有检索词 A，但不能含有检索词 B 的文献，才算命中文献（图中阴影部分）。用来从原来的检索范围中排除不需要的概念，以缩小检索范围，增强检索的准确性。如图 12.3 所示。

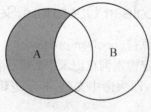

图 12.3

例如，检索生物基因工程技术方面的报道而排除生物基因工程公司方面的信息检索式：生物基因工程技术 not 公司　或　生物基因工程技术-公司。

对于一个复杂的逻辑检索式，检索系统的处理是从左向右进行的。在没有括号的情况下，and,or,not 的运算次序在不同的数据库检索系统中有不同的规定，一般为 not 最先执

行,and 其次进行,or 最后执行。但是可以用括号改变他们之间的运算顺序。在有括号的情况下,先执行括号内的运算。例如:要检索有关环境保护中废水处理方面的资料,可使用检索式为:环境保护＊(污水＋废水)进行查询。

二、截词检索(Truncation Search)

截词检索是指在检索词的适当位置截断,用截断的词的一个局部进行的检索。由于检索词与数据库所存储信息字符是部分一致性匹配,所以又称部分一致检索,或称通配符(wildcard)检索。其作用主要是解决一个检索词的单复数、词性变化,词干相同而词尾不同以及英美词汇拼写差异等问题。

截词检索用截词符代替可变化的部分,一般情况下,＊代替任意一个或多个字符。? 代表一个字符。

根据截断的数量不同,分为有限截断和无限截断。

无限截断:不限制被截断的字符数量,也称开放式截断。如输入 educat＊,可以检索出 educator,educators,educated,educating,education 等。

有限截断:限制被截断的字符数量,如输入 acid? ? 表示截去一个字符,它可检出 acid, acids,但不能检出 acidic,acidicity,acidity 等词。

注意:词干后面连续的数个问号是截断符,表示允许截去字符的个数,最后一个问号是终止符,它与截断符之间要有一个空格,输入时一定要注意。

根据截词的位置不同,分为前截断、后截断、中间截断、复合截断。

前截断:截去某个词的前部,对词的后方一致进行比较,也称后方一致检索。例如:输入? magnetic,能够检索出含有 magnetic,electromagnetic,thermo-magnetic 等词的记录。

后截断:截去某个词的尾部,对词的前方一致进行比较,也称前方一致检索。例如:输入 educat?,可以将 educator,educators,educated,educating,education 等词的记录都检索出来。

中间截断:截去某个词的中间部分,使词的两边一致比较,也称两边一致检索。例如:输入 organi? ation 可以检出 organization,organisation。

复合截断:是指同时采用两种以上的截断方式。例如? chemi? 可以检出 chemical, chemist,chemistry,electrochemistry,electrochemical,physicochemical,thermochemistry 等。

有些检索系统不支持使用截词符的截词检索技术,系统默认的是词根检索,即输入一个词,系统会自动检索出同一词根的一组词,例如输入 gene,可以检索出 gene,genic,genome 等。这是一种智能检索方式,但要求系统内必须预先配置词根表。如 IEE/IEEE 全文数据库默认词根检索。

三、限制检索(Limitation Search)

限制检索是通过限制检索范围,达到优化检索结果的方法。限制检索的方式有多种,主要包括字段限定检索、使用限制符、采用限制检索命令等。

1. 字段限制

是把检索词限定在某个(些)字段中,如果记录的相应字段中含有输入的检索词则为命中记录,否则检索不到。字段有主题字段和非主题字段之分。

主题字段又称基本检索字段，它表示文献的内容特征，用后缀符表示，例 TI(题名)、AB(文摘)等；

非主题字段又称辅助检索字段，表示文献的外部特征，用前缀符表示，例(作者)AU=、(语种)LA=等。

例如查找关于蛋白质染色(protein stain)方面研究的外文文献：

AB protein stain * AND TI protein stain * （EBSCO 数据库）

要求"蛋白质染色"一词出现在标题字段和文摘字段中。

注意：各个数据库所设立的字段并不一定相同的，即使同一字段，也可能采用不同的字段代码。

在数据库中，字段名称通常放置在下拉菜单中。

2. 使用限制符

用表示语种、文献类型、出版国家、出版年代等的字段标识符来限制检索范围。如，py=2010，表示检索 2010 年发表的文献。其中"py"是出版年字段标识符。

3. 使用限制指令

限制指令可以分为：一般限制指令(Limit)和全限制指令(Limit all)。一般限制指令对事先生成的检索集合进行限制；全限制指令是在输入检索式之前向系统发出的，它把检索的全过程限制在某些指定的字段内。如 Dialog 系统的 limit 和 limitall 检索命令。

注意：一般情况下，数据库中记录的所有字段均可做限定字段检索。在进行字段限制检索时，应参阅有关数据库的使用说明，避免产生误检。

四、邻近检索(Proximity Search)

邻近检索又称位置算符检索(Position Operators Search)，即运用位置算符表示两个检索词间的位置邻近关系。这种检索技术通常出现在西文数据库及全文检索中。

文献记录中词语的相对次序或位置不同，所表达的意思可能不同，而同样一个检索表达式中词语的相对次序不同，其表达的检索意图也不一样。布尔逻辑运算符有时难以表达某些检索课题确切的提问要求。字段限制检索虽能使检索结果在一定程度上进一步满足检索要求，但无法对检索词之间的相对位置进行限制。而位置逻辑检索以原始记录中检索词与检索词间特定的位置关系为逻辑运算对象，检索词用位置算符相连，就可以弥补布尔检索和字段限制检索的缺陷，可使检索结果更准确。

按照两个检索词出现的顺序相距离，可以有多种位置算符。对同一位置算符，检索系统不同，规定的位置算符也不同。常用的有(W)，(nW)，(N)，(nN)等。

1. (W)算符

W 是 with 的缩写。(W)或用( )表示其连接的两个检索词必须按序出现，中间不允许插词，只能有一空格或标点、符号。

例如：information (W) retrieval 可检索出 information retrieval 或 information — retrieval

(nW)与(W)类似，只是它允许插词，插词量小于或等于 n 个。表示在此算符两侧的检索词之间允许插入 n 个实词或虚词，两个检索词的词序不许颠倒。

例如：electronic(W1)resources

可检索出 electronic resource 或 electronic information resources。

2. (N)与(nN)算符

N 是 near 的缩写。(N)表示其连接的两个检索词的顺序可以互易,但两词间不允许插词。(nN)中的 n 表示允许插词量少于或等于 n 个。

如:internet(N)accessing 命中记录中出现的匹配词可能有:internet accessing, accessing internet。

如:internet(1N)accessing 命中记录中除上例的外,还会可能有:accessing internet, accessing the internet 等。

五、二次检索

在已有检索结果的基础上,重新设置检索式,进一步缩小检索范围,逼近检索目标。使检索结果更符合查询目标。

六、多媒体检索(Multimedia Search)

随着多媒体计算技术的迅猛发展,各种音频、图像、视频信息开始层出不穷,人们已不再满足于传统的文字检索,提出了对多媒体信息的检索需求。

多媒体检索是一种基于内容特征(Content-Based Retrieval,CBR)的检索,是指根据媒体和媒体对象的内容及上下文联系,从图像中的颜色、纹理、形状,视频中的镜头、场景,声音中的音调、音色中提取信息线索,抽取特征和语义,利用这些内容特征建立索引并进行检索。在这一检索过程中,融合了图像处理、模式识别、计算机视觉、图像理解等多种技术。

1. 基于内容的图像检索

其过程就是图像特征的提取、分析及匹配过程。

特征提取:提取其颜色、纹理、形状以及对象空间关系等信息,建立图像的特征索引库。

特征分析:对图像的各种特征进行分析,选择提取效率高、信息浓缩性好的特征,或者将几种特征进行组合,用到检索领域。

检索匹配:选择某种模型来衡量图像特征间的相似度。

常见的图像检索工具:

百度图片搜索:image. baidu. com

谷歌图像搜索:images. google. com. hk

QBIC(Query By Image Content)

WebSeek

http://www. tineye. com

http://www. vast. com/

http://www. imagerover. com/

http://www. scour. com/等。

2. 视频信息的检索

视频信息的检索是通过对图像进行分割、特征提取、分类描述、索引建库,最后进行相似匹配,完成查询和检索的过程。

基于内容的视频检索系统主要由用户端、可视化界面和管理端三部分组成。

基于内容的视频信息检索系统常用的方法包括:基于图像的方式、基于视频的特有信息以及图像和视频的特有信息相结合的方式。

常见的视频检索工具：

百度视频；

优酷视频；

VisualSeek；

Google Video Search；

Yahoo Video Search；

http://www.openv.com/；

http://www.videoq.com/等。

3. 基于内容的声频检索

包括以语音为中心，采用语音识别技术的语音检索。

基于内容的多媒体检索技术的日益成熟不仅创造出巨大的社会价值，而且将改变人们的工作、学习和生活方式。目前，多媒体检索技术在知识产权保护、数字图书馆建设、交互电视、遥感和地球资源管理、远程医疗以及军事指挥系统等领域得到广泛应用。

七、超文本检索(Hypertext Search)

超文本(Hypertext)是一种包含多种页面元素(文字、图片、音频、视频)的高级文本，它以非线性方式记录和反映知识单元(结点)及其关系(链路)，具有表达方式多样性、直观性、显示方式动态性以及人机交互性灵活性等特点。

有别于传统的检索方式，超文本检索的实现主要是依赖"结点"和"链"来实现的。检索文献时，结点间的多种链接关系可以动态地选择性地激发，从而根据思维联想或信息的需要从一个结点跳到另一个结点，形成适合人们思维需要的数据链，呈现出一种完全不同于过去的顺序检索方式的联想式检索。

由于超文本检索时其内容排列是非线性的，按照知识(信息)单元及其关系建立起知识结构网络，人们在操作时，用鼠标去点击相关的知识单元，检索便可追踪下去，进入下面各层菜单。允许用户在阅读过程中从其认为有意义的地方入口，直接快速地检索到所需要的目标信息。同时，超文本系统还可以作为一个独特的用户界面，将不同数据库的检索语言一体化，方便用户进行跨库检索。

在实际检索中，往往根据情况将上述多种检索技术混合使用。

第三节 常用中文文献数据库检索举要

一、中国知网 CNKI(China National Knowledge Infrastructure)资源总库源数据库

《中国学术期刊网络出版总库》(China Academic Journal Network Publishing Database，CAJD)

《中国优秀硕士学位论文全文数据库》(China Master's Theses Full-text Database，CMFD)

第十二章 文献数据库及其应用

《中国博士学位论文全文数据库》(China Doctoral Dissertations Full-text Database, CDFD)

资源描述：《中国学术期刊网络出版总库》是目前世界上最大的连续动态更新的中国学术期刊全文数据库，截至 2011 年 6 月，收录国内学术期刊 7 778 种，内容覆盖自然科学、工程技术、农业、哲学、医学、人文社会科学等各个领域，文献总量 3 200 多万篇。

《中国优秀硕士学位论文全文数据库》是国内内容全、质量高、出版周期短、数据规范的硕士学位论文全文数据库。内容涵盖基础科学、工程技术、农业、医学、哲学、人文、社会科学等各个领域。截至 2011 年 6 月，收录来自 598 家培养单位的优秀硕士学位论文 115 多万篇。

《中国博士学位论文全文数据库》内容涵盖基础科学、工程技术、农业、医学、哲学、人文、社会科学等各个领域。截至 2011 年 6 月，收录来自 397 家培养单位的博士学位论文 15 万多篇。

中国知网如图 12.4 所示。

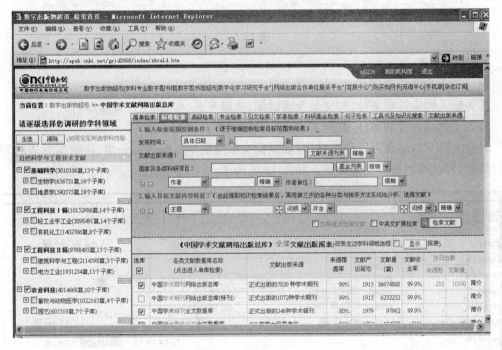

图 12.4

创建机构：清华大学、清华同方。
资源地址：http://www.cnki.net/。
文献类型：期刊、学位论文。
检索方法简介：(以期刊全文数据库检索为例。)

首先，下载安装中国期刊网专用的 CAJ Viewer 浏览器。如图 12.5 所示。数据库检索下载后的文章，是通用的 PDF 文档格式或者 CAJ 格式；博硕士学位论文是 KDH 或 NH 格式，必须使用 CAJ Viewer 浏览器打开。

1. 快速检索

数据库提供了类似搜索引擎的检索方式，用户只需要输入所要找的关键词，点击

快速检索 就查到相关的文献。

图 12.5

2. 高级检索

通过三个步骤检索文献：

首先输入检索控制条件，如文献发表时间、文献来源、作者、支持基金等；

输入文献内容控制条件，如题名、主题、关键词等；

对检索得到的结果进行分组排序，如根据文献所属学科等进行分组，再根据发表时间等进行排序，筛选得到所需要的文献。如图12.6所示。

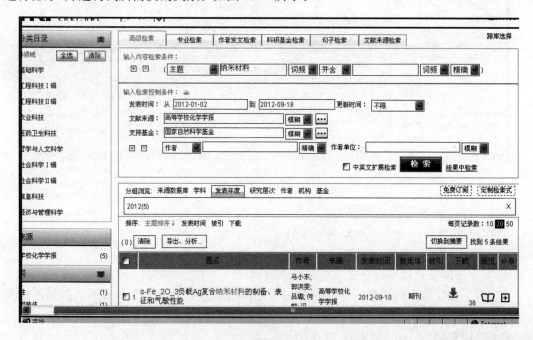

图 12.6

学位论文检索方式与期刊全文检索基本相似，但可选择分页、分章节、整本下载和在线阅读。如图 12.7 所示。

图 12.7

3. 跨库检索

跨库检索平台可以针对《中国期刊全文数据库》、《中国优秀博硕士学位论文全文数据库》、《中国重要会议论文全文数据库》、《中国重要报纸全文数据库》等多个数据库同时进行检索，超越了以往的单一的、面向单库的检索方式，全面提高了系统的查全率和查准率。跨库检索需先选择数据库，后进行跨库检索。如图 12.8 所示。

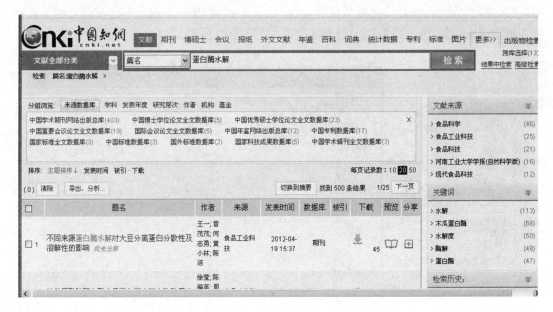

图 12.8

4. 作者发文检索

在检索中可限定文献的作者和作者单位。

在下拉框中选择限定"作者"或"第一作者"，在后面的检索框中输入作者姓名，在作者单位检索框中输入作者单位名称，可排除不同机构学者同名的情况。如图 12.9 所示。

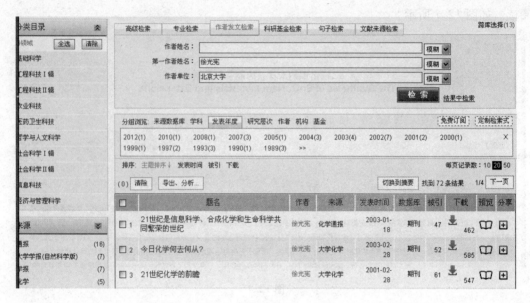

图 12.9

提示:所有检索框在未输入关键词时,默认为该检索项不进行限定,即如果所有检索框不填写时进行检索,将检出库中的全部文献。

如果对检索结果不满意,读者可以进行二次检索,对检索结果进一步筛选。

检索出文献信息后,可以直接点击文献序号前面的磁盘图标下载,也可以点击文献题名,打开知网节页面,查看其摘要信息后,点击 CAJ 下载或 PDF 下载。可将下载后的文章存放在磁盘指定位置,方便以后随时打开阅读。如图 12.10 所示。

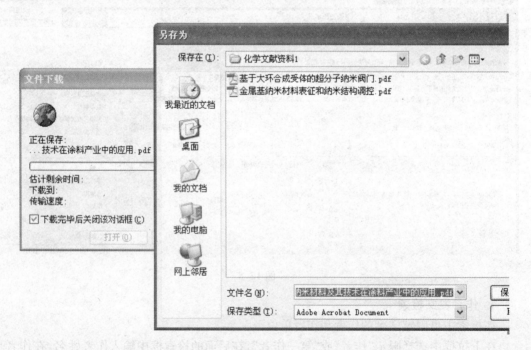

图 12.10

二、万方数据资源系统

资源描述：万方数据资源系统是一个以科技信息为主，涵盖经济、文化、教育等相关信息的综合信息资源服务系统，该系统由科技信息、商务信息和数字化期刊三个子系统组成。汇聚 8 大类 100 多个数据库，上千万条数据资源。

创建机构：万方数据股份有限公司。

资源地址：http://www.wanfangdata.com.cn/。

文献类型：期刊、学位论文、会议论文、专利资源、成果资源、法规资源、标准资源、企业信息、科技动态、OA(open access,开放存取)论文等。

检索方法简介：(以万方数据新版知识服务平台检索为例)

1. 单库检索

可选择万方数据资源数据库中的任一库进行检索，输入关键词，点击检索。如图 12.11 所示。

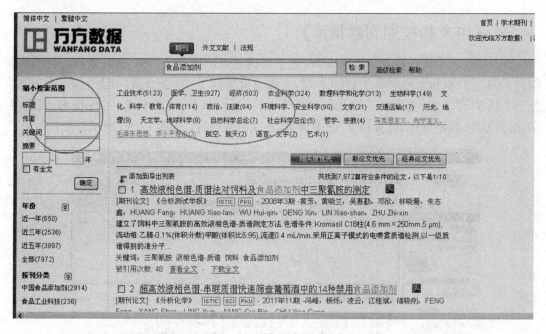

图 12.11

选择所需的文献，如果您对检索结果不满意，可以进行二次检索，或者是对检索结果进一步筛选。在检索结果页面提供了进一步缩小检索范围，学科分类数目提示，根据论文类型、发表年份等信息分类等功能。读者可以通过标题、作者、关键词、论文类型、发表年份、有无全文等条件缩小检索范围进行二次检索。

2. 高级检索/跨库检索

读者可以选择多个数据库资源进行检索，在同一个检索界面下完成对期刊、学位论文、会议论文、标准、专利等各类型数据库的统一跨库检索。

点击检索入口页面的"高级检索"即可进入查新/跨库检索。如图 12.12 所示。

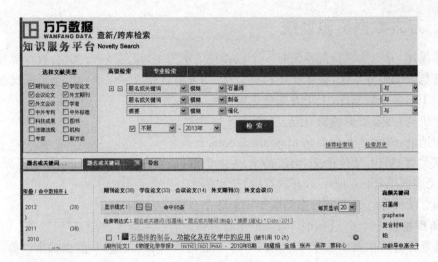

图 12.12

三、《中文科技期刊数据库》

资源描述:《中文科技期刊数据库》收录了国内公开出版的 12 000 余种期刊,其中核心期刊 1 957 种,期刊回溯年限自 1989 年起,文献总量达到 3 000 余万篇,引文 4 000 余万条,分三个版本(全文版、文摘版、引文版)和 8 个专辑(社会科学、自然科学、工程技术、农业科学、医药卫生、经济管理、教育科学、图书情报)定期出版发行。如图 12.13 所示。

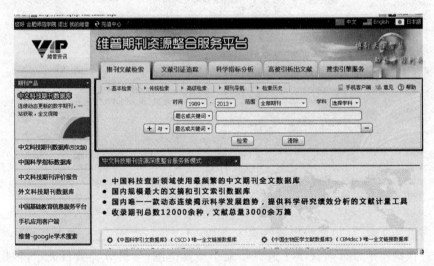

图 12.13

创建机构:重庆维普资讯有限公司。
资源地址:http://lib.cqvip.com/(专业版)。
文献类型:期刊全文。
检索方法简介:
数据库"期刊文献检索"提供基本检索、传统检索、高级检索、期刊导航、检索历史等功能模式。

1. 基本检索

简单快捷的中文期刊文献检索方式,直接输入检索式(或检索词)进行检索,并可以增加多个检索框输入检索条件进行组配检索。

2. 传统检索

《中文科技期刊数据库》老用户使用的检索方式,通过专辑导航、分类导航、期刊导航查找文献。学科分类导航每一个学科分类都可以按树形结构展开,用户可利用学科导航缩小检索范围,进而提高查准率和查询速度。期刊导航对所收录的期刊进行分类,用户可根据需求将检索范围限定在某学科范围的期刊(或某一特定的期刊)内进行检索。

3. 高级检索

是多检索条件逻辑组配检索,支持一次输入复杂检索式查看命中结果。为用户提供分栏式检索词输入方法,提供逻辑运算、检索项选择,最大程度帮助用户提高检准率。如图 12.14 所示。

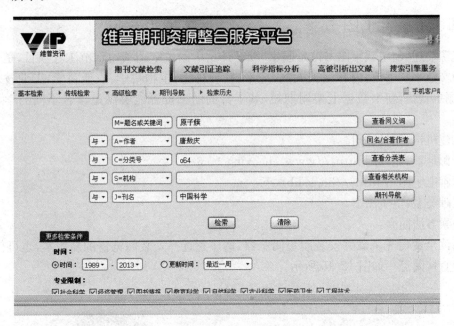

图 12.14

图 12.14 检索框中 o64 为《中图法》物理化学分类号。

检索字段代码如表 12.1 所示。

表 12.1 检索字段代码

代码	字段	代码	字段	代码	字段
U	任意字段	S	机构	Z	作者简介
M	题名或关键词	J	刊名	I	基金资助
K	关键词	F	第一作者	L	栏目信息
A	作者	T	题名		
C	分类号	R	文摘		

高级检索的扩展功能：用户只需要在前面的输入框中输入需要查看的信息，再点击右边相对应的按钮，即可得到系统给出的扩展信息。如同义词、查看同名/合著作者、相关机构等。

此外，数据库的"文献引证追踪"功能模块采用科学计量学中的引文分析方法，对文献之间的引证关系进行深度数据挖掘，除提供基本的引文检索功能外，还提供基于作者、机构、期刊的引用统计分析功能，可广泛用于课题调研、科技查新、项目评估、成果申报、人才选拔和科研管理。

"科学指标分析"模块以维普中文科技期刊数据库近10年的文献为基础，对我国近年来科技论文的产出和影响力及其分布情况进行客观描述和统计，展示我国最近10年各学科领域最受关注的研究成果，揭示不同学科领域中研究机构的分布状态及重要文献产出，揭示学科的科学发展趋势，衡量国内科学研究绩效，帮助用户提高学习研究效率。

"搜索引擎服务"模块为用户提供基于谷歌和百度搜索的维普相关学术资源检索。

四、超星电子图书

资源描述：超星数字图书馆是国家"863"计划中国数字图书馆示范工程项目，是全球最大的中文数字图书馆，内容涵盖人文、艺术、数理科学、生物科学、农业科学、工业技术等学科，数据更新快，新书数据上架周期短，其丰富的图书资源能够满足读者不同的学习研究需要。

创建机构：超星公司。

资源地址：超星网 http://www.chaoxing.com/。

汇雅电子图书 http://hn.sslibrary.com。

文献类型：电子图书。

检索方法简介：

阅读全文需先下载并安装超星阅览器，请注意选择安装阅览器的新版本，也可使用IE浏览器直接阅览。如图12.15所示。

图 12.15

1. 快速检索：

点击书名○ 作者○ 全文检索按钮，实现图书的快速查询。

2. 高级检索

利用高级检索可以实现图书的多条件的精确查询。如图 12.16 所示。

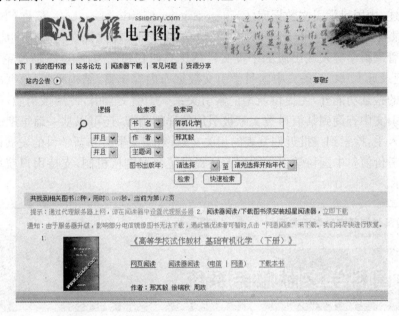

图 12.16

3. 下载

读者可以使用浏览器直接阅览。亦可下载到本地磁盘浏览全文。点击"下载本书",进入下载设置页面。如图 12.17 所示。

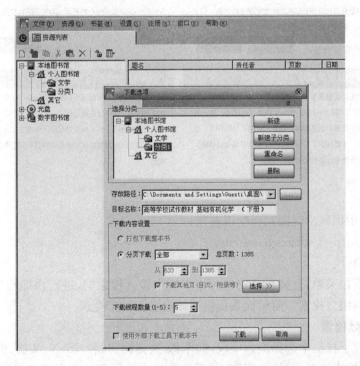

图 12.17

五、中国科学引文数据库

资源描述：中国科学引文数据库(Chinese Science Citation Database，简称CSCD)创建于1989年，收录我国数学、物理、化学、天文学、地学、生物学、农林科学、医药卫生、工程技术、环境科学和管理科学等领域出版的中英文科技核心期刊和优秀期刊千余种，论文记录300万条，引文记录近1 700万条。中国科学引文数据库内容丰富、结构科学、数据准确。系统除具备一般的检索功能外，还提供新型的索引关系——引文索引，使用该功能，用户可迅速从数百万条引文中查询到某篇科技文献被引用的详细情况，还可以从一篇早期的重要文献或著者姓名入手，检索到一批近期发表的相关文献，对交叉学科和新学科的发展研究具有十分重要的参考价值。中国科学引文数据库还提供了数据链接机制，支持用户获取全文。如图12.18所示。

图 12.18

创建机构：中国科学院国家科学图书馆。
资源地址：http://sdb.csdl.ac.cn/。
检索方法简介：
用户根据下拉菜单，直接在选定的检索字段中输入检索词，进行快捷检索，并可以进行多个检索字段的组合检索。简单检索提供来源检索和引文检索。

1. 来源文献检索

在检索字段下拉框中选择检索字段，如作者、关键词、刊名、ISSN、文摘、机构、实验室等。

检索实例：检索作者为"徐光宪"有关理论化学方面研究的文章发表情况。如图12.19、图12.20所示。

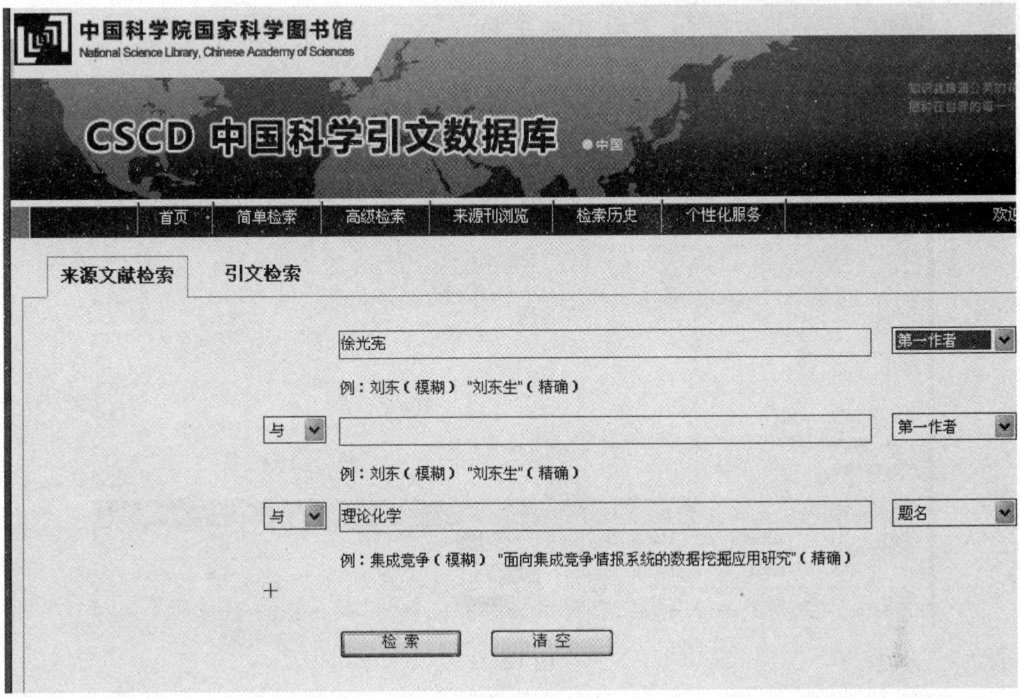

第十二章 文献数据库及其应用

图 12.19

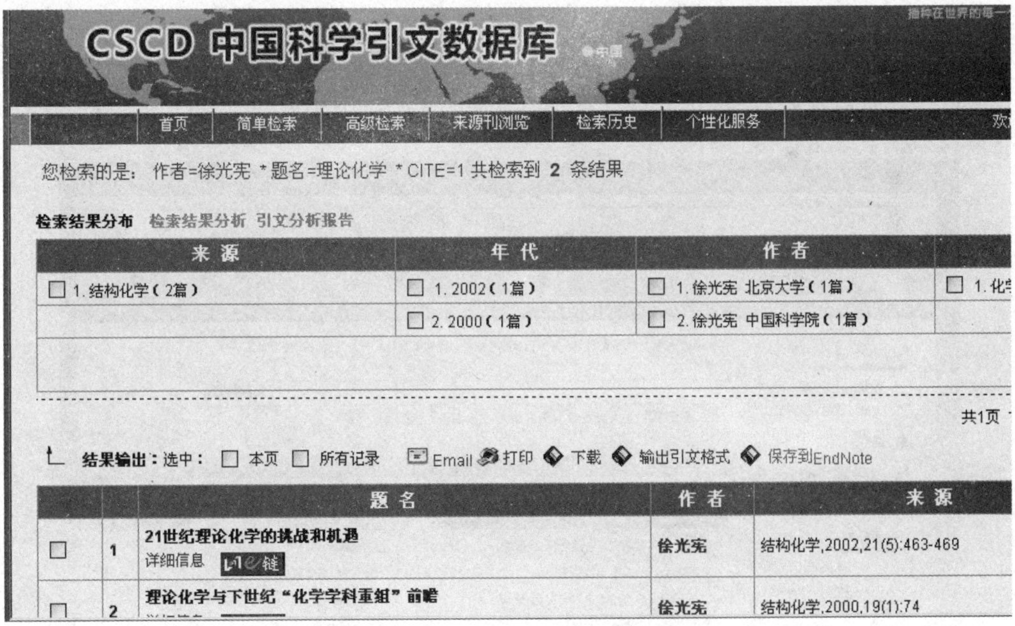

图 12.20

2. 引文检索

在检索字段下拉框中选择检索字段,如被引作者、被引第一作者、被引来源、被引机构等。

检索实例:检索徐光宪发表在化学通报上的文章被引用情况。如图 12.21 所示。

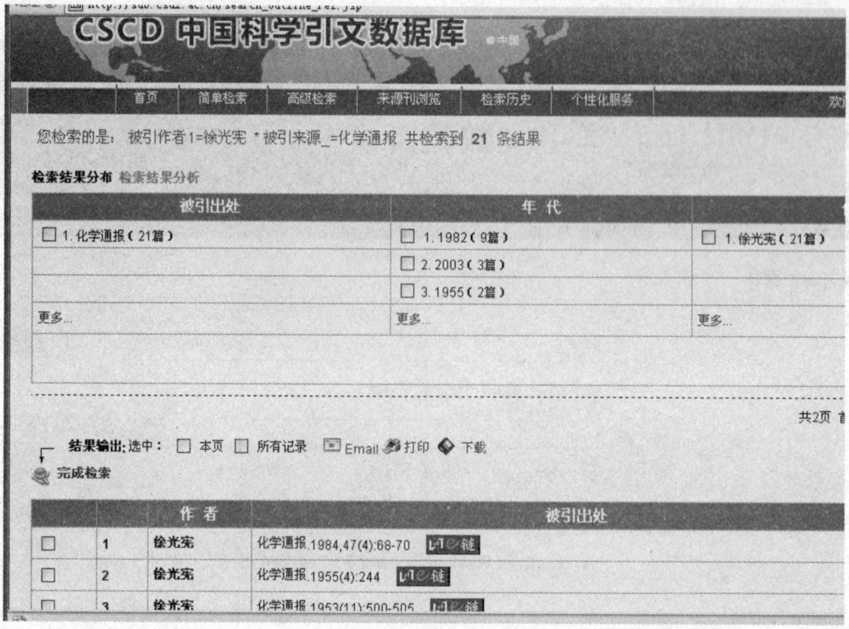

图 12.21

六、超星学术视频

资源描述:超星学术视频网站汇聚了海内外重点著名高校及各类科研院所的知名学者的视频课程,内容涵盖哲学、社会学、文化、艺术、历史等多个学科门类,已拍摄 5 410 位名师的 6 580 门课程及专题,制作视频达 8 万余集。如图 12.22 所示。

图 12.22

创建机构：超星公司。
资源地址：http://ssvideo.chaoxing.com/。
文献类型：学术视频。
浏览方法：可选择专题名、主讲人、主讲人单位等检索方式进行视频搜索。如图12.23所示。

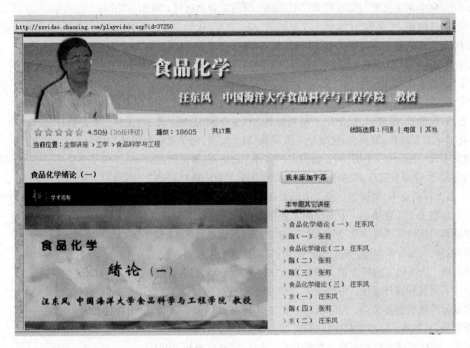

图 12.23

其他文献数据库的检索使用读者可参见本书相关章节或其他文献数据库相关网站，这里限于篇幅就不一一细述。

检索文献数据库时应注意的几个问题：
（1）根据检索需求和目标确定所需数据库的类型；
（2）尽量使用权威的专业数据库作为检索工具；
（3）选择恰当的检索词，并尽量选用专业术语；
（4）安装数据库专业阅读软件（浏览器），以便下载、浏览全文；
（5）优化检索策略，以提高查全率和查准率；
（6）尊重知识产权，遵守版权法规定，合理使用文献信息资源。

参 考 文 献

[1] 余向春. 化学文献及查阅方法[M]. 北京:科学出版社,2009.
[2] 王正烈,王元欣. 化学化工文献检索与利用[M]. 北京:化学工业出版社,2009.
[3] 张翠梅. 化学化工文献与信息检索[M]. 北京:国防工业出版社,2008.
[4] 齐忠恩,齐向阳,牛永鑫. 化学化工文献检索[M]. 北京:化学工业出版社,2009.
[5] 陈子康. 化学文献检索与应用导引[M]. 北京:北京师范大学出版社,1999.
[6] 朱传方,辜清华. 化学化工文献检索与应用[M]. 北京:化学工业出版社,2010.
[7] 吉家凡,杨连珍,李明,等. 网络信息检索[M]. 武汉:华中科技大学出版社,2010.
[8] 希考科 D. Internet 专利检索指南[M]. 何绍华,译. 沈阳:辽宁科学技术出版社,2003.
[9] 董慧茹,唐伽拉,淮晓勇. 化学化工期刊图书的检索与利用[M]. 北京:化学工业出版社,2005.
[10] 《化学化工大辞典》编委会. 化学化工大辞典[M]. 北京:化学工业出版社,2003.
[11] 迪安 J A. 兰氏化学手册[M]. 魏俊发,等,译. 北京:科学出版社,2003.
[12] 冯白云等. 化学化工工具书指南[M]. 北京:化学工业出版社,1997.
[13] 《中国大百科全书》编辑委员会. 中国大百科全书:化工[M]. 北京:中国大百科全书出版社,1987.
[14] 中国塑料加工工业协会. 中国塑料工业年鉴[M]. 北京:化学工业出版社,2005.
[15] 李建蓉. 专利文献与信息[M]. 北京:知识产权出版社,2002.
[16] 黄坤益. 中国专利制度总论[M]. 北京:专利文献出版社,1984.
[17] 陈淑珍. 化学化工国外专利文献检索方法[M]. 北京:北京大学出版社,1987.
[18] 中华人民共和国计量法. 中华人民共和国标准化法[M]. 北京:法律出版社,2003.
[19] 国家标准化管理委员会. 国际标准分类法 ICS[M]. 北京:中国标准出版社,2003.10.
[20] 李耀明,黄儒虎. 标准文献信息管理[M]. 北京:中国计量出版社,1998.
[21] 王平. 标准文献工作的理论与实践[M]. 北京:宇航出版社,1991.
[22] 王荣民. 化学化工信息及网络资源的检索与利用[M]. 北京:化学工业出版社,2003.
[23] 张智松,李民胜. 现代医药、化工企业经济信息分析方法[M]. 北京:中国医药科技出版社,2000.
[24] 张惠惠. 美国 Dialog 国际联机检索方法[M]. 上海:上海交通大学出版社,1989.
[25] 杨桂荣,蔡福瑞,刘胜群. 情报检索与计算机信息检索[M]. 武汉:华中科技大学出版社,2004.
[26] 孙光成,肇伦. 中国科研创新理论研究[M]. 成都:电子科技大学出版社,2003.
[27] 胡良孔,等. 文献检索与科学研究方法[M]. 长沙:中南工业大学出版社,1999.
[28] 邓富民. 文献检索与论文写作[M]. 北京:经济管理出版社,2010.
[29] 里红杰,陶学恒. 文献检索与科技论文写作[M]. 北京:中国计量出版社,2011.
[30] 赵乃瑄,冯新. 化学化工电子文献检索与分析策略[M]. 北京:化学工业出版社,2007.
[31] 童国伦,潘奕萍,程丽华. EndNote&Word 文献管理与论文写作[M]. 北京:化学工业出版社,2010.
[32] 段为钢. 论文写作助手 EndNote 一点通[M]. 北京:人民卫生出版社,2008.
[33] 陈洪澜. 知识分类与知识资源认识论[M]. 北京:人民出版社,2008.
[34] 陈洪澜. 论知识分类的十大方式[J]. 科学研究,2007(1):26-32.
[35] 何凯文. 我国文献数据库的现状及发展[J]. 四川图书馆学报,1997(6):47-50.
[36] 孙凤梅. 提高文献检索效率的几点措施[J]. 山东图书馆季刊,2006,3:120-122.
[37] 吴长江. 化学化工文献资源与检索技巧[J]. 化学研究,2009,(1):109-112.
[38] 张佳,窦丽华,陈杰. 科技文献检索实践课程教学的创新[J]. 实验室研究与探索,2012(2):115-118.
[39] 樊文华. 《贝尔斯坦有机化学手册》用法概述[J]. 化工技术与开发,1980,(2):28-46.
[40] 李伟. 浅谈《贝尔斯坦有机化学手册》[J]. 国家图书馆学刊,1993(Z2):172-173.
[41] 熊渠邻,阮建海,解怀宇. 化学文献印刷型检索工具及其进展[J]. 化学通报,2000,(9):59-63.

[42] 化学工业出版社.化学化工工具书重点推荐[J].化工进展,2002,(4):297.
[43] 王琪玲.关于CA主题检索词的讨论[J].上海高校图书情报学刊,1997,(2):52-54.
[44] 洪拓夷.CA化学物质索引检索难点及举例[J].现代情报,2004,(10):204-205.
[45] 孙红卫,石艺.CA的专利索引[J].情报探索,2005(6):79-80.
[46] 路雅祺.CA网络版SciFinder Scholar数据库检索方法[J].情报探索,2006(10):73-75.
[47] 张润芝,杨吉民.美国《化学文摘》(CA)四种基本检索方式的比较研究[J].中国科技信息,2007(8):148-150.
[48] 蒋祥春,彭晓农.CA索引体系及检索策略分析[J].科技情报开发与经济,2007(30):65-66.
[49] 张瑜.美国《化学文摘》一个世纪内的进展[J].安顺学院学报,2008(4):95-96.
[50] 熊莉君.简述SciFinder Scholar及其检索[J].科技广场,2008(5):229-230.
[51] 朱兵,张碧玉.美国《化学文摘》(CA)百年发展历程回眸[J].农业图书情报学刊,2009(10):50-53.
[52] 李国桥.抗疟药新药复方双氢青蒿素:中国,CN1305810[P].2001-8-1.
[53] 唐春.从统一到一体:专利制度国际化进程及其发展趋势研究[J].知识产权,2008,18(5):79-85.
[54] 王希民,龙小柱,张凤春等.化学专利文献检索方法[J].化学世界,2008(5):314-317.
[55] 曾心茁,王智.申请专利要做哪些准备[J].中国发明与专利,2009,11:67-70.
[56] 徐海燕.近代专利制度的起源与建立[J].科学文化评论,2010,7(2):40-52.
[57] 中国专利[J].纯碱工业,2011,(1):48.
[58] 赵沛丰,赵欣.同族专利信息分析及应用(上)[J].中国发明与专利,2010(8):85-88.
[59] 白硕,孙俊.我国专利法律制度的历史沿革[J].法制与社会,2010,(9):41-42.
[60] 朴京顺.浅谈专利数据库及专利文献检索[J].中国发明与专利,2011,(9):63-65.
[61] 沈英.国外专利文献[J].精细化工原料及中间体,2012,(4):48-49.
[62] 檀心芬.国际标准分类法(ICS)浅析[J].世界标准化与质量管理,1995,(4):29-40.
[63] GB/T 7714—2005.文后参考文献著录规则[S].2005.
[64] 《中华人民共和国标准化法》第三章:标准的实施[J].交通标准化,2011(2):23.
[65] 参考文献著录格式[J].华北电力大学学报,2011(4):90.
[66] 彭欢.科技文献检索的规范化和标准化[J].国防技术基础,2012(4):3-6.
[67] 标准文献的检索方法与途径[J].质量与标准化,2012(4):27-28.
[68] 侯常青.化工企业如何收集市场信息[J].化工管理,2006(4):58-60.
[69] 杨晨曦.试论化工企业信息化建设[J].河南化工,2011(4):59-60.
[70] 张静贞.化学文献联机检索策略刍议[J].情报理论与实践,1993(6):38-39+29.
[71] 吕娟.DIALOG与定题服务[J].情报科学,2001(1):73-76.
[72] 陈新胜,刘黎明.Internet环境下DIALOG检索系统应用研究[J].情报科学,2003(9):987-989.
[73] 童吉灶,周少华,章魁凤.INTERNET化学文献资源检索[J].上饶师范学院学报,2004(3):85-88.
[74] 邹文苑.因特网上化学化工文献检索及利用途径[J].内蒙古科技与经济,2010(16):150-151.
[75] 赵宁,黄铁娜.Dialog联机检索和Internet网络检索的功能与应用[J].哈尔滨师范大学自然科学学报,2010(6):69-74.
[76] 程爱平,战玉华,钱俊雯,等.将Dialog联机检索系统引入文献检索课程[J].图书馆杂志,2012(2):69-74.
[77] 刘植惠.基于文献的知识发现[J].重庆图情研究,2004(1):1-5.
[78] 张树良,冷伏海.基于文献的知识发现的应用进展研究[J].情报学报,2006,25:700-712.
[79] 卢新华,张晓群.浅谈科技论文的编写方法[J].绿洲技术,2007(2):54.
[80] 刘蕾,武文.浅析科技查新及流程[J].蒙古科技与经济,2010(15):95-96.
[81] 王文生.用现代信息技术突破农业科研创新与推广瓶颈[J].中国农村科技,2012(7):27-28.
[82] 程卫萍.计算机情报检索的策略与技巧[J].今日科技,1997(10):6-7.

[83] 董玲,鞠雄艳.浅谈科技文献信息检索策略[J].情报杂志,2011(S2):118-120.
[84] 温素平,温素梅.简述 EndNote 在 Word 文档中的应用[J].福建电脑,2010(1):149.
[85] 刘清海,甘章平.利用 EndNote 提高编辑工作效率[J].编辑学报,2011(1):67-69.
[86] http://support.dialog.com/techdocs/intro_dialogweb.pdf
[87] http://book.duxiu.com/
[88] http://mall.cnki.net/index.aspx
[89] http://epub.cnki.net/KNS/oldnavi/n_Navi.aspx?NaviID=1&DataSource=CJFD
[90] http://www.wanfangdata.com.cn/
[91] http://sdb.csdl.ac.cn/
[92] http://ssvideo.chaoxing.com
[93] http://www.periodicals.net.cn/index.html
[94] http://www.cqvip.com/journal/
[95] http://all.zcom.com/mag2/zirankexue/huaxue/
[96] http://www.chemsoc.org.cn/Journals/
[97] http://chemport.ipe.ac.cn/index.shtml
[98] http://www.doc88.com/p-490333637989.html
[99] http://www.cnki.com.cn/Article/CJFDTotal-YJHU201101025.htm
[100] http://www.cas-china.org/
[101] http://www.sipo.gov.cn/zljs/
[102] http://www.chinaios.com/index.htm
[103] http://souchem.com/
[104] http://www.chem.com.cn/
[105] http://www.dialogselect.com/main.html
[106] http://endnote.com/